Die größten
ERFINDUNGEN

Autor: Louise Spilsbury
Beratung: Chris Cooper
Herausgeber: Jane Yorke
Layout: Chris Scollen und Macwiz

Produktion der deutschen Ausgabe: trans texas publishing, Köln
Übersetzung: Heinrich Degen, München
Lektorat: Ralf Burau, Mönchengladbach

ISBN 978-1-4075-2661-4

Printed in China

Die größten

ERFINDUNGEN

WIE? WARUM? WO? WANN?

Parragon

Bath · New York · Singapore · Hong Kong · Cologne · Delhi · Melbourne

INHALT

ERFINDUNGEN 8
Was ist eine Erfindung? 10
Erfindungen der Zukunft......... 12

LANDWIRTSCHAFT 14
Pflüge 16
Traktoren 18
Melkmaschinen 20
Bewässerungsanlagen 22
Chemikalien 24
Genveränderte Lebensmittel... 26
Lebensmittelkonservierung..... 28

BAUTECHNIK 30
Baumaterialien 32
Baumaschinen 34
Wolkenkratzer 36
Straßen 38
Brücken 40
Kanäle 42

ENERGIE 44
Wind- und Wasserkraft........... 46
Fossile Brennstoffe 48
Dampfkraft 50
Elektrizität 52
Atomkraft 54

Sonnenenergie 56
Natürliche Energiequellen...... 58

FABRIKATION 60
Spinnen und Weben 62
Industrieprodukte 64
Massenproduktion 66

TRANSPORTWESEN 68
Busse und Lastwagen 70
Fahrrad 72
Autos 74
Züge 76
Boote 78
Schiffe 80
Ballons und Luftschiffe 82
Hubschrauber 84
Flugzeuge 86

NAVIGATION 88
Navigationsgeräte 90
Radar 92
Sonar 94
Satellitennavigation 96

WELTRAUM 98
Teleskope 100

Raketen 102
Satelliten 104
Raumfahrzeuge.................... 106
Raumstationen 108
Raumsonden 110

WAFFEN 112
Pfeil und Bogen.................... 114
Schusswaffen........................ 116
Rüstungen 118
Bomben................................. 120
Panzer 122
Kampfflugzeuge................... 124
Kriegsschiffe 126
U-Boote................................ 128

MEDIZIN............................. 130
Medizinische Instrumente..... 132
Mikroskope 134
Impfungen und
Antibiotika 136

Brillen 138
Rettungsfahrzeuge............... 140
Lebensrettende Geräte 142
Röntgenstrahlen 144
Chirurgie 146

ZEIT..................................... 148
Frühe Zeitmesser 150
Uhren................................... 152
Kleinuhren........................... 154
Digitaluhren......................... 156

ALLTAG 158
Körperhygiene..................... 160
Heizung 162
Waschmaschinen................. 164
Herde und Kühlschränke...... 166
Haushaltskleingeräte............ 168
Geld..................................... 170
Einkaufen 172
Kleidung.............................. 174

KOMMUNIKATION 176
Papier und Schreibgeräte 178
Drucken 180
Telefone 182
Radio 184
Computer 186
Post 188
Internet................................. 190

UNTERHALTUNG................ 192
Musikinstrumente................. 194
Tonträger.............................. 196
Kameras 198
Kino 200
Fernsehen............................. 202
Video und DVD 204
Spiele und Spielzeuge.......... 206

Große Erfinder...................... 208
Register 218
Bildnachweis........................ 224

MPANY.

VACUUM CLEANER
VACUUM
11, RUE St. FLORENTIN, 11
CLEANER

ERFINDUNGEN

Ohne Erfindungen wäre unser Leben wesentlich beschwerlicher und vielleicht auch weniger lustig. Hier erfährst Du, was eine Erfindung ist, warum Menschen Dinge erfinden und wann wichtige Erfindungen gemacht wurden. Es wird erklärt, was ein Patent ist und warum nicht alle patentierten Dinge funktionieren. Und wir überlegen, welche Erfindungen unser Leben in der Zukunft verändern könnten.

WAS IST EINE ERFINDUNG?

Was ist eine Erfindung?

Eine Erfindung ist ein neuer Gegenstand wie eine Stahlfeder, ein neues Material wie Nylon oder ein neues Verfahren wie das Tiefgefrieren von Lebensmitteln. Eine Entdeckung muss in eine Erfindung umgesetzt werden, um sie nutzen zu können. Bereits vor sehr langer Zeit entdeckten Menschen das durch Blitze entzündete Feuer. Kontrollieren konnten sie es erst, als sie Verfahren zum Feuermachen erfanden, beispielsweise durch Aneinanderreiben von Stöcken.

UNTEN Alle von Menschen gemachten Dinge haben einen Erfinder, die Person, die zuerst die Idee dazu hatte.

Steinschleuder

Mausefalle

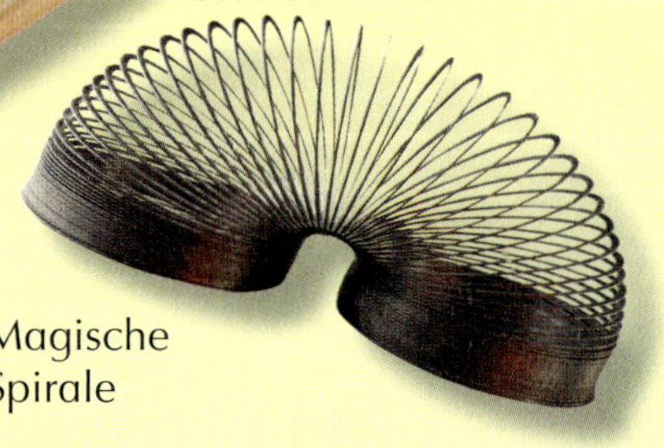

Magische Spirale

UNTEN Die ersten Staubsauger waren so groß, dass sie auf Bestellung vors Haus transportiert wurden.

Warum erfinden Menschen Dinge?

Meistens erfinden Menschen Dinge, um das Leben zu erleichtern. Haushaltsgeräte wie der Staubsauger haben die Hausarbeit revolutioniert. Die meisten Erfindungen entwickeln sich aus lange bekannten Ideen. Schon 250 v. Chr. erklärte beispielsweise der griechische Erfinder Archimedes die Wirkung von Hebeln. Daraus leiteten sich zahlreiche Erfindungen wie Scheren, Nussknacker oder Flaschenzüge ab. Manchmal ist eine neue Erfindung auch die Verbesserung einer alten, wie beim Staubsauger. Einige Erfindungen verdanken wir dem Zufall. Die magische Spirale wurde entwickelt, nachdem einige Stahlfedern von einer Werkbank fielen. Das Antihaftmittel Teflon ist das Resultat eines Fehlers seines Erfinders Roy Plunkett im Labor.

Wann gab es die meisten Erfindungen?

Die Menschen hatten schon immer tolle Ideen, doch nicht immer konnten sie sie verwirklichen. In den zurückliegenden 250 Jahren führten die Entdeckung der Elektrizität, neue Chemikalien und Fortschritte in der Mikrobiologie zu einem riesigen Anstieg der Erfindungen. Heute haben große Unternehmen und Universitäten Forschungslabore für neue Erfindungen.

RECHTS Leonardo da Vinci zeichnete bereits im 15. Jahrhundert Pläne für ein U-Boot, 400 Jahre bevor das erste U-Boot im Krieg eingesetzt wurde.

OBEN Albert Einstein hat nichts erfunden, doch er machte viele grundlegende Entdeckungen, die zu zahllosen Erfindungen führten, wie der Atomenergie, Lasergeräten und Mikrochips.

Was ist ein Patent?

Mit einem Patent schützen Erfinder ihre Ideen. Sie melden ihre Erfindung bei einem Amt an und bekommen dafür ein Patent erteilt. Diese Urkunde verleiht dem Inhaber für einen bestimmten Zeitraum das alleinige Recht, die Erfindung zu verwerten oder anderen gegen Geld deren Nutzung zu erlauben. Viele patentierte Erfindungen waren aber nie erfolgreich. Mit einer Handelsmarke schützt man den Namen einer Erfindung, gleichzeitig ist sie ein Hinweis auf den Hersteller und die Qualität des Produkts. Auf Töpferwaren aus der Zeit um 5000 v. Chr. hat man schon Herstellermarken gefunden.

RECHTS Der Erfinder Dean Kamem erhielt 1999 ein Patent für seinen Elektroroller. Niemand weiß, ob diese Erfindung Teil unseres Alltags werden wird.

ERFINDUNGEN DER ZUKUNFT

Die Schuhe, die wir tragen, die Stühle, auf denen wir sitzen, das Fensterglas – alle Dinge, die uns umgeben, wurden erfunden. Die hier vorgestellten Erfindungen erlauben einen spekulativen Blick in die Zukunft. So seltsam und unglaublich diese Vorstellungen heute erscheinen, man sollte bedenken, dass in der Vergangenheit auch Automobile oder Flugzeuge für unrealistische Visionen gehalten wurden.

Womit werden wir fahren?

In Zukunft werden wir nicht mehr die Autos lenken, sondern Computer. Computergesteuerte Autos und Autobahnen übernehmen die Arbeit, während der „Fahrer" schläft oder liest. Kameras erfassen die Markierungslinien und halten die Fahrzeuge in der Spur. Computer berechnen mit Lasern, Ultraschall oder Radar den Abstand beim Einparken. Am Zielort übernimmt ein automatisches Parksystem den Wagen, stellt ihn ab und bringt ihn bei Bedarf wieder herbei.

OBEN Kameras auf dem Armaturenbrett eines interaktiven Autos liefern Informationen über Straße und Verkehr an einen Bordcomputer.

Wie machen Roboter uns gesund?

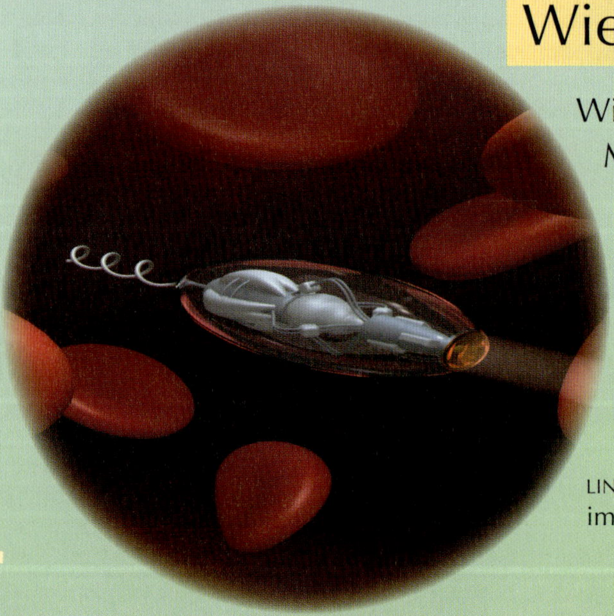

Wissenschaftler hoffen, mikroskopisch kleine Maschinen bauen zu können, die nur Bruchteile eines Millimeters messen. Diese Nanobots werden sich im menschlichen Körper bewegen. Mediziner wollen die in der Nanotechnologie gefertigten Maschinen durch die Blutgefäße schicken, um diese zu reinigen oder Krebszellen zu zerstören.

LINKS Ein Nanobot sucht im Blut nach Krebszellen.

Wird es noch Hausarbeit geben?

Lästige Hausarbeit wird es vielleicht nicht mehr geben. Computernetzwerke verknüpfen Geräte wie Herde und Kühlschränke miteinander, die mit Sensoren und Mikrochips ausgestattet sind. Der Herd schaltet sich automatisch ab, und der Kühlschrank gibt Alarm, wenn Lebensmittel schlecht zu werden drohen. Mit einer Fernbedienung oder einem Handy können wir unser Haus programmieren.

OBEN Der Wakamaru-Roboter ist ein elektronischer Begleiter für ältere Menschen, der einfache Gespräche führen kann und bei Problemen ein Kontrollzentrum informiert. Er wird seit 2005 verkauft.

Wird es Ferien im All geben?

Vielleicht gibt es in 50 Jahren feste Reiseverbindungen ins All, die es uns ermöglichen, dort zu leben und zu arbeiten. In Zukunft werden Raumtransporter eventuell von großen Flughäfen aus starten, und wir können dort gleichzeitig Flugzeuge sehen, die nach New York oder zum Mond fliegen.

LINKS Die NASA arbeitet an einem Flugzeug, das die Raumfahrt revolutionieren soll.

LANDWIRTSCHAFT

Von der Steinhacke bis zum Mähdrescher haben Erfindungen dazu beigetragen, Nahrungsmittel anzubauen und zu verarbeiten. Hier erfährst Du, wie eine Melkmaschine funktioniert und welche Bewässerungssysteme in der Landwirtschaft eingesetzt werden. Du lernst, wie man mit Konservendosen und durch Tiefgefrieren Lebensmittel länger haltbar macht. Weitere Themen sind der Einsatz von Insektiziden gegen Schädlinge und die Eigenschaften genmanipulierter Lebensmittel.

WICHTIGE DATEN

- **6000 v. Chr.** Steinwerkzeuge mit Holzgriff in Gebrauch
- **3500 v. Chr.** Erfindung des Ochsenpflugs
- **2500 v. Chr.** Schaduf zum Wasserschöpfen
- **260 v. Chr.** Archimedische Schraube
- **1810** Erfindung der Konservendose

PFLÜGE

Womit arbeiteten die ersten Bauern?

Um 6000 v. Chr. erfanden Bauern ein einfaches Werkzeug, um den Boden aufzugraben und zu lockern. Diese Hacke bestand aus einem an einem Holzstiel befestigten Stein. Die ersten Sicheln waren aus Feuerstein. Von diesem Stein konnte man scharfkantige Klingen abschlagen und damit Getreide abschneiden.

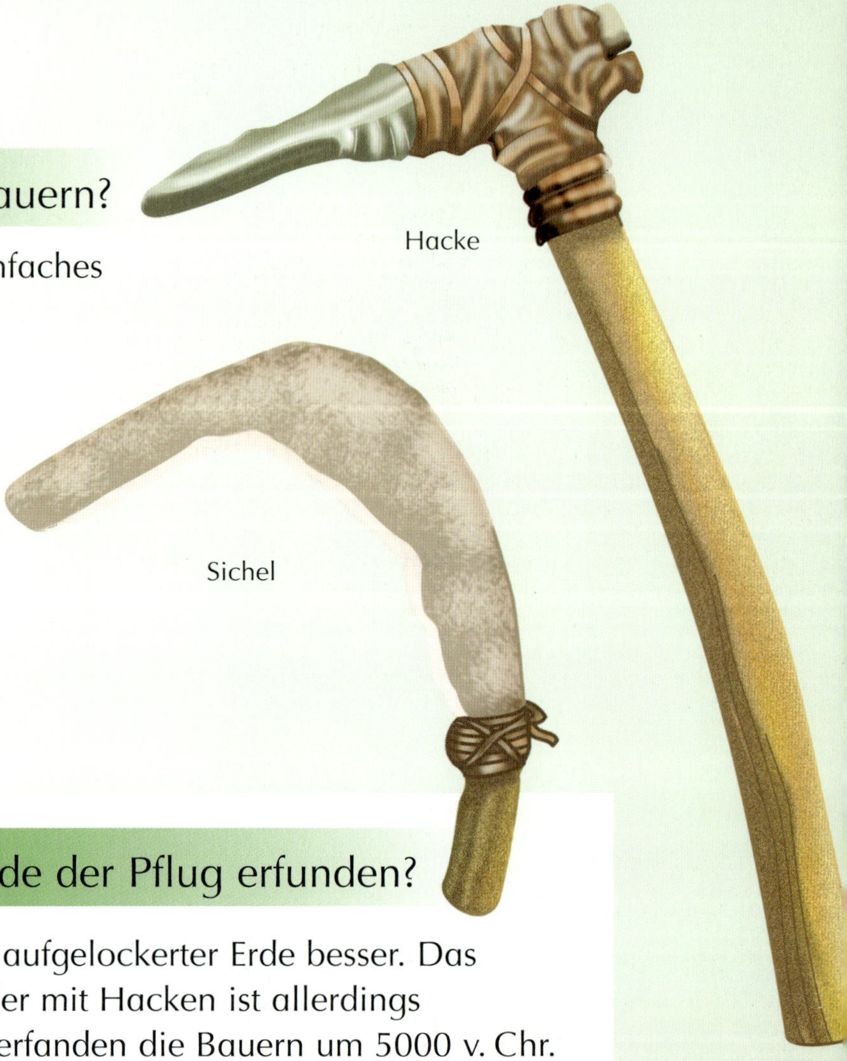
Hacke
Sichel

Warum wurde der Pflug erfunden?

Samen wachsen in aufgelockerter Erde besser. Das Umgraben der Felder mit Hacken ist allerdings Schwerstarbeit. So erfanden die Bauern um 5000 v. Chr. den Pflug. Er wurde anfangs von Menschen gezogen und bestand aus einem einfachen Holzrahmen mit einem senkrechten Grabhaken. Mit diesem Gerät wurden schmale Furchen in den Acker gezogen.

SCHON GEWUSST?
Als Erste nutzten die Sumerer aus Mesopotamien vor über 5000 Jahren Ochsen zum Ziehen von Pflügen. Die Zugkraft der Tiere erleichterte das Pflügen ungemein.

UNTEN John Deeres Stahlpflug wurde von einem Pferd gezogen.

Wann fertigte man Eisenpflüge?

Das Problem der Holzpflüge war, dass sie sich schnell abnutzten. Vor rund 3000 Jahren entdeckten die Menschen, wie man Werkzeuge aus Eisen macht. Um 900 v. Chr. versah man Holzpflüge mit scharfen, lange haltbaren Eisenspitzen. Etwa 500 v. Chr. wurden Pflüge ganz aus Eisen gefertigt. 1838 erfand der amerikanische Schmied John Deere den ersten Pflug aus Gussstahl.

Wie funktioniert ein Pflug?

Moderne Pflüge haben gebogene Klingen, die man Pflugscharen nennt. Beim Ziehen der Furche brechen sie die Erde um, begraben darunter das Unkraut und belüften den Boden. Wenn der Traktor am Ackerende wendet, wird der Pflug gedreht und die andere Reihe der Pflugscharen kommt zum Einsatz.

UNTEN Ein scharfer Meißel, Kolter genannt, bricht den Boden auf, bevor die Pflugscharen ihn durchpflügen.

WICHTIGE DATEN

6000 v. Chr. Steinwerkzeuge mit Holzgriff in Gebrauch	3500 v. Chr. Erfindung des Ochsenpflugs	2500 v. Chr. Schaduf zum Wasserschöpfen	260 v. Chr. Archimedische Schraube	1810 Erfindung der Konservendose

TRAKTOREN

UNTEN
Dampfbetriebener Traktor

Wann wurden Traktoren erfunden?

Im 19. Jahrhundert begann man, Zugmaschinen für die Landwirtschaft zu nutzen. Diese schweren Maschinen arbeiteten mit Dampfkraft und ersetzten die Arbeit von Menschen oder Tieren. Diese frühen Zugmaschinen waren teuer und zu schwer, um Geräte über unebenen oder weichen Untergrund zu ziehen. 1892 baute John Froehlich in den USA den ersten praktisch einsetzbaren Traktor mit einem Benzinmotor.

LINKS
Ein offener Traktor bei der Heuernte

Wofür braucht man Traktoren?

Moderne, leistungsstarke Traktoren können schwer beladene Anhänger bewegen oder verschiedene Landwirtschaftsmaschinen antreiben. Sie ziehen Pflüge und Eggen (riesige Rechen), um den Boden aufzubrechen, damit Saatgut in die Furchen ausgebracht werden kann. Traktoren machen die Arbeit für die Bauern schneller und leichter.

1860 Erste Melkmaschine | **1892** Erster Dieseltraktor | **1922** Entwicklung der Tiefkühlnahrung | **1939** Erstes künstliches Insektizid | **1994** Genmanipulierte Futterpflanze

Wer erfand den Mähdrescher?

Zu Beginn des 20. Jahrhunderts benutzte man Traktoren mit Mähgeräten. Zusätzliche Dreschmaschinen waren nötig, um die Körner von den Stängeln zu trennen. 1938 brachte die kanadische Firma Massey-Harris den ersten Mähdrescher auf den Markt. Die mit einem kräftigen Motor ausgestattete Maschine konnte das Getreide sowohl abmähen als auch gleich dreschen. Größere Flächen waren so viel schneller abgeerntet.

UNTEN Das riesige Schneidwerk eines Mähdreschers schneidet eine breite Schneise in das Kornfeld.

Warum haben Traktoren große Räder?

Die meisten Traktoren haben vorne zwei kleinere Führungsräder und hinten zwei riesige, mit dem Motor verbundene Antriebsräder. Zunächst hatten Traktoren mit Spikes versehene Eisenräder, doch in den 1930er-Jahren wurden luftgefüllte Traktorreifen erfunden. Mit diesen konnten Traktoren besser auf weichem, schlammigem Untergrund fahren.

SCHON GEWUSST?
Manche Traktoren fahren nicht auf Rädern, sondern auf Gummiraupenketten. Die Raupen sind zum besseren Halt auf unebenem und weichem Boden gerippt.

WICHTIGE DATEN

6000 v. Chr. Steinwerkzeuge mit Holzgriff in Gebrauch	3500 v. Chr. Erfindung des Ochsenpflugs	2500 v. Chr. Schaduf zum Wasserschöpfen	260 v. Chr. Archimedische Schraube	1810 Erfindung der Konservendose

MELKMASCHINEN

Wann wurde die Melkmaschine erfunden?

1860 meldete der amerikanische Ingenieur L.O. Colvin seine zeitsparende Melkmaschine zum Patent an. Der Bauer befestigte dabei Gummikappen an den Zitzen der Kuh und betätigte eine Handpumpe. Die Milch wurde aus dem Euter durch Schläuche in einen Eimer gesaugt. Weil diese Maschine konstant saugte, kam es oft zu Verletzungen der Zitzen.

Wie arbeiten Melkmaschinen?

Mit einer automatischen Melkmaschine kann eine Herde von etwa 100 Kühen in wenigen Stunden gemolken werden. Im Melkstand wäscht der Bauer zunächst die Zitzen der Kuh und bringt die Melkbecher an. Eine Vakuumpumpe saugt, unterbrochen von Entlastungsphasen, an den Zitzen. So wird die Milch wie beim Säugen des Kalbs aus dem Euter gesaugt.

Am Euter jeder Kuh werden an den Zitzen Melkbecher befestigt.

RECHTS Die Milch fließt über Rohre in einen gekühlten Sammeltank. Hier lagert sie, bis sie mit einem Tankwagen zur Molkerei gebracht wird.

Wer erfand den Käse?

Seit mehr als 5000 Jahren wird Käse hergestellt. Vermutlich wurde der Käse von Nomaden erfunden, die mit ihren Ziegen- und Schafherden auf Suche nach frischen Weiden umherzogen. Angeblich soll ein Nomade Milch in einem Schafmagen aufbewahrt haben. Die durch die Sonne erwärmte Milch vermischte sich mit dem Lab des Tiermagens und gerann zu Klümpchen, dem ersten Käse.

UNTEN Wenn man Milch erwärmt und mit Lab vermischt, bilden sich Käsebruch und wässrige Molke.

Der Bruch wird zerkleinert und mit Salz versetzt zu Käse geformt.

Die Molke wird abgetrennt.

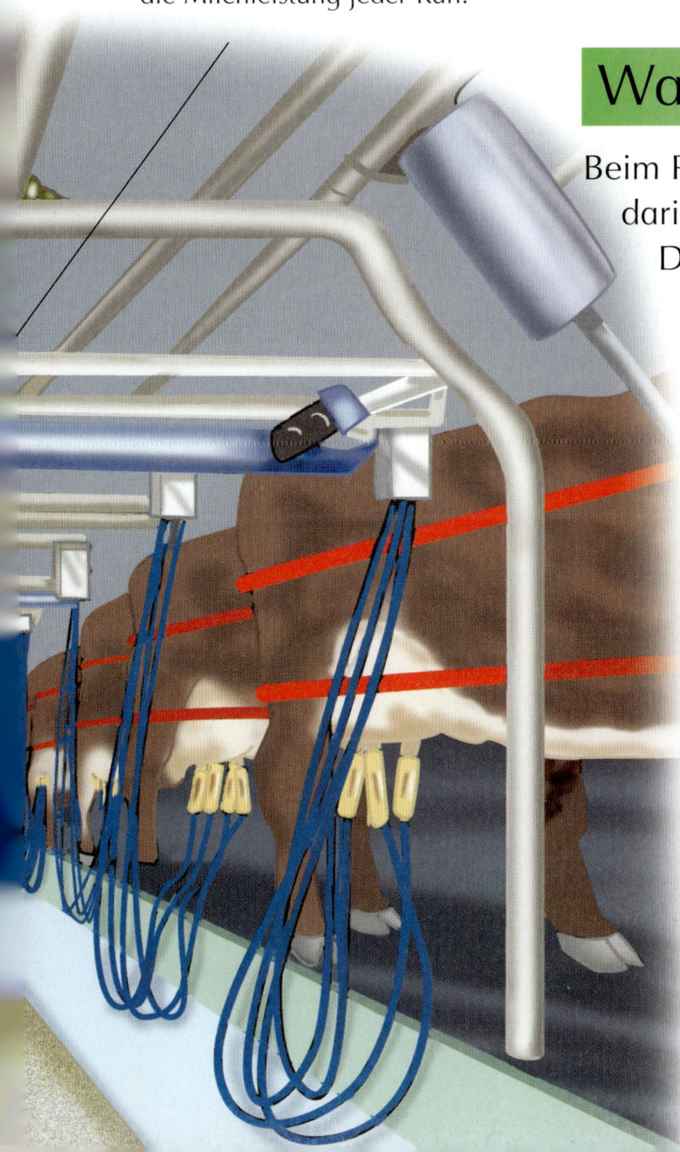

Messeinrichtungen ermitteln die Milchleistung jeder Kuh.

Was ist pasteurisierte Milch?

Beim Pasteurisieren erhitzt man Lebensmittel, um darin enthaltene gefährliche Bakterien abzutöten. Das Verfahren ist nach seinem Erfinder, dem französischen Chemiker Louis Pasteur benannt, der es 1862 an Milch erprobte. Heute wird Milch durch kurzzeitiges Erhitzen auf 72 °C pasteurisiert. Dabei sterben alle Bakterien ab, und die Milch hält sich länger frisch.

SCHON GEWUSST?

Automatische Robotermelkstände erlauben es den Kühen, sich nach Belieben jederzeit melken zu lassen. Computer steuern das Abnehmen der Melkbecher, wenn das Euter leer ist.

BEWÄSSERUNGS-ANLAGEN

Warum bewässert man Pflanzen?

Pflanzen brauchen Wasser zum Wachsen und Überleben. In regenarmen Ländern oder bei Regenmangel sind viele Pflanzen auf künstliche Wasserzufuhr angewiesen. Es gibt verschiedene Methoden der Bewässerung in der Landwirtschaft.

SCHON GEWUSST?

Manche Farmer setzen ein Computersystem ein, um mit Sensoren den Wassergehalt des Bodens zu messen. Mit wenigen Handgriffen können sie die Bewässerung ihrer Pflanzen regulieren.

Wann wurde der Schaduf erfunden?

Der Schaduf ist eine einfache Vorrichtung, die etwa 2500 v. Chr. in Ägypten erfunden wurde. Der Schaduf besteht aus einer langen, an einem Gestell befestigten Stange. Am einen Ende ist ein Eimer befestigt, am anderen ein Gegengewicht. Der Eimer wird in den Fluss gesenkt und mit Wasser gefüllt. Durch das Gegengewicht lässt sich der volle Eimer leicht anheben.

Was ist die Archimedische Schraube?

Die Archimedische Schraube ist eine frühe Art von Pumpe, die zur Bewässerung genutzt wurde. Als Erster beschrieb sie um 260 v. Chr. der griechische Mathematiker und Physiker Archimedes. Die Vorrichtung besteht aus einer Röhre mit einer Schraube darin. Das untere Ende der Maschine taucht ins Wasser, und beim Drehen fördert die Schraube Wasser nach oben in einen Bewässerungsgraben.

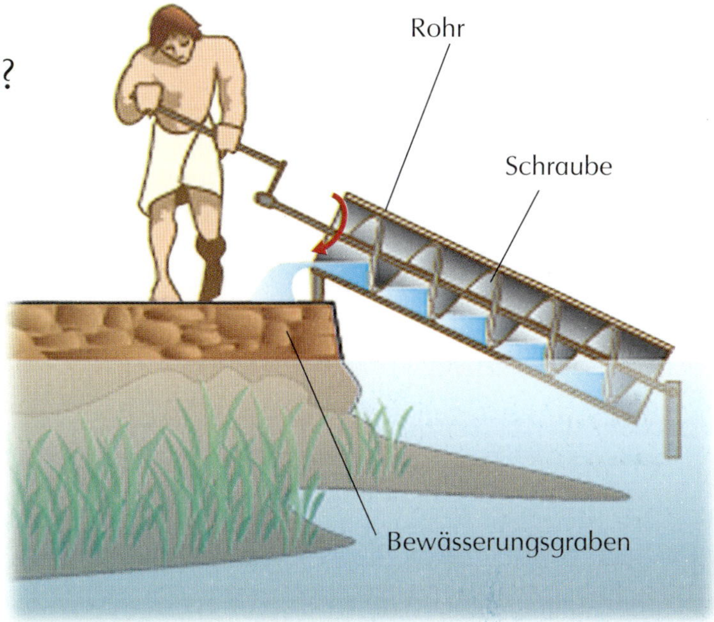

UNTEN Dieser auf Rädern laufende Beregnungsarm dreht sich wie ein Uhrzeiger und bewässert ein riesiges rundes Feld.

Wie bewässert man die Felder heute?

Heute verwenden viele Bauern ein System aus Pumpen, Rohren und Beregnungsanlagen, um Wasser zu den Feldern zu leiten. Drehberegnungssysteme verteilen das Wasser sehr gleichmäßig. Weil in der heißen Sonne das Wasser schnell verdunstet, hat man die Tröpfchenbewässerung entwickelt. Mit Löchern versehene, auf oder im Boden verlegte Schläuche bringen das Wasser direkt zu den Pflanzenwurzeln.

CHEMIKALIEN

Wozu dienen Chemikalien?

Viele Bauern verwenden chemische Schädlingsbekämpfungsmittel (Pestizide) und Düngemittel, um ihren Ertrag zu steigern. Dünger führt dem Boden Nährstoffe zu. Zu den Pestiziden, die man über die Pflanzen sprüht, gehören Insektizide gegen schädliche Insekten, Herbizide gegen Unkraut und Fungizide, um die Pflanzen vor Krankheiten oder Schimmelpilzen zu schützen.

OBEN Mit Sprühflugzeugen werden die Pestizide über große Felder ausgebracht. Der Pilot ist in der Kabine vor den Chemikalien geschützt.

UNTEN Beim Versprühen von Herbiziden tragen die Bauern Schutzkleidung.

Was waren die ersten Insektizide?

Insektizide sind chemische Sprühmittel, um Schadinsekten, die die Ernte auffressen, zu vertreiben oder zu töten. Seit dem Altertum hat man natürliche Substanzen benutzt, um Insekten zu bekämpfen. Salz, Tabak, rote Paprika und giftiges Arsen waren solche Mittel. 1939 entdeckte der Schweizer Chemiker Paul Müller, dass die Chemikalie DDT ein wirkungsvolles Insektizid ist. Seit damals wurden viele weitere chemische Insektizide entwickelt.

LINKS Einige Schädlinge, wie der Ölkäfer, fressen die Blätter der Pflanzen. Andere greifen Wurzeln an oder saugen den Pflanzensaft aus.

1860 Erste Melkmaschine	**1892** Erster Dieseltraktor	**1922** Entwicklung der Tiefkühlnahrung	**1939** Erstes künstliches Insektizid	**1994** Genmanipulierte Futterpflanze

Wann sind Chemikalien gefährlich?

In einigen Teilen der Welt werden in der Landwirtschaft riesige Mengen Chemikalien verwendet, was nicht gut für die Umwelt ist. Manche Mittel töten Pflanzen und harmlose Tiere, wie Wildblumen und Schmetterlinge. Die Chemikalien können in den Boden und durch Regen in die Flüsse gelangen und sie verschmutzen. Chemikalienreste an Salat oder Obst können Menschen krank machen, wenn sie zu viel davon essen.

Düsen an der Unterseite der Tragflächen verteilen die Chemikalien in einem feinen Sprühnebel.

SCHON GEWUSST?
Um 4500 v. Chr. verbrannten Bauern in Mesopotamien Schwefel von Vulkanen auf den Feldern. Sie wollten mit dem beißenden Rauch die Schadinsekten vertreiben.

Wie arbeiten Ökobauern?

Ökobauern verzichten auf den Einsatz künstlicher Chemikalien. Diese Bauern fördern auch das Wachstum von Wildblumen auf den Feldern. Einige Blumen locken nützliche Insekten an, die Schädlinge fressen. Ökobauern können Schädlinge auch durch den Anbau stark riechender Pflanzen wie Knoblauch oder natürliche Sprühmittel, wie das Öl des tropischen Neembaums, vertreiben.

UNTEN Die Bauern untersuchen ihre Felder immer wieder auf Anzeichen von Schädlingsbefall.

GENVERÄNDERTE LEBENSMITTEL

Was sind genveränderte Lebensmittel?

Genveränderte Lebensmittel (Genfood) stammen von Pflanzen, deren Gene von Wissenschaftlern verändert wurden. Jede lebende Zelle enthält Gene oder Erbinformationen, die die Eigenschaften einer Pflanze bestimmen. Wissenschaftler können Nutzpflanzen verändern, indem sie Gene hinzufügen oder entfernen. Diese veränderten Pflanzen und Früchte sind beispielsweise länger haltbar oder gedeihen auch auf trockenen Böden.

LINKS Genmanipulierte Pfirsiche sind resistent gegen Krankheiten.

SCHON GEWUSST?
Die Genforscher haben purpurrote Karotten und orangefarbenen Blumenkohl geschaffen, die 25-mal mehr Vitamine enthalten als herkömmliche Sorten. Diese Gemüse würden das Essen wahrlich bunter machen.

UNTEN Genmanipulierte Sonnenblumen produzieren ein gesünderes Öl.

Wann wurde Genfood erfunden?

Die ersten Genfood-Pflanzen wurden 1994 verkauft. Die Tomate „Flavr Savr“ enthielt ein verändertes Gen, um sie länger fest und frisch zu halten. Die meisten Tomaten werden grün gepflückt und reifen später aus. Die genmanipulierten Tomaten werden rot geerntet und bleiben auch auf dem Transport fest.

Wie funktioniert Genmanipulation?

Wissenschaftler können neue Gene direkt in die Pflanzenzellen einsetzen. Dann reifen die Zellen in einer Nährlösung zu Pflanzen heran. Man kann aber auch neue Gene an Bakterien koppeln, die die Pflanzenzellen befallen und deren Gene verändern. So wurde ein frostresistentes Gen von einem Fisch auf eine Tomate übertragen. Das Ergebnis waren Tomaten, die nicht durch Kälte beschädigt werden.

LINKS Wissenschaftler erproben ihre Genexperimente, indem sie veränderte Pflanzen in Gewächshäusern aufziehen.

UNTEN Genveränderter Weizen wird nicht durch Herbizide geschädigt.

Kann man Genfood problemlos essen?

Gegner der Genveränderung befürchten Gesundheitsschäden durch diese Lebensmittel. Sie sagen, dass man noch nicht wisse, wie Gene genau funktionieren und ob so veränderte Pflanzen giftig sind oder Allergien auslösen. Genforscher verweisen darauf, dass bislang niemand durch Genfood erkrankt ist und solche Pflanzen notwendig sind, damit genug Nahrung für die wachsende Weltbevölkerung zur Verfügung steht.

WICHTIGE DATEN

6000 v. Chr.	3500 v. Chr.	2500 v. Chr.	260 v. Chr.	1810
Steinwerkzeuge mit Holzgriff in Gebrauch	Erfindung des Ochsenpflugs	Schaduf zum Wasserschöpfen	Archimedische Schraube	Erfindung der Konservendose

LEBENSMITTELKONSERVIERUNG

OBEN Frisches Obst, wie diese Pfirsiche, kann in Sirup eingelegt oder in luftdichten Behältern gelagert werden.

Warum konserviert man Lebensmittel?

Bakterien aus der Luft ernähren sich von frischen Lebensmitteln. Obst oder Gemüse verlieren dadurch rasch ihre Farbe und verfaulen. Die Menschen entdeckten, dass der Bakterienbefall verhindert werden kann, wenn man die Lebensmittel in Öl oder Essig einlegt und in abgedeckten Gefäßen aufbewahrt. So konnte man auch im Winter Sommerfrüchte genießen, bevor Konservendosen und Tiefkühlgeräte erfunden waren.

UNTEN Heute wird frischer Fisch direkt auf See von riesigen Fabrikschiffen gefangen, verarbeitet, abgepackt und tiefgefroren.

Fische werden in einem großen Netz gefangen und an Bord gezogen.

Eine Maschine nimmt den Fisch aus und schneidet ihn in Filets.

Wenige Stunden nach dem Fang werden die Filets sortiert, verpackt und auf einem breiten Plattenfroster schockgefroren.

Wie werden Lebensmittel schockgefroren?

Die Lebensmittel werden mit sehr kalter Luft bestrahlt, die das in ihnen enthaltene Wasser rasch in Eiskristalle verwandelt. Die extrem tiefe Temperatur stoppt das Wachstum von Bakterien. Viele Produkte werden erst schnell erhitzt und dann tiefgefroren. So werden natürliche Enzyme abgetötet, die Geschmack und Aussehen beeinträchtigen könnten.

1860
Erste
Melkmaschine

1892
Erster
Dieseltraktor

1922
Entwicklung der
Tiefkühlnahrung

1939
Erstes künstliches
Insektizid

1994
Genmanipulierte
Futterpflanze

SCHON GEWUSST?
Durch Beschuss mit Röntgenstrahlen verhindert man Keim- und Schimmelbildung. Astronauten essen so behandelte Lebensmittel, um eine Lebensmittelvergiftung im All zu vermeiden.

Wer erfand die Konservendose?

Der Engländer Peter Durand erfand 1810 Metalldosen zur Konservierung von Lebensmitteln. Er erkannte, dass in einer verschlossenen Dose erhitzte Produkte länger haltbar waren. Allerdings konnte das Blech rosten und die Lebensmittel verderben. Durand überzog daher die Innenseite der Dosen mit Zinn. Bald waren Konservendosen bei Seeleuten beliebt, die lange von zu Hause weg waren.

UNTEN Die ersten Dosenöffner bohrten ein Loch in den Deckel und schlitzten ihn dann mit einer Klinge auf.

Mannschaftskabinen

Der Fischabfall wird zu Fischmehl verarbeitet, das an Masttiere verfüttert wird.

Wann wurde der Dosenöffner erfunden?

Die ersten Konservendosen waren so stabil, dass sie nur mit Hammer und Meißel geöffnet werden konnten. Erst 1858, als die Dosen aus dünnerem Blech gefertigt wurden, erfand der Amerikaner Ezra Warner den Dosenöffner. Dieser hatte eine scharfe Klinge, die in den Deckel gedrückt wurde, um die Dose am Deckelrand entlang aufzuschneiden.

UNTEN Gefrorener Fisch kam erstmals 1922 in den Handel. Zur Anwendung kam das von dem Amerikaner Clarence Birdseye erfundene Tiefkühlverfahren.

BAUTECHNIK

Moderne Maschinen, wie Bagger und Bulldozer, ermöglichen den Bau von Häusern, Straßen, Brücken und Wolkenkratzern. Aber hier kannst Du auch kleine, einfache Erfindungen entdecken, die dennoch bedeutsam waren. Wie beispielsweise das Lot, mit dem die alten Ägypter ihre perfekten Pyramiden bauten, oder gebrannte Ziegel, die bis heute ein wichtiges Baumaterial sind. Hier erfährst Du mehr über die gewaltigen Stahlskelette, die die höchsten Wolkenkratzer der Welt stützen. Es wird erklärt, wie Glas gemacht wird und seit wann es Straßen gibt.

WICHTIGE DATEN

4000 v. Chr.	3500 v. Chr.	2000 v. Chr.	700 v. Chr.	100
Erste Kanäle	Erste ofengebrannte Ziegelsteine	Bau der ersten Stegbrücken	Erste Aquädukte zur Wasserversorgung	Erste Hebemaschinen auf dem Bau

BAUMATERIALIEN

UNTEN Die Zikkurat-Tempel hatten die Form einer Stufenpyramide.

Wer machte die ersten Ziegel?

Schon sehr früh fertigten Menschen Lehmziegel, indem sie Schlamm mit Stroh mischten und die daraus geformten Ziegel in der Sonne trocknen ließen. Lehmziegel sind das älteste künstlich hergestellte Baumaterial. Die ersten gebrannten Backsteine entstanden um 3500 v. Chr. in Mesopotamien. Bis heute werden Backsteine als Baumaterial eingesetzt.

LINKS Dieser Speziallaster hat eine drehbare Trommel, damit der Beton nicht vor der Auslieferung abbindet.

Warum hat man Beton erfunden?

Beton kann sehr schwere Lasten tragen. 1756 mischte der britische Ingenieur John Smeaton den ersten modernen Beton aus Kies, zerstoßenen Ziegeln, Zementpulver und Wasser an. Der flüssige Beton wird in eine Form gegossen, dann lässt man ihn trocknen. Beton ist ein hartes Baumaterial, reißt aber beim Biegen oder Strecken. Seit 1867 verstärkt man Beton mit Stahlstäben.

SCHON GEWUSST?
Die Massai in Afrika bauen ihre traditionellen Hütten aus Zweigen, Gras, Kuhmist und Urin. Nach dem Trocknen ist diese Mischung so fest wie Zement.

OBEN Heute wird bei der Glasproduktion die Glasschmelze über ein Bad aus flüssigem Zinn geleitet. Der Engländer Alastair Pilkington erfand dieses Verfahren.

Wann gab es die ersten Glasfenster?

Glas wurde etwa 3000 v. Chr. erfunden, als man Sand, Kalk und Soda in einem Ofen erhitzte. Über Jahrhunderte entstanden aus geschmolzenem, dann geformtem und abgekühltem Glas kleine Gegenstände wie Schalen und Flaschen. Glasscheiben wurden erstmals im 13. Jahrhundert gefertigt, aber sie waren klein und nicht sehr durchsichtig. Seit dem 19. Jahrhundert produzieren Fabriken klare Scheiben aus gewalztem Glas.

Wie wird Stahl auf dem Bau eingesetzt?

Heute besteht das tragende Gerüst vieler Bauwerke aus Stahl. Stahl lässt sich beliebig formen, was dieses stabile Metall zu einem idealen Baumaterial macht.

UNTEN Aus Stahlträgern kann man schnell den Rohbau eines Gebäudes zusammensetzen.

WICHTIGE DATEN

4000 v. Chr.	3500 v. Chr.	2000 v. Chr.	700 v. Chr.	100
Erste Kanäle	Erste ofengebrannte Ziegelsteine	Bau der ersten Stegbrücken	Erste Aquädukte zur Wasserversorgung	Erste Hebemaschinen auf dem Bau

BAUMASCHINEN

Was waren die ersten Bauwerkzeuge?

Der Bau der ägyptischen Pyramiden wurde erst durch einige einfache, aber wichtige Erfindungen möglich. Um 3000 v. Chr. erfanden die Ägypter das Lot, eine Schnur mit einem Gewicht am Ende. Eine Wand war senkrecht, wenn sie exakt der vertikalen Linie der Schnur folgte. Um 2600 v. Chr. haben ägyptische Architekten dann auch ein Instrument entwickelt, um den rechten Winkel zu bestimmen. Ihre Bauten hatten nun perfekt rechtwinklige Ecken.

SCHON GEWUSST?

Beim Bau des Kanaltunnels zwischen England und Frankreich kamen riesige Tunnelbohrmaschinen zum Einsatz. Der 1994 fertiggestellte Eisenbahntunnel ist über 50 Kilometer lang.

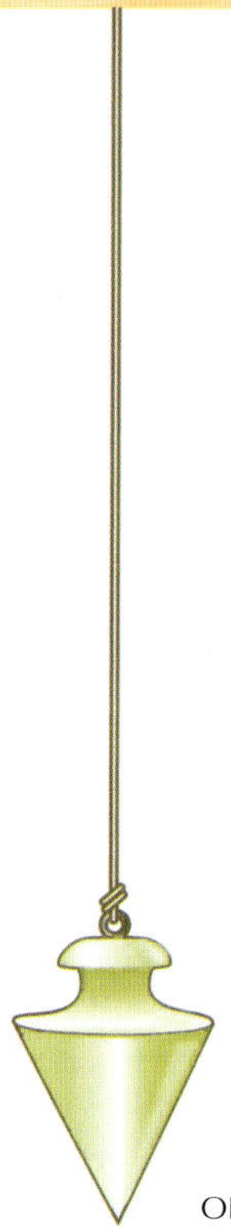

OBEN LINKS Lot mit einem Senkblei oder Gewicht

LINKS Dreieckswinkel aus Bronze

Wann wurden Kräne erfunden?

Die Römer nutzten um 100 n. Chr. Hebemaschinen mit Seilen, an denen Arbeiter zogen. Moderne Kräne haben einen hohen Turm mit horizontalen Auslegern an der Spitze. An dem Ausleger hängt der an Seilen und Rollen befestigte Haken zum Heben der Lasten. Ein Gegengewicht gleicht die Last aus und verhindert ein Umkippen des Krans.

LINKS Turmkräne wie dieser werden oft an der Baustelle fest im Boden verankert.

Wie arbeiten Bagger?

Bagger werden zum Ausheben von Baugruben und für Erdarbeiten in Steinbrüchen und Minen eingesetzt. Der Löffelbagger hat einen zweiteiligen Ausleger mit einem angesetzten Grablöffel. Alle Teile können hydraulisch bewegt werden, um Ladung aufzunehmen oder zu entleeren. Die Hydraulikkolben werden durch eine Flüssigkeit unter hohem Druck bewegt.

UNTEN Die Fahrerkabine dieses riesigen Baggers aus dem Tagebau kann sich um 360° drehen.

Warum hat man Bulldozer erfunden?

Die ersten Bulldozer waren umgebaute Traktoren. Ein große, dicke Metallplatte, das Schild, wurde vorne an einem Traktor befestigt, um damit Erde wegzuschieben. Beim Vorwärtsfahren trägt der Bulldozer mit dem Schild Erde und Steine ab und schiebt sie auf Haufen zusammen. Seit den 1920er-Jahren werden speziell konstruierte Bulldozer mit Raupen und einem gebogenen Schild mit Grabzähnen produziert.

WICHTIGE DATEN

4000 v. Chr.	3500 v. Chr.	2000 v. Chr.	700 v. Chr.	100
Erste Kanäle	Erste ofengebrannte Ziegelsteine	Bau der ersten Stegbrücken	Erste Aquädukte zur Wasserversorgung	Erste Hebemaschinen auf dem Bau

WOLKENKRATZER

Wann wurden Hochhäuser erfunden?

1885 entstand in Chicago ein zehnstöckiges Bürohochhaus, der erste Wolkenkratzer. Die Idee dazu hatte der amerikanische Architekt William le Barron Jenney in Südostasien. Dort sah er Häuser, deren Rahmenwerk aus Baumstämmen mit Schilfmatten bespannt war. Jenney konstruierte das erste Hochhaus mit einem Metallskelett, das Wände und Decken trug. Schnell wurden diese Hochhäuser als Wolkenkratzer bekannt.

OBEN Das von Jenney entworfene Home Insurance Building in Chicago

LINKS Das berühmte Empire State Building in New York war bei seiner Fertigstellung 1931 das höchste Gebäude der Welt.

Wie baut man Wolkenkratzer?

Bei Gebäuden aus Ziegeln oder Steinen müssen die Grundmauern das Gewicht des gesamten Bauwerks tragen. Selbst dicke Mauern können nur ein Haus mit maximal fünf Geschossen abstützen. Wolkenkrater haben einen starken Stahlrahmen, der wie ein Skelett das Gewicht des Gebäudes trägt. In diesen Rahmen werden Leichtbauwände eingezogen.

Das Gewicht des Wolkenkratzers wird von vielen senkrechten Stahlstützen getragen, die im Boden verankert sind.

Die Geschossdecken bestehen aus Stahlträgern, die horizontal zwischen den Stützen montiert werden.

1756 Erfindung des modernen Betons | **1869** Eröffnung des Sueskanals | **1885** Hochhaus mit zehn Stockwerken | **1923** Produktion der ersten Planierraupe | **1932** Eröffnung der ersten Autobahn

SCHON GEWUSST?
Viele moderne Wolkenkrater sind mit Scheiben ausgestattet, die sich selbst reinigen. Das Glas hat eine Spezialbeschichtung, die das Festsetzen von Schmutz verhindert.

Welches ist das höchste Gebäude?

Der Taipei 101 in Taiwan ist das höchste Gebäude der Welt. Der 2004 fertiggestellte Wolkenkratzer ist 508 Meter hoch und hat 101 Stockwerke. Er wurde besonders verstärkt, um Erdbeben und Taifunen standzuhalten.

RECHTS Der Taipei 101 hat die schnellsten Aufzüge der Welt. Mit einer Geschwindigkeit von über 1000 m pro Minute bringen sie Passagiere in nur 30 Sekunden zur Spitze des Gebäudes.

Die Außenwand wird oft auch Vorhangfassade genannt, weil sie wie ein Vorhang an der tragenden Konstruktion hängt.

Wer erfand den elektrischen Aufzug?

Den ersten motorgetriebenen Aufzug baute der Amerikaner Elisha Graves Otis 1857 für ein Kaufhaus in New York. 1903 entwickelte die Firma Otis einen elektrischen Aufzug, der die Errichtung hoher Gebäude möglich machte. Die an Seilen befestigte Aufzugskabine mit den Passagieren fuhr in einem Schacht auf- und abwärts. Die Seile liefen über ein Rad, das von einem Elektromotor angetrieben wurde.

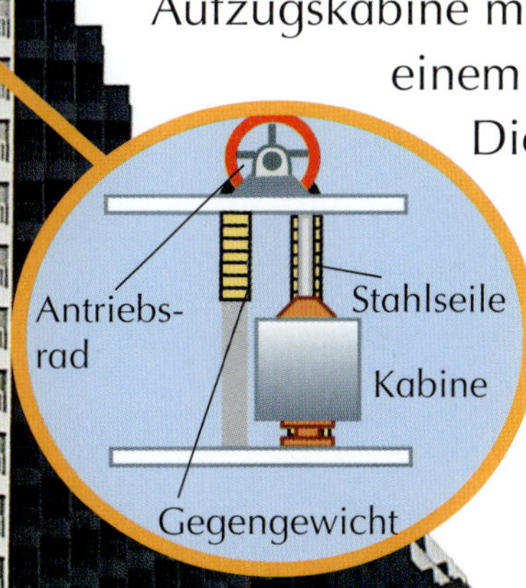

LINKS An den Aufzugsseilen hängt ein Gegengewicht, um das Gewicht der Ladung auszugleichen.

WICHTIGE DATEN

4000 v. Chr.	3500 v. Chr.	2000 v. Chr.	700 v. Chr.	100
Erste Kanäle	Erste ofengebrannte Ziegelsteine	Bau der ersten Stegbrücken	Erste Aquädukte zur Wasserversorgung	Erste Hebemaschinen auf dem Bau

STRASSEN

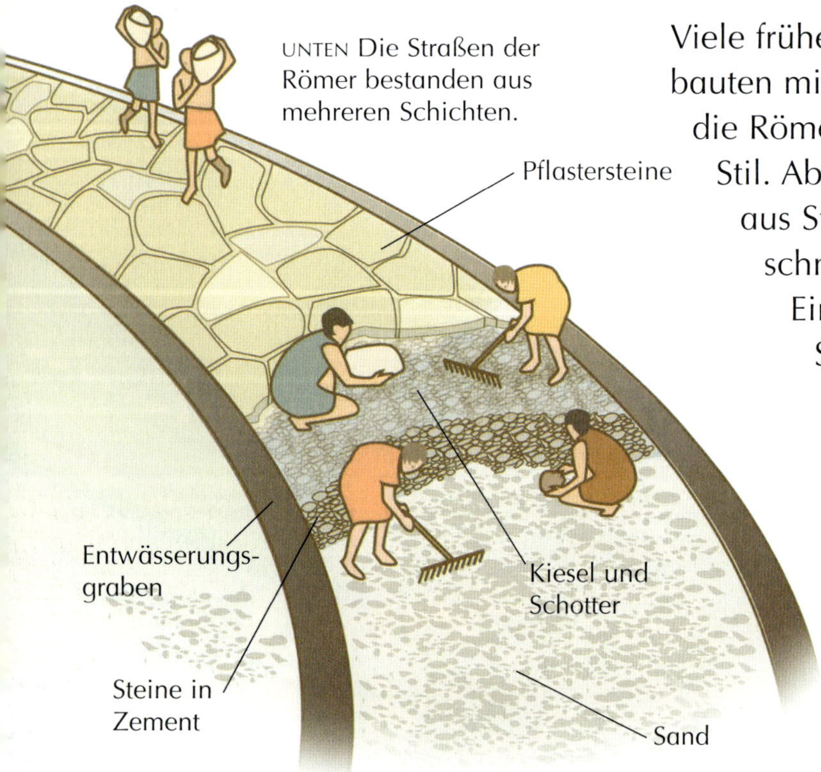

UNTEN Die Straßen der Römer bestanden aus mehreren Schichten.

Wann wurden die ersten Straßen gebaut?

Viele frühe Zivilisationen, etwa Chinesen und Mayas, bauten mit Stein gepflasterte Wege und Straßen. Doch die Römer waren die ersten Straßenbauer im großen Stil. Ab 400 v. Chr. errichteten sie ein Netzwerk aus Straßen, damit sich Armeen und Händler schnell im Reich bewegen konnten. Mit der Einführung des Automobils brauchte man Straßen mit glatteren Oberflächen. 1902 erfand Edgar Purnell Hooley in England den Teerbelag. Eine Mischung aus Kohlenteer und Schotter schuf eine glatte Straßenoberfläche.

Wie baut man heute Straßen?

Zuerst räumen Bagger und Planierraupen Steine und Erde zur Seite. Dann ebnen Schürfwagen den Untergrund, und Kipper bringen den Schutt weg. Bodenhobel verteilen eine Schicht Schotter, bevor Straßenfertiger eine Decke aus heißem Asphalt aufbringen. Diese schwarze, zähe Masse aus Erdölrückständen verfestigt sich beim Abkühlen, dann rollen Straßenwalzen darüber, um die Oberfläche zu glätten.

LINKS Straßenwalzen verdichten den Asphalt mit schweren Eisenwalzen.

SCHON GEWUSST?
Reflektierende Straßenmarkierungen, sogenannte Katzenaugen, wurden 1934 von dem Engländer Percy Shaw erfunden. Er verdankt die Idee den Augen einer Katze, die sein Scheinwerferlicht reflektierten und verhinderten, dass er bei Nebel von der Straße abkam.

Wo wurde die erste Autobahn gebaut?

Die erste Autobahn wurde 1932 in Deutschland eröffnet. Heute verbindet in vielen Ländern ein Autobahnnetz die wichtigsten Städte und Regionen. Autobahnen sind breite Straßen mit mindestens zwei Fahrstreifen in jeder Richtung. Immer mehr Pkw, Lkw und Busse benutzen diese schnellen Straßenverbindungen, um große Entfernungen zurückzulegen.

LINKS Ein Autobahnkreuz ist so konstruiert, dass der Verkehr ohne Unterbrechung fließt: Es gibt weder Kreuzungen, Ampeln noch Kreisverkehr.

Was ist ein Autobahnkreuz?

An einem Autobahnkreuz treffen zwei Autobahnen aufeinander. Ein kompliziertes System aus Brückenkonstruktionen ermöglicht einen Richtungswechsel ohne Kreuzungen.

WICHTIGE DATEN

4000 v. Chr.	3500 v. Chr.	2000 v. Chr.	700 v. Chr.	100
Erste Kanäle	Erste ofengebrannte Ziegelsteine	Bau der ersten Stegbrücken	Erste Aquädukte zur Wasserversorgung	Erste Hebemaschinen auf dem Bau

BRÜCKEN

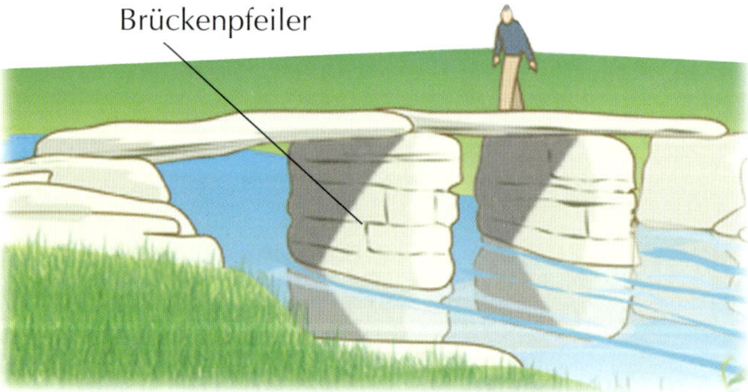

OBEN Stegbrücke aus Stein

Wann gab es die ersten Brücken?

Um 2000 v. Chr. entstanden die ersten Stegbrücken aus Stein. Aus Steinplatten errichtete man im Fluss Brückenpfeiler, auf die lange, breite Steinplatten gelegt wurden. Sie überbrückten die Lücke zwischen den Pfeilern und bildeten einen Weg über das Wasser.

Wer erfand die Bogenbrücken?

Als Erste nutzten die Römer Steinbögen bei ihren Bauwerken. Sie erkannten, dass Bögen besonders stabil sind und auch für Brücken geeignet waren. Heute bestehen Bogenbrücken meist aus Beton oder Stahl, sie können eine viel größere Spannweite erreichen als Steinbrücken.

UNTEN Diese Bogenbrücke führt eine Eisenbahnstrecke über ein Flusstal.

Was ist eine Hängebrücke?

Vor Tausenden von Jahren bauten die Menschen in Südamerika und Asien einfache Seilbrücken, um Flüsse und Schluchten zu überbrücken. Moderne Hängebrücken sind ganz ähnlich konstruiert. Zwei starke Tragkabel führen über hohe Träger (Pylonen) an beiden Ufern. Dünnere Hängekabel verbinden die Fahrbahn mit den Tragkabeln.

UNTEN Eine Hängebrücke, wie die Brooklyn Bridge in New York, ist besonders für große Spannweiten geeignet.

Auf der Fahrbahn überqueren Züge, Autos und Menschen den Fluss.

UNTEN Die Quebec Railway Bridge in Kanada ist die längste Auslegerbrücke der Welt.

Die 1917 erbaute Stahlbrücke hat eine Spannweite von 549 Metern.

Jedes Segment der Brücke ruht auf einem Pfeiler.

Wie werden Auslegerbrücken gebaut?

Auslegerbrücken können größere Weiten als Balken- oder Bogenbrücken überspannen. Sie bestehen aus einem Metallrahmenwerk mit einzelnen Sektionen, die aus Stahlstreben in einer Dreiecksanordnung gefertigt sind. Jede Sektion liegt in der Mitte auf einem Pfeiler auf. So verteilt sich das Gewicht der Brücke gleichmäßig.

SCHON GEWUSST?
Die Akashi-Kaikyo-Brücke in Japan ist die längste Hängebrücke der Welt. Sie hat eine Spannweite von 1990 Metern.

WICHTIGE DATEN

4000 v. Chr.	3500 v. Chr.	2000 v. Chr.	700 v. Chr.	100
Erste Kanäle	Erste ofengebrannte Ziegelsteine	Bau der ersten Stegbrücken	Erste Aquädukte zur Wasserversorgung	Erste Hebemaschinen auf dem Bau

KANÄLE

Warum wurden Kanäle erfunden?

Kanäle sind Wasserwege oder künstliche Flüsse, die man baute, um schwere Güter über weite Strecken zu bewegen. Die ältesten Kanäle entstanden etwa 4000 v. Chr. in Mesopotamien. Ab Mitte des 18. Jahrhunderts transportierten Lastkähne große Ladungen Kohle und andere schwere Güter über ausgedehnte Kanalsysteme.

UNTEN Auch heute transportieren Lastkähne Frachten auf einem Kanalnetz.

UNTEN Der Pont du Gard, ein Aquädukt, wurde etwa 19 v. Chr. von den Römern in Frankreich gebaut. Der Wasserkanal verlief ganz oben.

Die untere Ebene diente als Straßenbrücke.

Was sind Aquädukte?

Die ältesten Aquädukte waren in den Boden gegrabene Kanäle zur Versorgung antiker Städte mit Wasser. Einige waren so breit, dass Boote darauf fahren konnten. Aquädukte verliefen hoch über dem Boden, wenn sie Täler überbrücken mussten. Den ersten großen Aquädukt bauten um 700 v. Chr. die Assyrer. Das 10 Meter hohe und 300 Meter lange Bauwerk brachte Wasser über ein Tal in die Hauptstadt Ninive.

Wie arbeiten Schleusen?

Schleusen heben oder senken die Schiffe auf unterschiedlich hohe Kanalabschnitte. Eine Schleuse ist groß genug, um mindestens ein Boot aufzunehmen. Beide Enden sind mit wasserdichten Doppeltoren abgeschlossen. Durch das Öffnen der Klappen an einer Seite fließt entweder Wasser in die Schleuse hinein und hebt das Boot an oder aus der Schleuse heraus und senkt das Boot ab.

Schleusentore halten das Wasser des oberen Abschnitts zurück.

Klappen im unteren Tor werden geöffnet, damit das Wasser abfließt und der Lastkahn nach unten sinkt.

SCHON GEWUSST?
Früher zogen Pferde die Lastkähne durch den Kanal. Für die Zugpferde wurden Treidelpfade neben den Kanälen angelegt.

Was ist ein Seekanal?

Ein Seekanal verbindet Meere oder Ozeane miteinander. Ein solcher Kanal verkürzt den Reiseweg der Frachtschiffe. Der Sueskanal in Ägypten, der das Rote Meer mit dem Mittelmeer verbindet, wurde 1869 eröffnet. Rund 25 000 Schiffe pro Jahr passieren diesen Kanal auf ihrer Route zwischen Europa und Südasien. Sie sparen sich so den langen Weg um Afrika herum.

UNTEN Riesige Frachtschiffe benutzen den Sueskanal in Ägypten und den Panamakanal in Mittelamerika als Abkürzung zwischen den Meeren.

AWP

ENERGIE

Wasserräder, Windmühlen, Erdöl oder elektrischer Strom liefern die Energie, damit wir Maschinen einsetzen können. Hier erfährst Du, wie Dampfmaschinen funktionieren, wie Forscher tief unter der Erde nach Öl suchen und wie Wasserkraftwerke aus fließendem Wasser Strom erzeugen. Erneuerbare Energien aus Gezeiten- oder Erdwärmekraftwerken können wir nutzen, um unsere Häuser zu heizen und zu beleuchten. Es gibt sogar Autos, die mit Sonnenenergie fahren.

WICHTIGE DATEN

600 v. Chr.	30 v. Chr.	1712	1800	1831
Windmühlen zum Getreidemahlen	Mühlen mit Wasserrädern	Erfindung der Dampfmaschine	Batterie als Elektrizitätsspeicher	Elektrischer Generator

WIND- UND WASSERKRAFT

Wann wurde das Wasserrad erfunden?

Etwa 100 v. Chr. erfanden die Griechen die ersten Wasserräder. Die Räder drehten sich im Flusswasser und trieben das Mahlwerk von Getreidemühlen an. Um 30 v. Chr. konstruierten die Römer große, senkrecht stehende Wasserräder. Dieses Bauprinzip von Wassermühlen wurde über viele Jahrhunderte beibehalten.

Wie arbeiten Windmühlen?

Die Windmühle wurde um 600 v. Chr. in Persien erfunden. Die ersten Windmühlen drehten sich waagrecht um eine Holzachse, an der oben Flügel mit Stoffsegeln und unten Mühlsteine befestigt waren. Im 12. Jahrhundert konstruierte man in Europa Windmühlen mit einer Querachse, an der vier große Flügel aus Holz angesetzt waren.

1882	1891	1947	1954	1980
Bau des ersten Wasserkraftwerks	**Erster Solarwasserkocher**	**Erste Ölbohrinsel**	**Erstes Atomkraftwerk**	**Erste Windparks in Betrieb**

SCHON GEWUSST?
Der Drei-Schluchten-Damm in China ist das weltweit größte Projekt zur Nutzung der Wasserkraft. Nach seiner Fertigstellung wird der Stausee 600 Kilometer lang sein und 26 Generatoren antreiben.

Was ist Wasserkraft?

Ein Wasserkraftwerk wandelt die Energie des fließenden Wassers in Elektrizität um. Bei den meisten Kraftwerken baut man einen Damm in ein Flusstal und staut das Wasser auf. Dadurch entwickelt das Wasser eine starke Kraft und bewegt Schaufelräder in einer Turbine, die einen elektrischen Generator antreiben, genau wie einen Fahrraddynamo. Über Stromleitungen wird die Elektrizität zu Häusern und Fabriken transportiert.

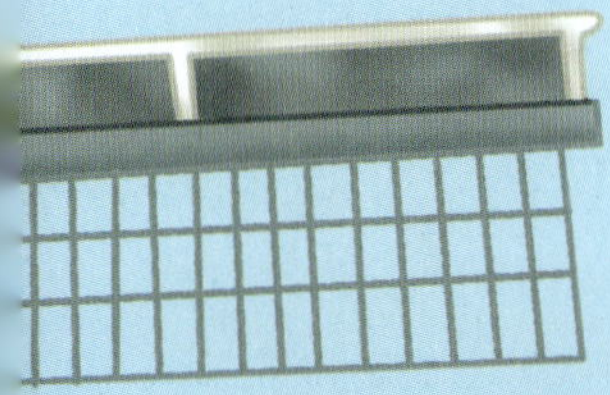

RECHTS Das Wasser aus dem Kraftwerk wird unterhalb des Damms wieder in den Fluss geleitet.

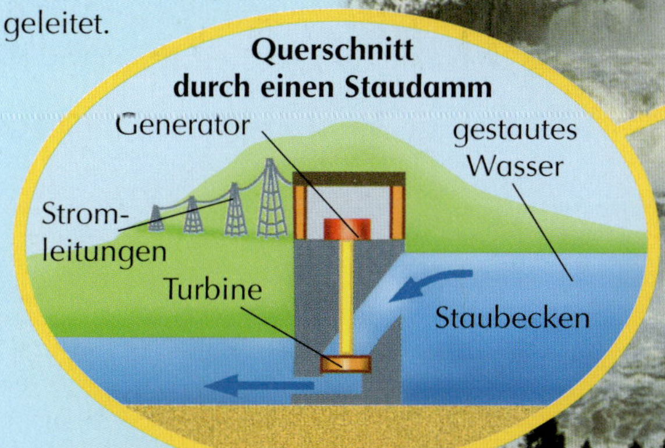

Die Tore des Damms werden geöffnet, wenn der Wasserstand zu hoch ist.

Wann wurde das erste Wasserkraftwerk gebaut?

Das erste Wasserkraftwerk entstand 1882 in den USA. Das Kraftwerk lieferte genug elektrische Energie, um die Maschinen in zwei Papierfabriken anzutreiben – und das Privathaus des Fabrikbesitzers zu beleuchten.

FOSSILE BRENNSTOFFE

Was sind fossile Brennstoffe?

Fossile Brennstoffe entstanden aus abgestorbenen Pflanzen und Tieren, die unter Schlamm begraben wurden. Unter dem Druck der darüber abgelagerten Gesteinsschichten verwandelten sich die Substanzen in Millionen von Jahren in Kohle, Erdöl oder Erdgas. Diese Rohstoffe werden durch Bohrungen oder Bergbau gewonnen. Beim Verbrennen produzieren sie Hitze, Licht und Energie. Allerdings gelangen dabei auch Schadstoffe in die Luft.

LINKS Kohle wird verbrannt, um Wasser in Dampf zu verwandeln, der für Dampfmaschinen gebraucht wird.

Wie suchen Wissenschaftler Öl und Gas?

Um 1910 begannen Wissenschaftler, mit Seismografen nach Öl- oder Gasvorkommen in Gestein oder Meeresboden zu suchen. Mit Explosionen werden Schallwellen ausgelöst, die an den Gesteinsschichten reflektiert und von Seismografen aufgezeichnet werden.

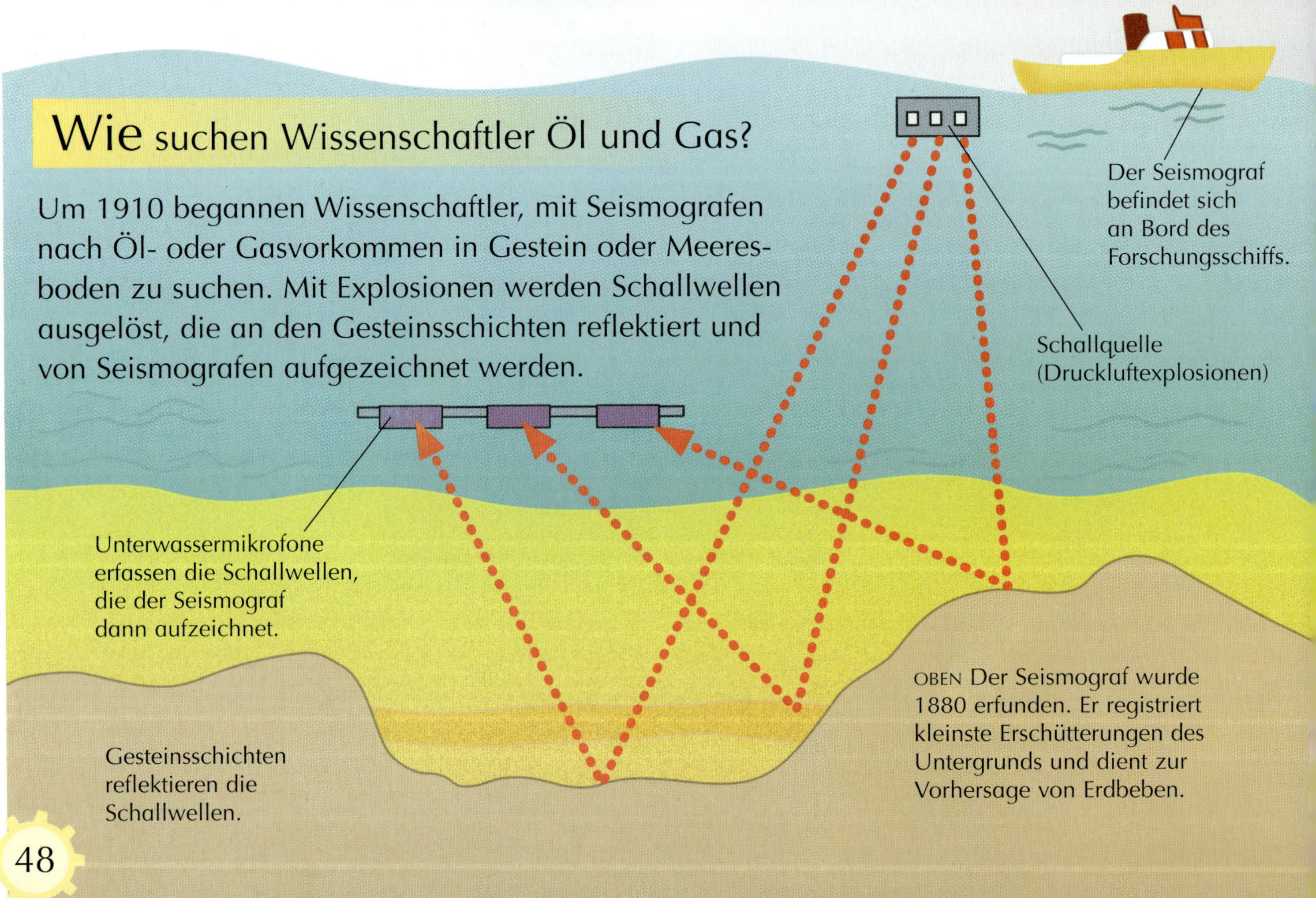

OBEN Der Seismograf wurde 1880 erfunden. Er registriert kleinste Erschütterungen des Untergrunds und dient zur Vorhersage von Erdbeben.

1882	1891	1947	1954	1980
Bau des ersten Wasserkraftwerks	Erster Solarwasserkocher	Erste Ölbohrinsel	Erstes Atomkraftwerk	Erste Windparks in Betrieb

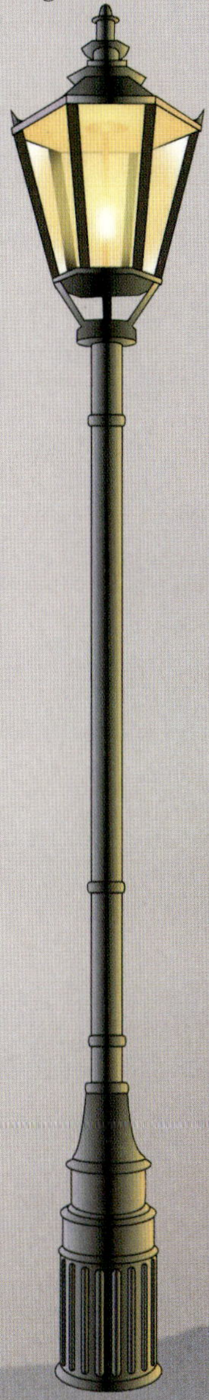

UNTEN Die ersten Gaslaternen wurden von Hand angezündet.

Wann gab es die Gasbeleuchtung?

Bis Anfang des 19. Jahrhunderts benutzte man meist Kerzen oder Öllampen als Lichtquelle. Vereinzelt sammelte man auch natürliches Gas aus dem Untergrund für die Verbrennung in Lampen. 1792 erfand ein englischer Ingenieur ein Verfahren, um durch Erhitzen von Kohle Gas zu gewinnen. 1807 gab es in London die ersten gasbetriebenen Straßenlaternen. Heute wird Erdgas zum Heizen, aber nicht mehr zur Beleuchtung genutzt.

SCHON GEWUSST?

Die *Petronius*-Ölbohrinsel im Golf von Mexiko ist eine der größten Konstruktionen der Welt. Die riesige, 610 Meter hohe Tiefseebohrinsel ist in 534 Meter Tiefe am Meeresboden verankert.

Wo wurde die erste Ölbohrinsel gebaut?

Bereits um 350 bohrten die Chinesen nach Ölquellen. Sie benutzten dazu hohle Bambusstäbe. Die erste neuzeitliche Ölquelle wurde 1848 in Asien angebohrt. 1947 baute man die erste Offshore-Bohrinsel, um Öl und Gas im Golf von Mexiko zu fördern. Heute sind in den Meeren viele Bohrinseln verankert, teilweise in Gewässern mit über 1500 Meter Tiefe.

Der Förderturm stützt das Bohrgestänge, mit dem das Öl gefördert wird.

LINKS Eine Ölbohrinsel hat einen Wohnbereich, wo sich die Arbeiter erholen und schlafen.

Die Bohrinsel wird unter Wasser von einem Stahlgerüst getragen.

WICHTIGE DATEN

- **600 v. Chr.** Windmühlen zum Getreidemahlen
- **30 v. Chr.** Mühlen mit Wasserrädern
- **1712** Erfindung der Dampfmaschine
- **1800** Batterie als Elektrizitätsspeicher
- **1831** Elektrischer Generator

DAMPFKRAFT

Wann wurde die Dampfmaschine erfunden?

1712 entwickelte der Engländer Thomas Newcomen die erste mit Kohle befeuerte Kolbendampfmaschine. Mit Dampfkraft wurden Pumpen angetrieben, die Wasser aus einem Bergwerk abpumpten.

Wie arbeiten Dampfmaschinen?

1769 verbesserte der schottische Ingenieur James Watt Newcomens Dampfmaschine. In Watts Maschine strömt der Dampf in einen Zylinder und drückt den Kolben nach oben. Dann wird der Dampf durch kaltes Wasser kondensiert, dabei entsteht Unterdruck, und der Kolben sinkt im Zylinder nach unten. Die Auf-und-ab-Bewegung des Kolbens kann Pumpen oder über einen Balancier Antriebsräder für verschiedenste Maschinen antreiben.

UNTEN James Watts Dampfmaschine

LINKS Dampfmaschinen wurden für den Antrieb von Lokomotiven und Schiffen verwendet.

1882 Bau des ersten Wasserkraftwerks | **1891** Erster Solarwasserkocher | **1947** Erste Ölbohrinsel | **1954** Erstes Atomkraftwerk | **1980** Erste Windparks in Betrieb

UNTEN Dampfschiff *Turbinia* von Parsons

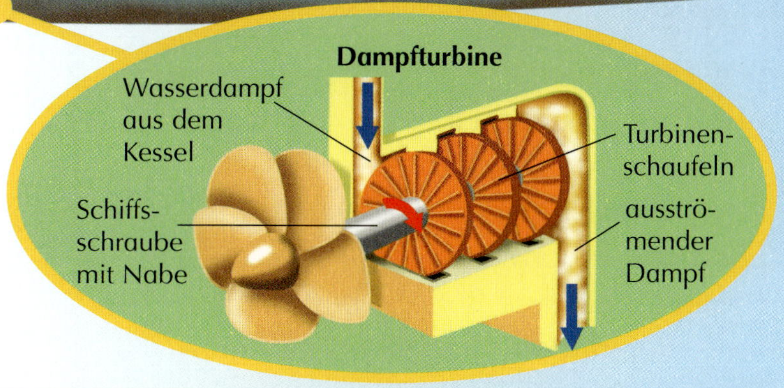

Wer erfand die Dampfturbine?

Der englische Ingenieur Charles Parsons baute 1884 einen neuen Antrieb, die Dampfturbine. Unter hohem Druck stehender Dampf drehte eine Reihe von Schaufelrädern, und über eine Welle konnten Maschinen angetrieben werden. 1879 testete Parsons seine Erfindung mit dem Dampfschiff *Turbinia*. Das Schiff besaß drei Turbinen und neun Schiffsschrauben.

Womit werden heute Dampfautos betrieben?

2004 konstruierten britische Ingenieure das futuristische Versuchsfahrzeug *Inspiration* mit Dampfantrieb. Moderne Dampfantriebe können jeden Brennstoff verwenden, sogar Solarenergie. Die Konstrukteure hoffen, dass dampfgetriebene Autos in Zukunft eine umweltfreundliche Alternative zu Autos mit Benzinmotoren sein werden.

SCHON GEWUSST?
1906 holte das dampfbetriebene Auto *Stanley Rocket* mit 205 km/h den Geschwindigkeitsrekord für Landfahrzeuge. Dieser Rekord besteht für Dampfwagen bis heute.

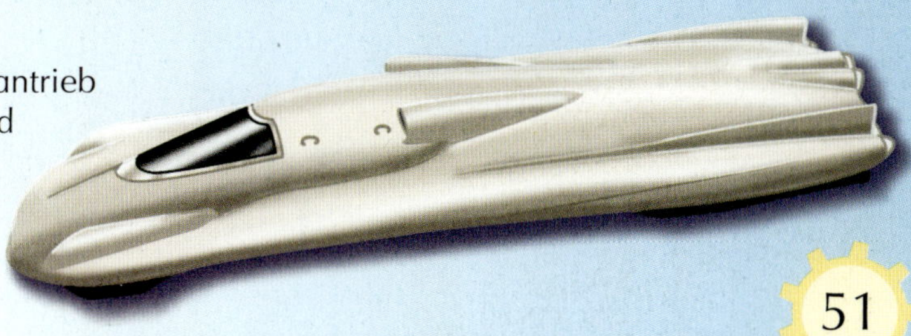

RECHTS Der Dampfantrieb des *Inspiration* wird mit Propangas betrieben.

WICHTIGE DATEN

600 v. Chr.	30 v. Chr.	1712	1800	1831
Windmühlen zum Getreidemahlen	Mühlen mit Wasserrädern	Erfindung der Dampfmaschine	Batterie als Elektrizitätsspeicher	Elektrischer Generator

ELEKTRIZITÄT

Wer erfand die Batterie?

Um 1790 entdeckte der Italiener Alessandro Volta, dass sich zwischen zwei unterschiedlichen Metallen eine elektrische Spannung aufbaut. 1880 konstruierte er die Volta´sche Säule. Diese erste Batterie bestand aus aufeinandergestapelten Zink- und Kupferscheiben, die durch mit Salzwasser getränkte Stoffstücke getrennt waren. Beim Kurzschließen der beiden Enden der Säule entstand elektrische Spannung.

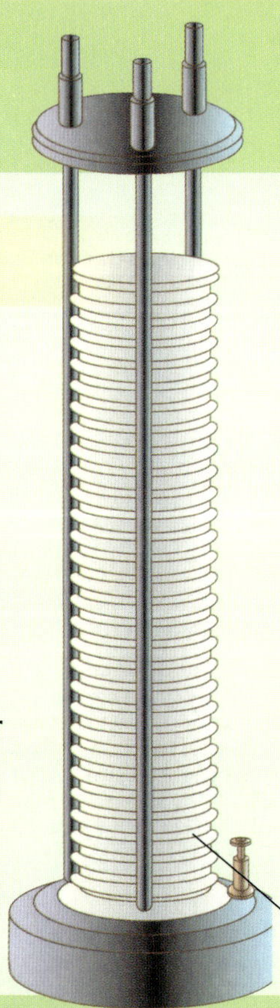

RECHTS Die Volta'sche Säule

SCHON GEWUSST?
Schon bald könnten Batterien durch umweltfreundliche Brennstoffzellen abgelöst werden, die Sauerstoff und Wasserstoff zu Wasser verbrennen und dabei Elektrizität erzeugen.

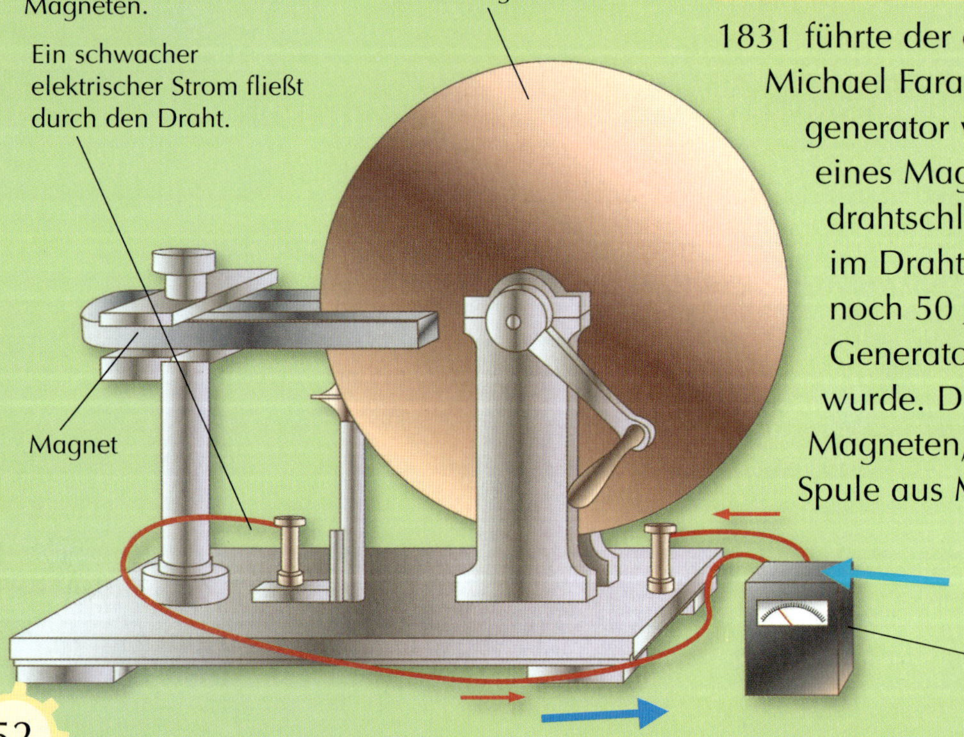

UNTEN Faraday baute 1832 den sogenannten Scheibendynamo mit einem fest fixierten Magneten.

Was ist ein elektrischer Generator?

1831 führte der englische Wissenschaftler Michael Faraday den ersten Elektrogenerator vor. Beim Hindurchbewegen eines Magneten durch eine Kupferdrahtschleife induzierte das Magnetfeld im Draht elektrischen Strom. Es dauerte noch 50 Jahre, bis der erste große Generator zur Stromerzeugung gebaut wurde. Dieser bestand aus einem Magneten, der sich in einer riesigen Spule aus Metalldraht drehte.

1882 **Bau des ersten Wasserkraftwerks**	**1891** **Erster Solarwasserkocher**	**1947** **Erste Ölbohrinsel**	**1954** **Erstes Atomkraftwerk**	**1980** **Erste Windparks in Betrieb**

Wann wurde die Glühlampe erfunden?

Die Erfindung der Glühlampe 1879 machte es möglich, Gebäude elektrisch zu beleuchten. Eine Glühlampe ist ein Glaskolben mit einem darin befestigten Draht, dem Faden oder Wendel. Wird Strom durch den Wendel geleitet, beginnt er zu glühen und erzeugt elektrisches Licht. Zuverlässige elektrische Lampen konnte man erst mit dem von Thomas Edison entwickelten Kohlefaden produzieren, der eine lange Brenndauer hatte.

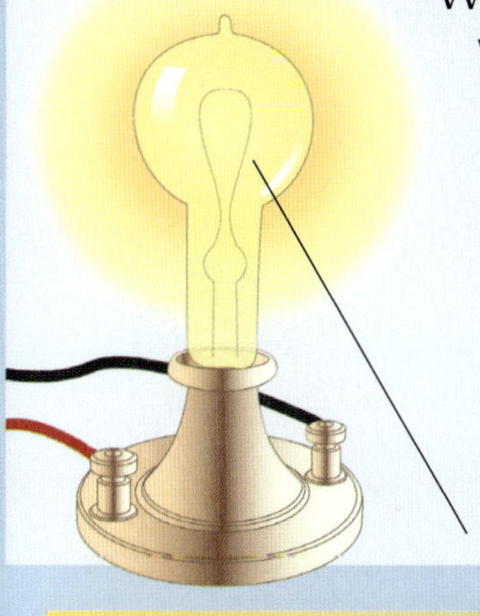

Wie kommt die Elektrizität zu uns?

In einem Kraftwerk treibt Dampf unter hohem Druck Turbinen an, die mit einem Stromgenerator verbunden sind. Die Generatoren verwandeln die Drehbewegung der Turbinen in elektrische Energie, welche über Stromleitungen zu Häusern, Fabriken und Geschäften transportiert wird.

RECHTS Strom fließt durch in der Erde verlegte Kabel oder an hohen Masten hängenden Freileitungen.

ATOMKRAFT

Wer entdeckte die Kernspaltung?

1938 entdeckten die deutschen Wissenschaftler Otto Hahn und Fritz Straßmann, wie man Uran-235-Atome spalten kann. Atome sind die kleinsten Elementarteilchen der Materie. Beim Spalten setzten sie auch große Mengen thermischer Energie – also Hitze – frei. Die beim Zerfall entstandenen Elementarteilchen trafen andere Atome, die sich dadurch spalteten, und noch mehr Hitze entwickelte sich. Bei dieser Kettenreaktion wurde erstmals Atomenergie erzeugt.

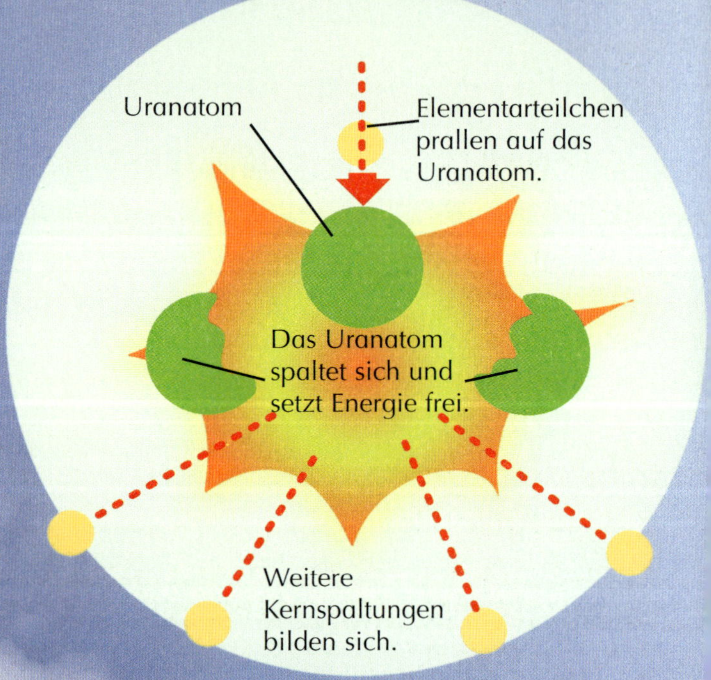

OBEN Atome kann man spalten, um Energie freizusetzen.

Wo wurde erstmals Atomstrom erzeugt?

1951 wurde erstmals in einem Atomreaktor aus der freigesetzten Wärmeenergie elektrischer Strom erzeugt. Dies geschah in einem abgelegenen amerikanischen Kernforschungsinstitut in Idaho. Das erste Atomkraftwerk zur Stromerzeugung für Haushalte ging 1954 in der Sowjetunion in Betrieb.

UNTEN Ein modernes Atomkraftwerk

Wie funktionieren Brennstäbe?

Atomkraftwerke verwenden als Brennstoff Uran, das in Form von Uranpellets in Brennstäbe aus Metall gefüllt wird. Diese Brennstäbe werden gebündelt und zusammen mit Steuerstäben in dem mit Wasser gefüllten Reaktorbehälter befestigt. Sobald die Steuerstäbe herausgezogen werden, setzt die Kernspaltung ein, und das Wasser erwärmt sich. Das heiße Wasser dient zur Erzeugung von Dampf, der mit Stromgeneratoren verbundene Turbinen antreibt.

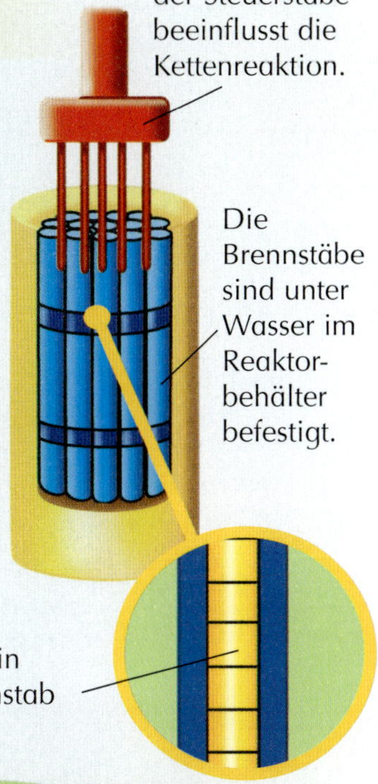

SCHON GEWUSST?
Atom-U-Boote können mit einer Brennstoffladung 25 Jahre lang fahren.

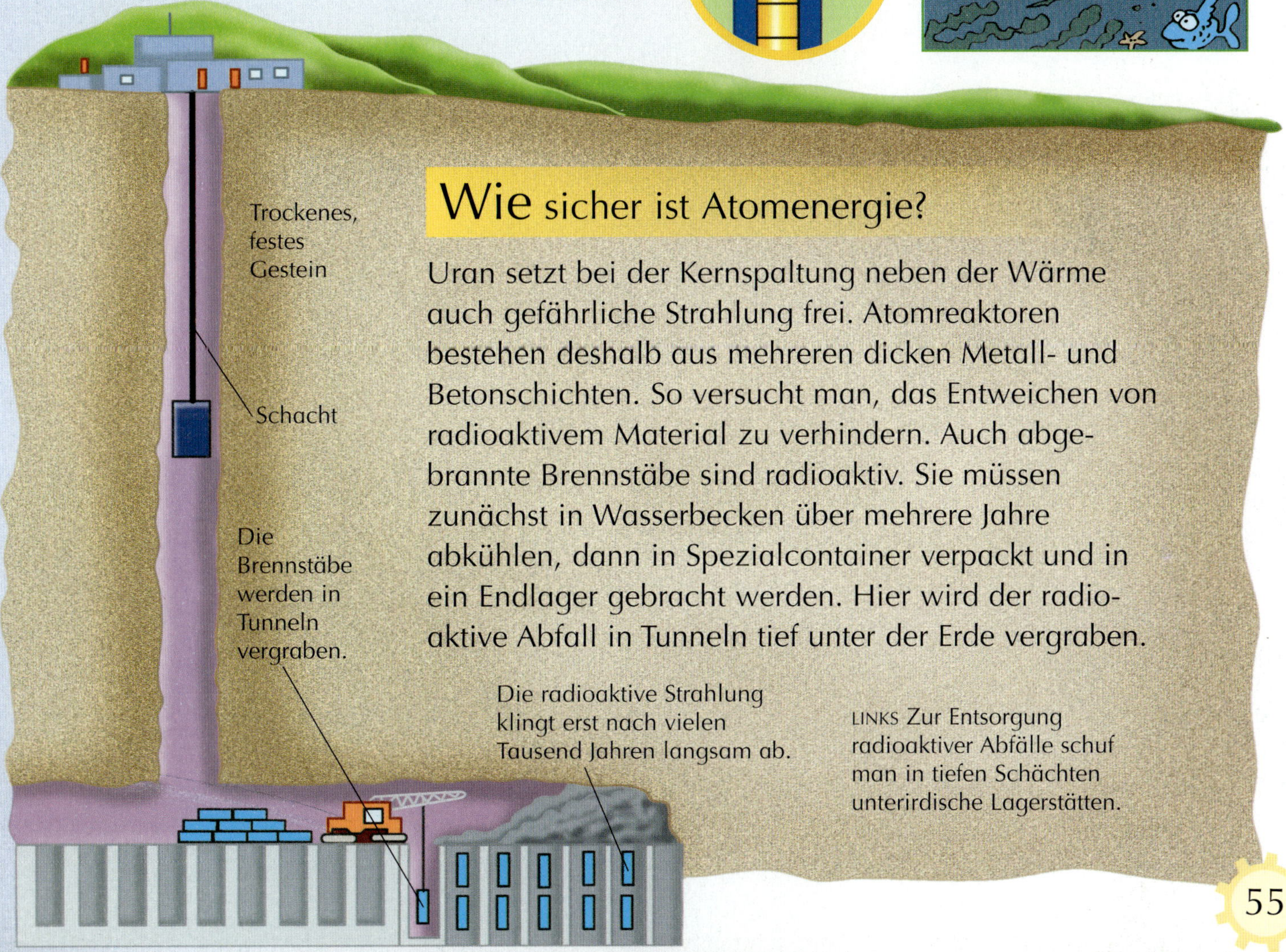

Wie sicher ist Atomenergie?

Uran setzt bei der Kernspaltung neben der Wärme auch gefährliche Strahlung frei. Atomreaktoren bestehen deshalb aus mehreren dicken Metall- und Betonschichten. So versucht man, das Entweichen von radioaktivem Material zu verhindern. Auch abgebrannte Brennstäbe sind radioaktiv. Sie müssen zunächst in Wasserbecken über mehrere Jahre abkühlen, dann in Spezialcontainer verpackt und in ein Endlager gebracht werden. Hier wird der radioaktive Abfall in Tunneln tief unter der Erde vergraben.

LINKS Zur Entsorgung radioaktiver Abfälle schuf man in tiefen Schächten unterirdische Lagerstätten.

WICHTIGE DATEN

600 v. Chr. Windmühlen zum Getreidemahlen	**30 v. Chr.** Mühlen mit Wasserrädern	**1712** Erfindung der Dampfmaschine	**1800** Batterie als Elektrizitätsspeicher	**1831** Elektrischer Generator

SONNENENERGIE

Was ist Sonnenenergie?

Die Sonne strahlt ständig riesige Energiemengen in Form von Wärme und Licht ab. Bereits 400 v. Chr. kannte man Brenngläser, um Sonnenstrahlen zu bündeln und Feuer zu entzünden. Ab 4 v. Chr. bauten die Römer Badehäuser mit nach Süden ausgerichteten Fenstern, um die Sonnenwärme einzufangen. Heute verwendet man die Solarenergie, um Wasser sowie Gebäude zu erwärmen und um Elektrizität zu gewinnen.

UNTEN Ein Solarofen hat einen reflektierenden Deckel, der das Sonnenlicht auf die Kochtöpfe lenkt.

Wer erfand den Solarofen?

1767 baute der schweizerische Wissenschaftler Horace de Saussure den ersten Sonnenofen. Er konstruierte eine isolierte Kiste mit einem Glasdeckel, die die Wärme des Lichts auffing. An einem sonnigen Tag konnte man damit ein Essen kochen. Einfache Solaröfen sind bis heute weltweit in Gebrauch, denn sie liefern hohe Temperaturen und brauchen keinen Brennstoff.

LINKS In sonnigen Regionen kann man Solarkraftwerke bauen. Hunderte von Sonnenkollektoren heizen Öl in den Röhren auf. Das heiße Öl dient zur Erzeugung von Dampf, der Dampfturbinen und Generatoren antreibt, die Strom erzeugen.

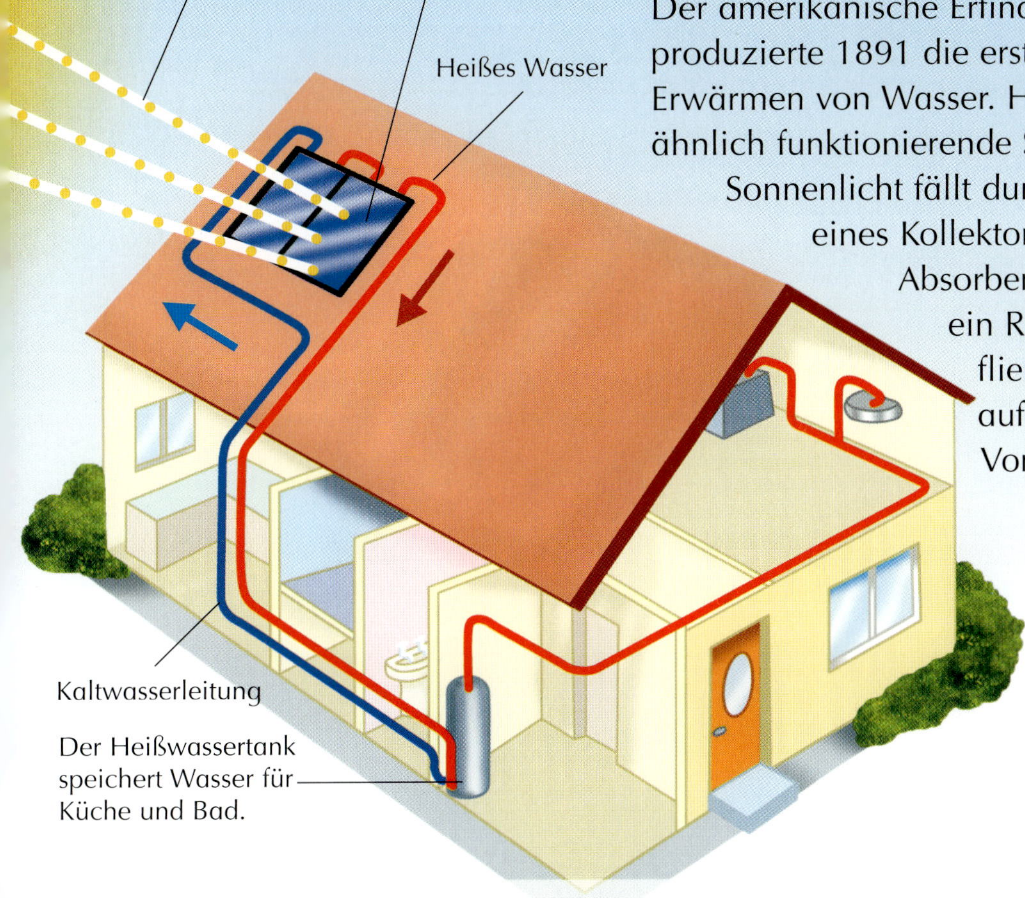

Wie funktioniert eine Solarheizung?

Der amerikanische Erfinder Clarence Kemp produzierte 1891 die erste Solarheizung zum Erwärmen von Wasser. Heute sind in vielen Häusern ähnlich funktionierende Solaranlagen eingebaut. Sonnenlicht fällt durch die Glasabdeckung eines Kollektors und wird von einer Absorberplatte aufgefangen. Durch ein Röhrensystem im Absorber fließt kaltes Wasser, das aufgeheizt und dann in einem Vorratstank gespeichert wird.

SCHON GEWUSST?
Im Weltall scheint die Sonne permanent, und alle Satelliten werden von Solarzellen mit Energie versorgt. Jeder Satellit hat Sonnensegel mit bis zu 40000 Fotovoltaikzellen.

Wann wurde die Solarzelle erfunden?

Der französische Wissenschaftler Alexandre Edmond Becquerel erfand 1839 eine Solarzelle zur Erzeugung von Strom aus Sonnenlicht. Diese frühen Fotovoltaik- oder Solarzellen waren aber nicht sehr effektiv. 1954 entdeckte eine Gruppe amerikanischer Forscher, dass aus Siliziumkristallen bestehende Solarzellen Sonnenlicht direkt in Strom umwandeln können. Durch das Zusammenschalten vieler Zellen können große Mengen Elektrizität erzeugt werden.

UNTEN Dieses Auto fährt mit Solarenergie. Es hat große Flächen mit Solarzellen, die den Strom zum Antrieb des Motors liefern.

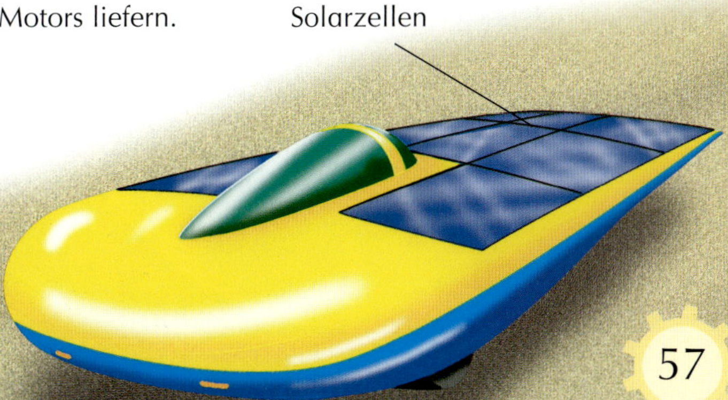

WICHTIGE DATEN

600 v. Chr.	30 v. Chr.	1712	1800	1831
Windmühlen zum Getreidemahlen	Mühlen mit Wasserrädern	Erfindung der Dampfmaschine	Batterie als Elektrizitätsspeicher	Elektrischer Generator

NATÜRLICHE ENERGIEQUELLEN

Wann wurden Windkraftanlagen erfunden?

Windkraftanlagen nutzte man erstmals in den 1940er-Jahren, um Windenergie in Elektrizität umzuwandeln. Sie versorgten abgelegene Farmen in den USA mit Strom. Die heutigen Windkraftanlagen mit zwei oder drei Rotorblättern sind auf hohen Masten befestigt. Wenn der Wind bläst, drehen sich die Rotoren und erzeugen in einem Generator Strom. Seit Anfang der 1980er-Jahre wurden Windparks mit vielen Einzelanlagen an Land und in Küstengewässern errichtet.

Wie gewinnt man Strom aus Pflanzen?

Aus Pflanzenabfällen, wie Holzresten, Sägemehl oder Stroh, bekommt man brennbare Biomasse. Aus tierischen Abfällen wie Dung wird Biogas gewonnen. Durch Verbrennen dieser Biomasse kann man Wasserdampf für Kraftwerke erzeugen.

UNTEN Ein Fermenter produziert aus Tierdung Biogas. Der Dung wird einige Wochen in einem Tank gelagert, wo er verrottet und sich Biogas bildet.

Wo entstand das erste Gezeitenkraftwerk?

Ein Gezeitenkraftwerk nutzt die natürliche Energie des Meeres in Form von Strömungen, Wellen und Gezeiten zur Stromproduktion. Das erste und größte Gezeitenkraftwerk wurde 1966 in Frankreich am Fluss Rance in Betrieb genommen. An der Mündung in den Atlantik baute man einen riesigen Staudamm. Bei Flut fließt das Wasser landeinwärts durch den Damm, bei Ebbe strömt es zurück, und jedes Mal treibt es Stromgeneratoren an.

LINKS Das Gezeitenkraftwerk an der Mündung der Rance

SCHON GEWUSST?
Schweinedung kann in Biodiesel für Autos verwandelt werden. Ein einziges Schwein könnte so in seinem Leben rund 80 Liter Diesel produzieren.

Was ist geothermische Energie?

Die Temperaturen im Erdinnern sind so hoch, dass sogar Gestein schmilzt. An einigen Stellen sind diese flüssigen Gesteinsschichten nahe an der Erdoberfläche und liefern geothermische Energie oder Erdwärme. Zu ihrer Nutzung bohrt man Löcher in den Boden und pumpt kaltes Wasser hinab. Das Wasser erhitzt sich und wird zu Dampf, der nach oben geleitet und für den Antrieb von Kraftwerken genutzt wird.

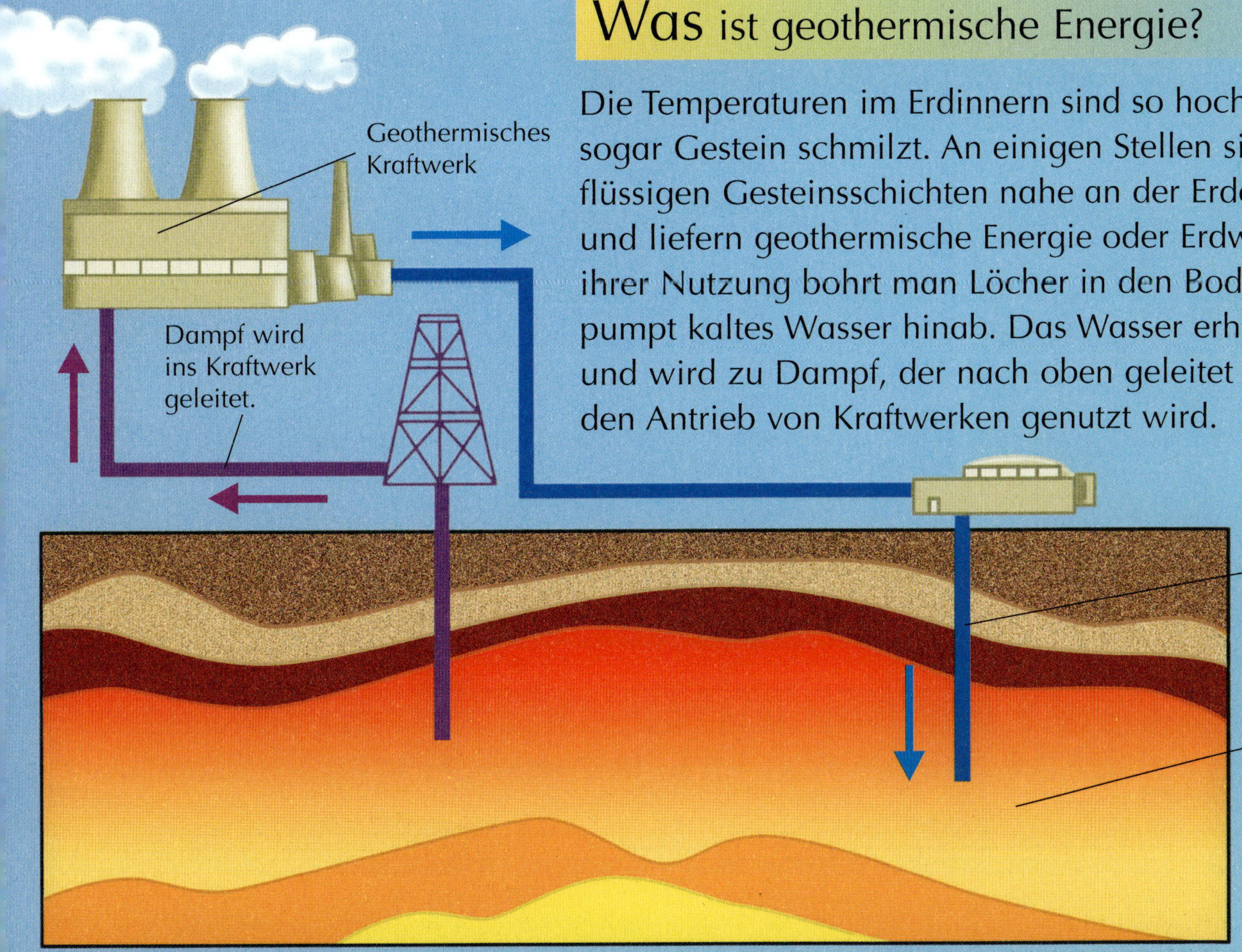

FABRIKATION

Erstaunliche Erfindungen wie Spinnräder und Industrieroboter haben dazu beigetragen, die Herstellung von Produkten zu beschleunigen. Finde heraus, wie Luft- oder Wasserdüsen helfen, Stoffe für unsere Kleidung zu weben, oder wie über Nacht alte Getränkedosen in neue verwandelt werden. Hier erfährst Du, wie Seife gemacht wird und warum Fabriken Förderbänder einsetzen. Entdecke, warum so viele Alltagsgegenstände aus Plastik gefertigt sind und wie Roboter anstelle von Menschen Autos produzieren.

WICHTIGE DATEN

5000 v. Chr. Erfindung des Webrahmens	1000 Garnherstellung mit Spinnrädern	1733 Erfindung des Weberschiffchens	1764 Erfindung der Feinspinnmaschine	1771 Erste Fabrik mit Dampfmaschinen

WEBEN UND SPINNEN

SCHON GEWUSST?

Dem Amerikaner Eli Whitney kam 1793 die Idee für eine Baumwollreinigungsmaschine, als er eine Katze beim Schärfen ihrer Krallen sah. Seine Maschine hatte Haken, die die Baumwollfasern von den klebrigen Samenkapseln trennten.

Wer erfand das Spinnrad?

Mit einem Spinnrad werden Fasern zu Fäden oder Garn gedreht. Erfunden wurde es um 1000 n. Chr. von Textilarbeitern in Asien. Durch ein Schwungrad wird eine Spindel angetrieben, die aus den kurzen Woll- oder Baumwollfasern einen langen Faden spinnt und aufwickelt. 1764 erfand der Engländer James Hargreaves eine Spinnmaschine, *Spinning Jenny* genannt, die gleichzeitig Fäden auf mehreren Spindeln aufwickeln konnte.

RECHTS Hargreaves' *Spinning Jenny*

Wann erfand man den Webstuhl?

Der Handwebstuhl wurde um 5000 v. Chr. erfunden, um aus Garn Stoffe und Teppiche zu weben. Ein Teil der Fäden, die sogenannte Kette, ist senkrecht im Holzrahmen eingespannt. In diese Fäden werden dann zur Herstellung von Stoff waagerecht weitere Fäden, der Schuss, eingewoben. 1733 erfand der Engländer John Kay den Schnellschützen. In diesem Weberschiffchen konnte der Schussfaden im Webstuhl schnell hin- und herbewegt werden. Damit wurde der Webvorgang wesentlich beschleunigt.

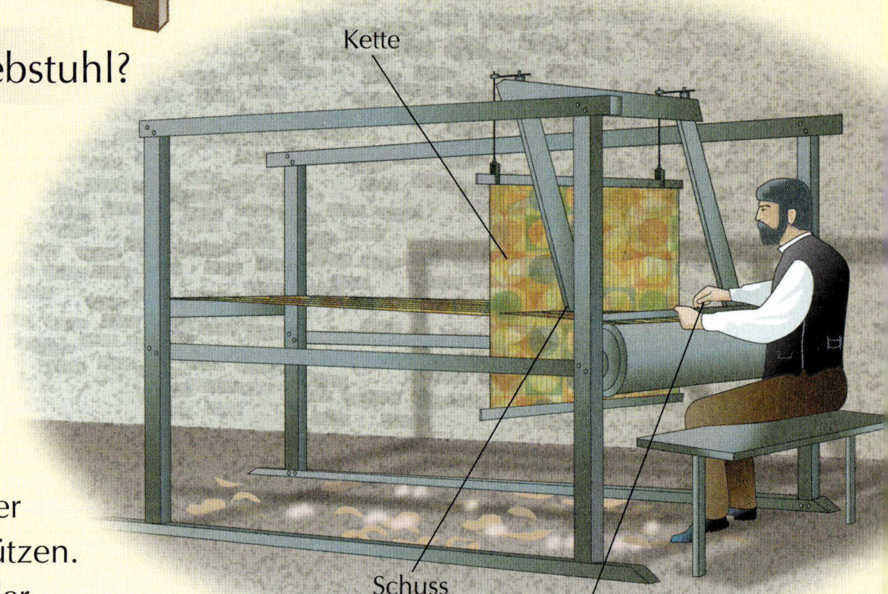

OBEN Kays Schnellschützenwebstuhl

1802 Beginn der Massenproduktion	**1901** Erstes Fließband in einer Fabrik	**1909** Erster Kunststoff entwickelt	**1958** Getränkedosen aus Aluminium	**1961** Einsatz von Industrierobotern

Was produzierte die erste Fabrik?

In den frühen Fabriken stellten Textilarbeiter Stoffe in Handarbeit her. Die erste mit Maschinen ausgestattete Fabrik baute 1771 der Engländer Richard Arkwright. Seine Baumwollspinnerei beschäftigte zahlreiche Arbeiter. Sie bedienten von Arkwright erfundene Spinnmaschinen und Webstühle zur Herstellung von Stoffen. Die Maschinen wurden zunächst von Wasserrädern, später von Dampfmaschinen angetrieben. In der Nähe der Fabrik ließ Arkwright Häuser für seine Belegschaft bauen.

UNTEN Die Fabrik von Arkwright stand am Ufer eines Flusses und nutzte die Wasserkraft als Antrieb für Spinn- und Webmaschinen.

Wie funktionieren Webmaschinen?

Die Industriewebstühle von heute sind riesige, computergesteuerte Maschinen. Sie funktionieren ohne Weberschiffchen. Heute werden die Schussfäden durch starke Wasser- oder Pressluftstrahlen zwischen den Kettenfäden hin- und hergeschossen. Die Maschinen sind so programmiert, dass sie aus verschiedenen Farbgarnen raffiniert gemusterte Stoffe weben. Ein Textilarbeiter kann gleichzeitig 20 Webmaschinen beaufsichtigen.

LINKS Traditionelle Industriewebstühle werden noch heute in kleineren Fabriken eingesetzt.

UNTEN Spulen mit farbigem Webgarn

WICHTIGE DATEN

5000 v. Chr. Erfindung des Webrahmens	1000 Garnherstellung mit Spinnrädern	1733 Erfindung des Weberschiffchens	1764 Erfindung der Feinspinnmaschine	1771 Erste Fabrik mit Dampfmaschinen

INDUSTRIEPRODUKTE

Wann wurde der Kunststoff erfunden?

Im 18. Jahrhundert fertigte man Knöpfe, Messergriffe und andere Dinge aus Naturmaterialien wie Knochen, Perlmutt oder Elfenbein. Da sie teuer waren, wurde 1863 ein neues, Celluloid genanntes Material erfunden. Dieser erste Kunststoff wurde aus Baumwollfasern und Chemikalien hergestellt. 1909 erfand ein Chemiker in New York den ersten nur aus Chemikalien gefertigten Kunststoff. Leo Baekeland entdeckte, dass sein klebriges Gemisch in Formen gegossen und unter Hitze ausgehärtet werden konnte.

UNTEN Baekeland nannte das von ihm entwickelte Material Bakelit. Dieser harte Kunststoff wurde bald für viele Alltagsgegenstände, wie dieses Telefon, verwandt.

LINKS Aus Celluloid machte man Gegenstände, die wie Elfenbein aussehen sollten, beispielsweise diese Haarbürste.

Wofür verwendet man Kunststoffe?

Kunststoffe entwickelten sich zum wichtigsten Material der Industrie, denn sie sind wasserfest, leicht formbar und billig herzustellen. Je nach Zusammensetzung können sie weich oder hart, farbig oder durchsichtig sein. Überall sind wir von Kunststoffprodukten umgeben, angefangen bei der Innenausstattung von Autos, über Kühlschränke, Spielsachen, CDs bis hin zu Mobiltelefonen.

RECHTS Viele flüssige Produkte wie Waschmittel werden in Plastikflaschen abgefüllt. Diese haben die schweren Glasbehälter ersetzt, die beim Runterfallen zerbrechen konnten.

UNTEN Früher wurden Spielgeräte wie dieses Dreirad aus schwerem, rostanfälligem Metall gefertigt. Heute werden sie aus farbigem, robustem Kunststoff gemacht.

Wie wird Aluminium recycelt?

Seit 1958 wird Aluminium zur Herstellung von Getränkedosen benutzt. Aluminium ist ein Leichtmetall. Heute werden neue Dosen meist aus alten Dosen gefertigt. In einer Recyclingfabrik werden die Aludosen eingeschmolzen und zu Barren gegossen. Diese Barren bringt man zu einer Fabrik, wo sie von riesigen Rollenpressen zu dünnem Alublech ausgewalzt werden. Maschinen schneiden das Blech zu und formen neue Getränkedosen daraus.

SCHON GEWUSST?
Jeden Tag werden Millionen von Plastikflaschen weggeworfen, doch sie können wiederverwendet werden. Man verarbeitet sie zu Polyesterfasern für Teppiche oder macht neue Flaschen daraus.

Wie wird Seife gemacht?

Seife entsteht, wenn Pflanzenöle oder Tierfette mit Laugen erhitzt werden, dabei bilden sich Seife und Glyzerin. In der Fabrik wird das Glyzerin abgetrennt und die Seife getrocknet, bevor Farb- und Duftstoffe zugefügt werden. Dann wird die Seife in Stücke geschnitten, in Form gepresst und verpackt.

LINKS Dank neuartiger Stoffe aus Kunststofffasern kann man Kleidung entwerfen, die warm hält, robust und wasserdicht ist oder rasch trocknet.

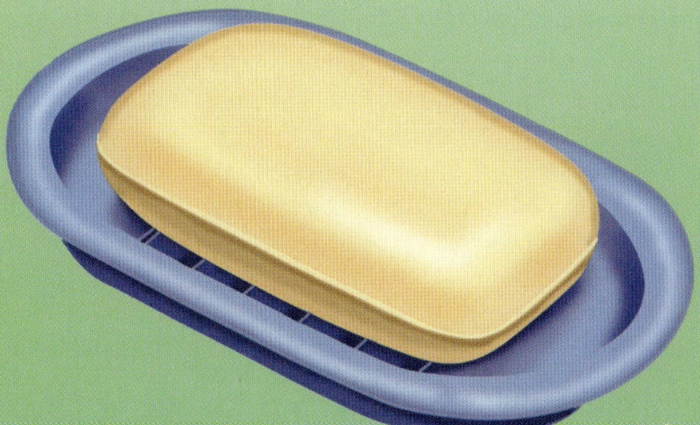

WICHTIGE DATEN

5000 v. Chr. Erfindung des Webrahmens	**1000** Garnherstellung mit Spinnrädern	**1733** Erfindung des Weberschiffchens	**1764** Erfindung der Feinspinnmaschine	**1771** Erste Fabrik mit Dampfmaschinen

MASSENPRODUKTION

UNTEN Brunels Fabrik produzierte 130000 Rollenblöcke pro Jahr.

Wo begann die Massenproduktion?

Anfangs waren in den Fabriken die Arbeiter meist für die komplette Fertigung eines Produkts zuständig. 1802 begann der aus Frankreich stammende Ingenieur Marc Brunel in England damit, hölzerne Rollenblöcke für Flaschenzüge in Massenproduktion herzustellen. In seiner Fabrik gab es 45 dampfgetriebene Maschinen. Um die Produktion zu beschleunigen, führte jeder Arbeiter nur noch einen einzigen Fertigungsschritt aus und reichte den Rollenblock dann an den nächsten Arbeiter weiter.

Wer errichtete das erste Fließband?

Ransom Olds schuf 1901 in seinem Automobilwerk das erste Fließband, um den Produktionsprozess zu beschleunigen. Förderbänder transportierten die Autos in die verschiedenen Abteilungen der Fabrik. Ein Arbeiter montierte immer das gleiche Bauteil an die vorbeiziehenden Autos. Kürzere Produktionszeiten bedeuteten, dass Fließbandautos günstiger verkauft werden konnten.

RECHTS Olds´ Fließband wurde von anderen amerikanischen Automobilherstellern, wie Henry Ford, kopiert.

1802
Beginn der Massenproduktion

1901
Erstes Fließband in einer Fabrik

1909
Erster Kunststoff entwickelt

1958
Getränkedosen aus Aluminium

1961
Einsatz von Industrierobotern

Wann wurden Industrieroboter erfunden?

Ein Problem der Fließbandarbeit ist, dass sie eintönig ist und müde, unaufmerksame Arbeiter zu Fehlern neigen. In einem amerikanischen Autowerk fand man 1961 mit dem Industrieroboter eine Lösung dafür. Von einem Computer gesteuert, erledigte der Roboter das gefährliche Entnehmen und Stapeln heißer Metallteile aus einer Maschine.

SCHON GEWUSST?
Sensoren in den computergesteuerten Roboterarmen sorgen dafür, dass dieselben Arbeiten immer wieder exakt ausgeführt werden.

RECHTS Industrieroboter arbeiten schnell und präzise. Sie erledigen viele Aufgaben wie Schweißen, Lackieren, Montieren von Teilen und Kontrollieren der fertigen Produkte.

Ein Roboterarm hat von Motoren bewegte Gelenke.

Montage von Automobilen auf einem Förderband

Was ist individuelle Massenfertigung?

Bei der individuellen Massenfertigung werden Waren nach den Wünschen eines Kunden unter Nutzung der Massenproduktion produziert. Computertechnologie ermöglicht es den Herstellern, die Basisbauteile eines Geräts zu produzieren und dann zu einer besonderen Ausführung zusammenzusetzen. Kunden bestellen beispielsweise ein Auto mit spezieller Lackierung oder einen PC mit individueller Ausstattung.

TRANSPORTWESEN

Seit frühester Zeit haben Menschen einfallsreiche Möglichkeiten gefunden, um Personen und Güter über Land, auf dem Wasser oder in der Luft zu transportieren. Hier erfährst Du mehr über Einbäume, Kutschen und die ersten Fahrräder. Neben frühen öffentlichen Verkehrsmitteln, wie Dampfzüge oder von Pferden gezogene Bahnen, wird die Entwicklung immer schnellerer und stärkerer Autos und Lkw beschrieben. Entdecke, wie große Segelschiffe die Ozeane überquerten und Fluggeräte, wie der Heißluftballon oder der Hubschrauber, den Himmel eroberten.

BUSSE UND LASTWAGEN

Wie hat man früher Güter transportiert?

Zwischen 7000 und 4000 v. Chr. benutzten die Menschen zunächst Schlitten, um Güter zu ziehen. Etwa 5000 v. Chr. begann man, Tiere wie Esel und Maulesel abzurichten, damit sie auf Holzgestellen Lasten auf ihrem Rücken tragen konnten. Um 4000 v. Chr. wurde in Mesopotamien das Rad erfunden. Damit wurden Karren konstruiert, die von Tieren gezogen werden konnten.

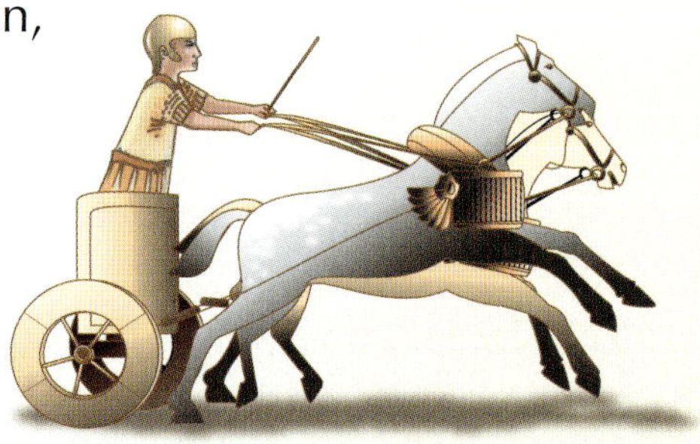

OBEN Ein mesopotamischer Streitwagen

SCHON GEWUSST?
Die längsten Lkw der Welt fahren über die endlosen Straßen des australischen Outback. Diese Riesen ziehen drei oder vier Anhänger und werden „Road trains“ – „Straßenzüge“ – genannt.

Wann wurden Kutschen erfunden?

Im 17. Jahrhundert nutzte man erstmals vierrädrige Kutschen als öffentliche Verkehrsmittel, die von vier Pferden gezogen wurden. Ab Mitte der 1770er-Jahre verkehrten Postkutschen über weite Entfernungen. An Zwischenstationen stiegen die Passagiere aus, und die erschöpften Pferde wurden gegen frische ausgetauscht. So konnte man eine Reisegeschwindigkeit von rund 12 km/h erzielen.

LINKS Postkutschenlinien waren frühe öffentliche Verkehrsmittel.

1870	1885	1903	1939	1976
Erfindung des Hochrads	Erstes Fahrzeug mit Benzinmotor	Erster Motorflug	Erfindung des Hubschraubers	Linienflug mit Überschallgeschwindigkeit

OBEN Eine von Pferden gezogene Omnibus-Kutsche

Wo gab es die ersten Buslinien?

Der erste, von Pferden gezogene Omnibus verkehrte 1828 in Paris. Er hatte eine Kabine mit Holzbänken für Passagiere. Der Omnibus wurde allmählich von der Trambahn abgelöst, die auf Gleisen durch die Stadt fuhr. Die erste Pferdetram wurde 1832 in New York in Dienst gestellt. Ab den 1880er-Jahren wurden die meisten Straßenbahnen mit Elektrizität angetrieben. Heute haben Busse gewöhnlich Benzin- oder Dieselmotoren.

LINKS Doppeldeckerbusse fahren in London.

Wer erfand den Kühllaster?

Der Amerikaner Frederick Jones erfand 1935 den ersten Kühllaster, um Produkte auf langen Transportwegen frisch zu halten. Heute haben diese Laster ein Gebläse mit einem Kühlaggregat, um die richtige Temperatur zu halten. Das Kühlabteil ist gut isoliert, um die kalte Luft drinnen und die warme draußen zu halten.

RECHTS Ein Kühllaster kann Frischwaren über lange Strecken transportieren.

FAHRRAD

SCHON GEWUSST?
Vor 1888 machten Holzräder mit Eisenbeschlägen das Fahrradfahren zu einer holprigen Angelegenheit. Dank der Erfindung von John Dunlop gibt es heute luftgefüllte Gummireifen.

Wann wurde das erste Fahrrad konstruiert?

Das allererste Fahrrad wurde 1819 erfunden. Es bestand aus Holz und wurde durch Abstoßen mit den Füßen fortbewegt. Das erste Fahrrad mit Pedalen und Hinterradantrieb war 1839 das Veloziped. Doch das erste Fahrrad, das den modernen Rädern gleicht, war das Rover Sicherheitsfahrrad. Es wurde 1885 von dem britischen Ingenieur John Starley gebaut und war mit einer Kette, einem rhombenförmigen Rahmen und zwei gleich großen Speichenrädern ausgestattet.

RECHTS Das Rover Sicherheitsfahrrad

Was ist ein Hochrad?

Britische Ingenieure erfanden 1870 das Hochrad. Dieses seltsame Gefährt bestand aus einem riesigen Vorderrad und einem kleinen Hinterrad, das der Stabilität diente. Jede Umdrehung der Pedale am großen Vorderrad brachte das Fahrzeug ein großes Stück voran. Allerdings waren diese Hochräder schwierig zu fahren, und es gab häufig Unfälle. Mit der Erfindung des Sicherheitsrads verschwand das Hochrad bald.

LINKS Das Vorderrad des Hochrads hatte einen Durchmesser von bis zu 1,5 Meter.

UNTEN Ein moderner Fahrradrahmen besteht aus Leichtmetall oder kohlefaserverstärktem Kunststoff, die leicht und stabil sind.

Wie funktioniert ein modernes Fahrrad?

Um ein Fahrrad in Bewegung zu setzen, tritt man in die Pedale, wodurch über die Kette das Hinterrad angetrieben wird. Zum Bremsen betätigt der Radfahrer die Bremshebel am Lenker. Dadurch drücken Bremsklötze gegen die Felgen, die Räder werden langsamer, bis sie stehen. Die Gangschaltung mit unterschiedlichen Zahnrädern erleichtert das Bewältigen von Steigungen durch eine Anpassung der Umdrehungen des Hinterrads pro Pedalumdrehung.

Wer erfand das Motorrad?

1885 konstruierten die deutschen Ingenieure Gottlieb Daimler und Wilhelm Maybach das erste Zweirad mit Verbrennungsmotor. Heute haben Motorräder einen Metallrahmen, an dem Motor, Getriebe, Sitzbank und Tank befestigt sind. Der Motor treibt über eine Kardanwelle oder Kette das Hinterrad an. Wie das Fahrrad hat auch das Motorrad einen Hinterradantrieb.

RECHTS Die Polizei setzt Motorräder für Streifenfahrten ein.

WICHTIGE DATEN

7000 v. Chr.	4000 v. Chr.	400	1783	1825
Erste Einbäume und Flöße	Erfindung des Rades	Erfindung des Katamaranboots	Erste Fahrt mit einem Heißluftballon	Erste Dampfeisenbahn

AUTOS

RECHTS Der erste Kraftwagen von Karl Benz hatte nur drei Räder.

Wann wurde das Automobil erfunden?

Der deutsche Ingenieur Carl Benz erfand 1885 das erste Automobil, das von einem Benzinmotor angetrieben wurde. Mit dem 1860 entwickelten Verbrennungsmotor konnte Benz ein funktionsfähiges motorisiertes Fahrzeug konstruieren. Doch sein Gefährt war sehr langsam, und die Passagiere saßen ungeschützt auf ihm. Die ersten Autos waren sehr teuer, und erst als Henry Ford in den USA Autos am Fließband produzierte, wurden sie erschwinglicher.

Warum brauchen Automotoren Benzin?

Autos haben einen Verbrennungsmotor, der in Zylindern Benzin oder Diesel verbrennt und so die Antriebskraft für einen Wagen liefert. Beim Verbrennungsvorgang werden Kolben auf- und abbewegt. Die Kurbelwelle setzt dies in eine Drehbewegung um und überträgt diese auf die Antriebsachse und die Räder. Eine Batterie liefert die Energie, die zum Starten des Motors nötig ist.

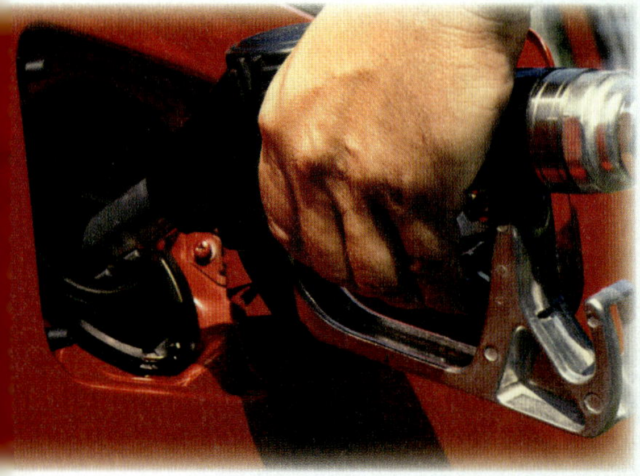

OBEN Fahrer füllen an Tankstellen Kraftstoff nach, der durch einen Schlauch mit einer Zapfpistole in den Tank gepumpt wird.

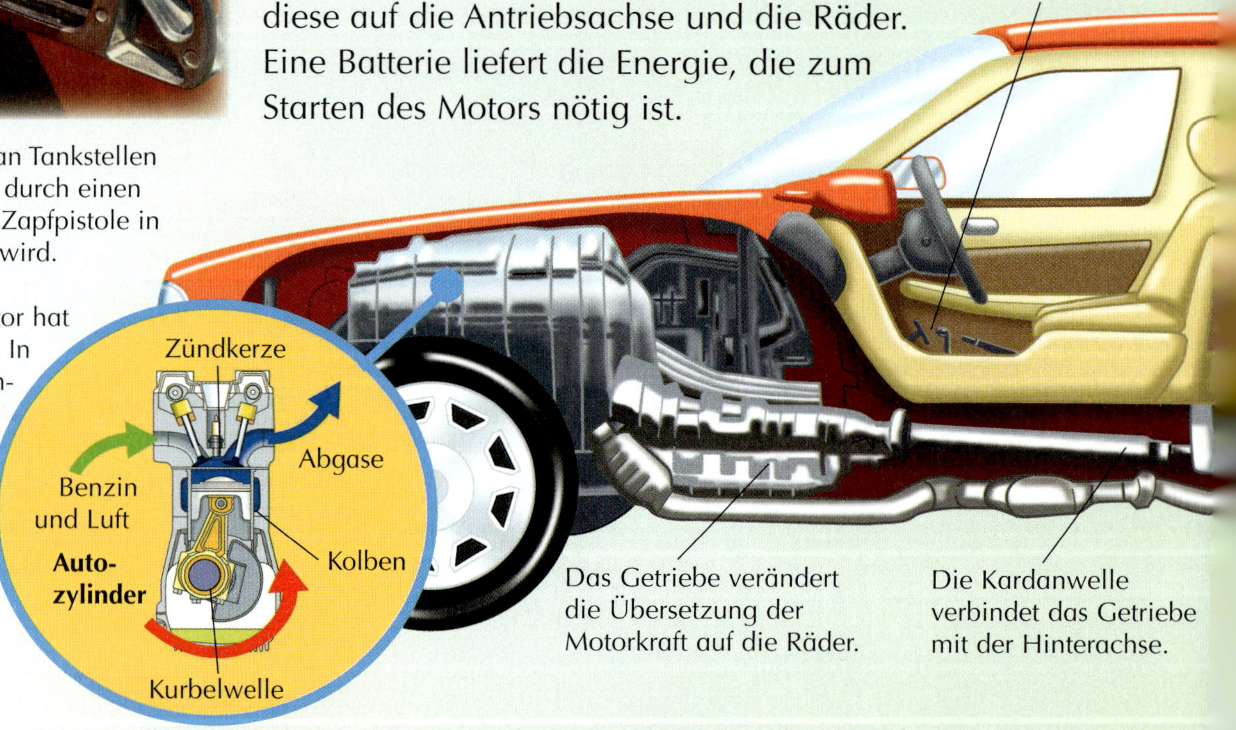

Der Fahrer benutzt Pedale und Hebel zum Beschleunigen, Bremsen oder Gangwechseln.

Das Getriebe verändert die Übersetzung der Motorkraft auf die Räder.

Die Kardanwelle verbindet das Getriebe mit der Hinterachse.

RECHTS Ein Automotor hat meist vier Zylinder. In jedem Zylinder zünden den Zündkerzen das Kraftstoff-Luft-Gemisch, das explosionsartig verbrennt und den Kolben nach unten drückt.

1870 Erfindung des Hochrads

1885 Erstes Fahrzeug mit Benzinmotor

1903 Erster Motorflug

1939 Erfindung des Hubschraubers

1976 Linienflug mit Überschallgeschwindigkeit

Wie schnell fahren Rennautos?

Auf geraden Strecken können Rennwagen über 300 km/h erreichen. Dies ist möglich, weil Rennautos viel stärkere, hochtourige Motoren haben als gewöhnliche Fahrzeuge. Um den Luftwiderstand zu verringern, sind Rennwagen extra niedrig gebaut und so geformt, dass die Luft leicht an ihnen entlangströmt.

OBEN Die Zielflagge zeigt das Ende des Rennens an.

SCHON GEWUSST?

Die saubersten Autos der Welt fahren mit Luft. Ihre Motoren werden von Druckluft angetrieben, die in Tanks gespeichert wird.

Was sind Elektrofahrzeuge?

Elektrofahrzeuge sind Autos, die von Akkus angetrieben werden und die aus Sorge um die Luftverschmutzung durch Motorabgase entwickelt wurden. Allerdings sind die benötigten Akkus groß und schwer. Sie können nur Energie für eine begrenzte Fahrstrecke speichern und müssen dann zum Aufladen an eine Steckdose angeschlossen werden.

ZÜGE

UNTEN George Stephensons Dampflok *Locomotion*

Wann entstand die erste Dampfeisenbahn?

Eine der ersten Dampfeisenbahnen zur Personenbeförderung baute 1825 der britische Ingenieur George Stephenson. Seine *Locomotion* erreichte eine Höchstgeschwindigkeit von 25 km/h und war wesentlich schneller als die Güterwaggons, die zuvor von Pferden auf Schienen gezogen worden waren.

Wie fährt eine Einschienenbahn?

Bei Einschienenbahnen sitzen die Züge auf oder hängen unter einer einzelnen Fahrschiene. Die älteste Bahn wurde 1880 gebaut. Heute rollen Einschienenbahnen meist auf einem Fahrbalken aus Beton. Führungsräder, die seitlich am Fahrbalken vorbeilaufen, lenken den Zug. Stromschienen liefern die Energie. Einige Bahnen kommen sogar ohne Fahrer aus.

Was sind Magnetbahnen?

Magnetbahnen haben keine Motoren oder Räder, sie schweben über dem Fahrbalken. In der Fahrspur wird durch Elektrospulen ein starkes Magnetfeld erzeugt. Dieses wirkt auf starke Magnete unten am Zug, hebt ihn an und bewegt ihn vorwärts. Magnetschwebebahnen sind schneller als andere Züge, denn sie werden nicht durch den Rollwiderstand der Räder gebremst.

OBEN Magnetschwebebahnen können Geschwindigkeiten von über 500 km/h erreichen.

Wo fährt der TGV?

Der schnittige TGV fährt in Frankreich. Die Abkürzung steht für *Train à grande vitesse* (Hochgeschwindigkeitszug). Diese stromlinienförmigen Personenzüge erreichen fast 300 km/h und zählen zu den schnellsten konventionellen Zügen der Welt. Die meisten Hochgeschwindigkeitszüge werden derzeit von starken Elektro- oder Dieselmotoren angetrieben.

RECHTS TGV-Zug

Der Stromabnehmer leitet elektrischen Strom aus dem Fahrdraht in den Zugantrieb.

Ein Computer im Führerstand des TGV kontrolliert alle Systeme des Zugs.

Elektromotoren bewegen die Antriebsräder.

SCHON GEWUSST?
Die erste Untergrundbahn der Welt wurde 1863 in London eröffnet. Die Passagiere fuhren damals in von Dampfloks gezogenen Waggons.

WICHTIGE DATEN

7000 v. Chr.	4000 v. Chr.	400	1783	1825
Erste Einbäume und Flöße	Erfindung des Rades	Erfindung des Katamaranboots	Erste Fahrt mit einem Heißluftballon	Erste Dampfeisenbahn

BOOTE

Wie sahen prähistorische Boote aus?

OBEN Fellboote waren zur Abdichtung der Nähte mit Pech überzogen.

Die ersten Boote um 7000 v. Chr. waren Einbäume aus ausgehöhlten Baumstämmen oder Flöße aus Holzstämmen bzw. zusammengebundenem Schilf. In Britannien baute man Fellboote (Coracles), deren ovaler, aus Ästen geflochtener Rahmen mit Tierhäuten bespannt wurde. Mithilfe von Paddeln wurden die Boote bewegt. Um 3500 v. Chr. konstruierte man Boote mit Segeln aus Leder oder Stoff, um die Windkraft zu nutzen.

Wer erfand den Katamaran?

Südindische Fischer erfanden um 400 den Katamaran. Der Name bedeutet „zusammengebundene Baumstämme". Die zwei Rümpfe des Katamarans sind mit einem Deck verbunden, auf dem der Mast angebracht ist. Durch diese Bauform kentern sie nicht so leicht wie normale Boote.

RECHTS Kleine Strandkatamarane sind als Freizeitboot für ein bis zwei Personen ausgelegt.

SCHON GEWUSST?
Ein Hovercraft gleitet auf einem Luftkissen über Wasser und Land. Kräftige Gebläse drücken Luft unter das Boot, sodass es knapp über dem Wasser schwebt. Erfunden wurde es 1959 von dem britischen Ingenieur Sir Christopher Cockerell.

Warum sind Tragflügelboote so schnell?

Ein Tragflügelboot fliegt über das Wasser. Speziell geformte Tragflügel sind an der Unterseite des Boots befestigt. Sobald Wasser über die Flügel strömt, hebt sich der Rumpf aus dem Wasser, und das Boot wird kaum mehr durch den Wasserwiderstand gebremst. Der italienische Erfinder Enrico Forlanini baute 1906 das erste Tragflügelboot.

RECHTS Ein Tragflügelboot

Was ist ein Jetski?

Ein Jetski ist eine Mischung aus Motorrad und Boot. Eine Pumpe stößt am Heck einen Wasserstrahl aus, der das Fahrzeug antreibt. Der Fahrer, der wie auf einem Motorrad sitzt, kann mit dem Jetski schnell übers Wasser gleiten, enge Kurven und in seichten Gewässern fahren.

RECHTS Jetski fahren ist ein Freizeitvergnügen auf Seen und an Meeresküsten, wo freie Wasserflächen zur rasanten Fahrt einladen.

WICHTIGE DATEN

- **7000 v. Chr.** Erste Einbäume und Flöße
- **4000 v. Chr.** Erfindung des Rades
- **400** Erfindung des Katamaranboots
- **1783** Erste Fahrt mit einem Heißluftballon
- **1825** Erste Dampfeisenbahn

SCHIFFE

Wann wurden Großsegler gebaut?

Kleine Boote können Flüsse und den Küstenbereich befahren, große Schiffe darüber hinaus auch Ozeane überqueren. Um 3000 v. Chr. bauten die Ägypter große Schiffe mit rechteckigen Segeln an einem Mast. Anfang des 19. Jahrhunderts waren Klipper die schnellsten Segelfrachtschiffe. Heutzutage nehmen Großsegler (Windjammer) aus verschiedenen Ländern an Segelregatten teil.

RECHTS Großsegler sind traditionell mit trapezförmigen Rahsegeln getakelt.

Was sind Raddampfer?

Der erste Schaufelraddampfer wurde 1783 in Frankreich gebaut. Das Schiff hatte eine Dampfmaschine, die zwei seitlich angebrachte Schaufelräder antrieb. Weil Dampfschiffe viel Kohle für ihre Maschinen mit sich führen mussten, baute man später viel größere Schiffe. 1897 entwickelte der englische Ingenieur Charles Parsons eine neue Dampfturbine, die die Schiffe schneller machte.

UNTEN Ein nostalgischer Flussraddampfer mit einem Heckschaufelrad

Wer reist auf Kreuzfahrtschiffen?

Kreuzfahrtschiffe sind schwimmende Luxushotels für Touristen. Auf ihnen gibt es Tanzsäle, Restaurants, Geschäfte, Kinos, Tennisplätze und Swimmingpools. Bevor das Flugzeug populär wurde, reiste man auf Ozeanriesen wie der britischen *Mauretania* um die Welt. Ab 1907nahm sie den Liniendienst über den Atlantik auf. Heute bietet die *Queen Mary 2* Platz für 2620 Passagiere und 1253 Besatzungsmitglieder.

UNTEN Die *Queen Mary 2* ist das größte Kreuzfahrtschiff der Welt.

SCHON GEWUSST?
Supertanker sind die größten Schiffe der Welt. Sie können bis zu 240 Millionen Liter Öl transportieren. Sie sind so groß, dass sie einen Bremsweg von bis zu 10 Kilometer Länge haben.

Wie werden Fährschiffe angetrieben?

Fast alle modernen Schiffe, einschließlich der Fähren, haben Dieselmotoren. Diese drehen Schiffsschrauben, die den Vortrieb leisten. Ro-Ro-Fähren (Roll-on Roll-off) haben vorne und hinten Ladeklappen, über die Fahrzeuge einfach ins Parkdeck und von Bord fahren können. Die erste dieser Fähren verkehrte 1851 in Schottland. Sie hatte eingebaute Eisenbahnschienen, um Züge zu transportieren.

BALLONS UND LUFTSCHIFFE

Wann startete der erste Heißluftballon?

Ein Schaf, ein Hahn und eine Ente waren 1783 die ersten Passagiere in einem Heißluftballon. Der Ballon der französischen Brüder Joseph und Etienne Montgolfier bestand aus Seide und flog drei Kilometer weit über Paris. Später im Jahr ließen sie einen anderen Ballon mit zwei Freiwilligen 450 Meter in die Luft steigen.

LINKS Der Heißluftballon der Gebrüder Montgolfier

Warum braucht ein Ballon heiße Luft?

Heiße Luft ist leichter als kalte, deshalb steigt sie nach oben. Ein moderner Heißluftballon hat eine riesige Nylonhülle, die genug Heißluft fasst, um einen Korb mit mehreren Passagieren zu tragen. Um den Ballon höher steigen zu lassen, zündet der Fahrer einen Gasbrenner, und der Auftrieb der heißen Luft hebt den Ballon nach oben. Zum Sinken zieht er an einer Leine, die eine Klappe am Scheitel des Ballons öffnet, damit heiße Luft entweichen kann.

UNTEN Heißluftballons lassen sich von sanften Winden treiben.

Heißluftballons können nicht gesteuert werden. Als Transportmittel sind sie daher ungeeignet, dafür aber ein beliebtes Sportgerät.

SCHON GEWUSST?
1999 umrundete ein speziell konstruierter Heißluftballon nonstop in 20 Tagen die Erde. Die beiden Piloten saßen in einer engen Kapsel.

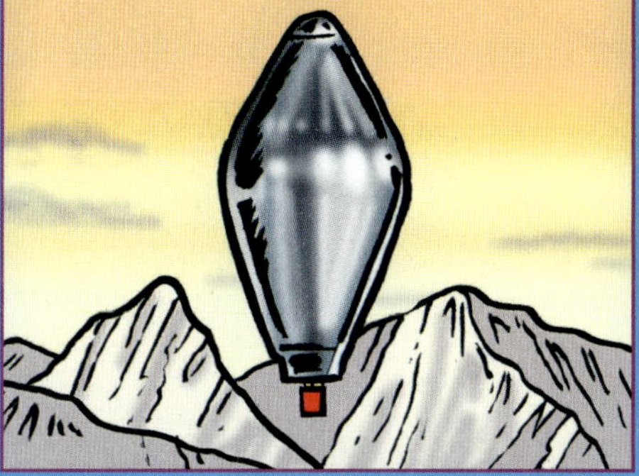

Was ist ein Luftschiff?

Luftschiffe sind riesige, zigarrenförmige Ballons mit Motorantrieb. 1852 erfand der französische Ingenieur Henri Giffard das erste, von einer Dampfmaschine angetriebene Luftschiff. Es war 14 Meter lang und mit Wasserstoff gefüllt, einem Gas, das leichter als Luft ist. Um 1930 beförderten luxuriöse Luftschiffe wie die Zeppeline zahlreiche Passagiere. 1937 geriet die *Hindenburg* bei New York in Brand, und die mit leicht entflammbarem Wasserstoff gefüllten Luftschiffe kamen außer Gebrauch.

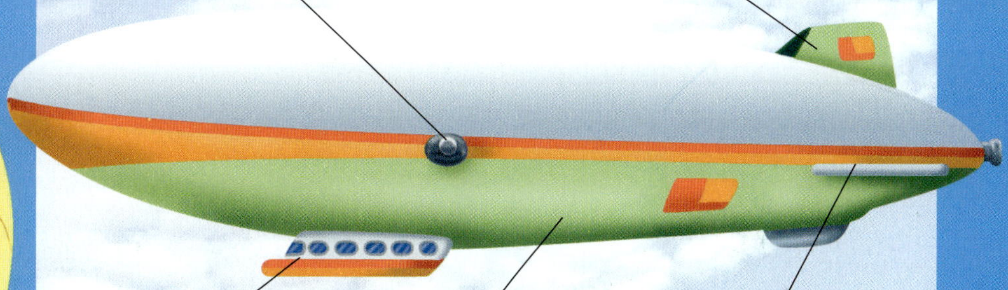

Wie werden moderne Luftschiffe gesteuert?

Luftschiffe haben von Benzinmotoren angetriebene Propeller. Mit dem Seitenruder können die Piloten horizontal, mit dem Höhenruder das Luftschiff nach oben oder unten steuern. Heute haben Luftschiffe eine Füllung aus Helium, das leichter als Luft ist, aber nicht brennt. Bei manchen Luftschiffen ist die Hülle nicht starr, sondern wird wie bei einem Luftballon vom Druck des Gases aufgeblasen.

HUBSCHRAUBER

Was ist ein Hubschrauber?

Ein Hubschrauber ist ein Luftfahrzeug, das mithilfe von großen Drehflügeln abhebt. Hubschrauber können senkrecht starten und landen, in der Luft schweben, sich drehen, seit- und sogar rückwärts fliegen. Hubschrauber sind nicht so sicher und stabil wie Flugzeuge, auch nicht so schnell. Dafür können sie aber an unzugänglichen Stellen landen. Hubschrauber sind ideal für Rettungs- und Überwachungseinsätze.

OBEN Rettungsdienste verwenden Hubschrauber für Such- und Rettungsaktionen über See.

Wann flog der erste Hubschrauber?

Der französische *Gyroplane No. 1* war 1907 der erste Hubschrauber, der mit einem Piloten abhob – zunächst allerdings nur rund 60 Zentimeter. Moderne Hubschrauber sind nach dem Prinzip konstruiert, das der Amerikaner Igor Sikorsky 1939 vorstellte. Sein Hubschrauber hatte mittig einen großen Hauptrotor und am Heck einen kleineren Rotor.

RECHTS Igor Sikorskys Hubschrauber *VS-300*

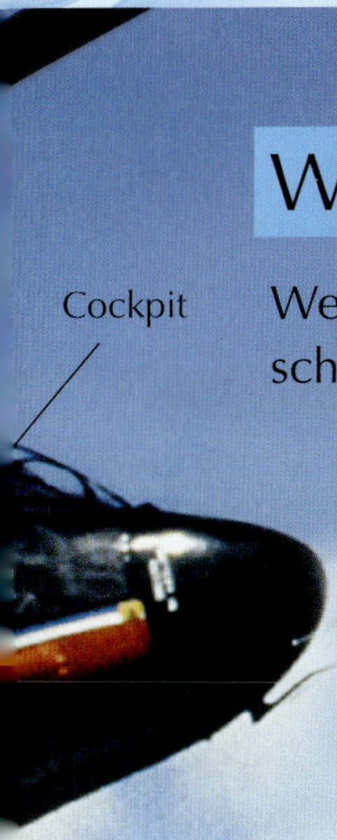

Wie fliegt ein Hubschrauber?

Wenn sich die Rotorblätter eines Hubschraubers drehen, drücken sie Luft nach unten und heben so das Fahrzeug in die Höhe. Durch die Rotation dreht sich aber auch der Rumpf des Hubschraubers mit. Um dies zu verhindern, haben die meisten Hubschrauber einen kleinen Rotor an einem Heckausleger, der der Drehung entgegenwirkt. Der Pilot steuert den Vortrieb durch Neigen des Rotors nach vorne, hinten, links oder rechts.

SCHON GEWUSST?
Der größte Hubschrauber der Welt ist der russische Mil Mi-26. Er ist rund 40 Meter lang, hat acht Rotorblätter und kann schwerste Lasten transportieren.

Warum haben manche Hubschrauber zwei Rotoren?

Der Hubschrauber Chinook hat jeweils vorne und hinten an seinem kastenförmigen Rumpf große Rotoren, die sich gegenläufig drehen und so die Drehwirkung auf den Rumpf ausgleichen. Der Hubschrauber ist daher sehr leistungsstark und stabil. Chinook-Hubschrauber konnen schwere Lasten transportieren. 1962 stellte die US-Army die erste Maschine in Dienst.

RECHTS Auch der Militärhubschrauber Sea Knight hat Tandemrotoren, befördert aber leichtere Lasten als der Chinook.

WICHTIGE DATEN

7000 v. Chr. Erste Einbäume und Flöße	**4000 v. Chr.** Erfindung des Rades	**400** Erfindung des Katamaranboots	**1783** Erste Fahrt mit einem Heißluftballon	**1825** Erste Dampfeisenbahn

FLUGZEUGE

UNTEN Der berühmte Doppeldecker *Flyer* der Gebrüder Wright von 1903

Wann war der erste Motorflug?

1903 bauten die amerikanischen Brüder Wilbur und Orville Wright das erste flugfähige Motorflugzeug. Ihr selbstgebautes Flugzeug hatte einen Benzinmotor, der über Fahrradketten zwei Propeller antrieb. Orville steuerte das Flugzeug über Drähte, die die stoffbespannten Flügel verbogen. Sein historischer, nur 12 Sekunden langer Flug wurde mit einer Filmkamera festgehalten.

OBEN Der riesige Airbus A380 ist mit 555 Sitzplätzen das größte Passagierflugzeug der Welt.

Wie fliegt ein Düsenflugzeug?

Das erste Düsentriebwerk konstruierte 1937 der britische Ingenieur Frank Whittle. 1939 baut dann Ernst Heinkel in Deutschland das erste Düsenflugzeug. Heute werden die meisten Passagiermaschinen von Turbostrahltriebwerken angetrieben. Diese saugen vorne die Luft an, ein Teil wird dann in die Brennkammer gepresst und mit Treibstoff vermischt. Beim Verbrennen entstehen heiße Gase, die hinten aus der Düse strömen. Den Hauptschub liefert aber die um den Motor herumgeleitete Luft.

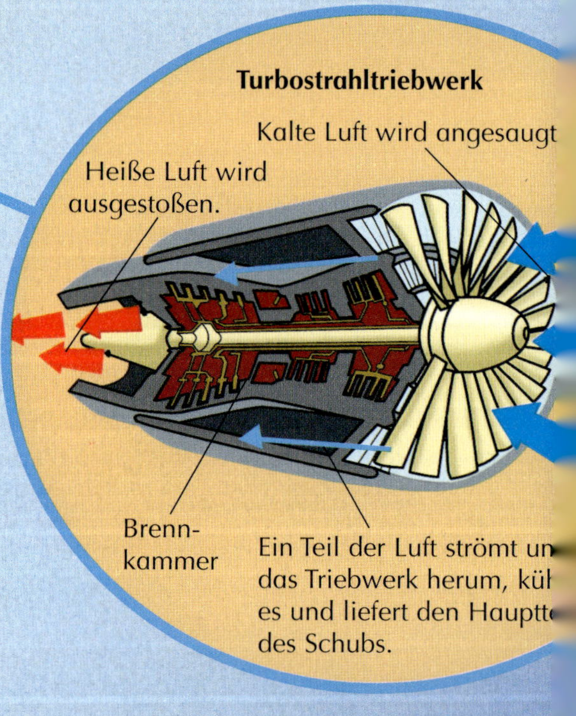

Wo setzt man Senkrechtstarter ein?

Die meisten Flugzeuge brauchen eine lange Startbahn zum Abheben. Senkrechtstartern genügt eine sehr kurze Piste, oder sie steigen senkrecht in die Luft. Der erste Senkrechtstarter war 1966 das britische Kampfflugzeug Harrier. Vier schwenkbare Düsen können den Schubstrahl beim Start senkrecht nach unten lenken.

OBEN Nach dem Abheben drehen sich die Düsen eines Senkrechtstarters waagerecht und bewegen das Flugzeug nach vorne.

SCHON GEWUSST?
Das Heck des Superjumbo Airbus A380 ist so hoch wie ein Haus mit sieben Stockwerken. Auf seinen Tragflächen könnten 70 Autos parken.

OBEN Die Concorde reiste mit rund 2180 km/h, mehr als der doppelten Schallgeschwindigkeit.

Was ist ein Überschallflugzeug?

Ein Überschallflugzeug erreicht mehr als 1225 km/h und ist damit schneller als der Schall. Das erste Flugzeug durchbrach 1947 die Schallmauer. 1976 nahm die Concorde als erstes Überschallverkehrsflugzeug den Dienst auf. Die von britischen und französischen Ingenieuren konstruierte Concorde flog bis 2003.

NAVIGATION

Bis zur Erfindung von Navigationsinstrumenten war es für Reisende ein Problem, über große Entfernungen den richtigen Weg zu finden. Das Astrolabium nutzte die Position der Sterne am Himmel zum Navigieren, der Kompass den Erdmagnetismus zur Bestimmung von Norden und Süden. Entdecke, wie Radargeräte Fluglotsen beim Überwachen von Flugzeugen helfen, wie das Sonar funktioniert und wie man es zum Aufspüren ganz unterschiedlicher Unterwasserobjekte – von Fischen bis zu U-Booten – einsetzt. Hoch im Weltall kreisende Satelliten sind zu einer immer wichtigeren Navigationshilfe für uns alle geworden.

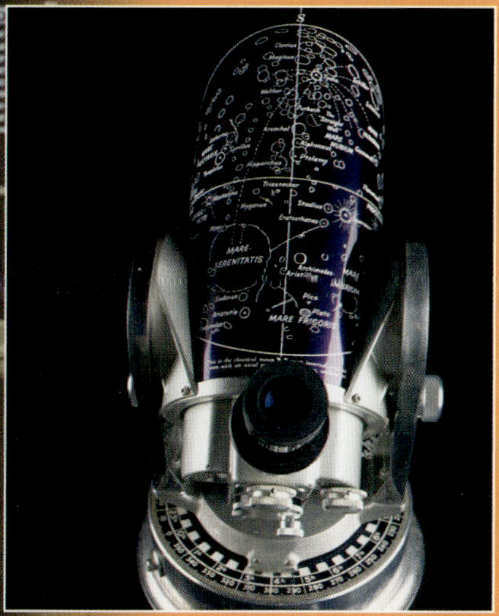

WICHTIGE DATEN

1100 Erster Magnetkompass	**1470** Seefahrer nutzen Astrolabium	**1731** Erster Oktant für nautische Navigation	**1757** Erste Nutzung des Sextanten auf See	**1911** Erfindung des Schiffskreiselkompasses

NAVIGATIONSGERÄTE

Wie navigierten Seeleute früher?

Navigation bedeutet Bestimmung des Standortes. Das Astrolabium wurde um 200 v. Chr. erstmals von griechischen Astronomen eingesetzt, um die Position von Sternen zu ermitteln. Später, etwa um 1470, machte man daraus ein Navigationsinstrument für die Seefahrt. Seeleute maßen mit dem Astrolabium den Stand der Sonne und berechneten daraus den Breitengrad, also wie weit nördlich oder südlich sich das Schiff befand.

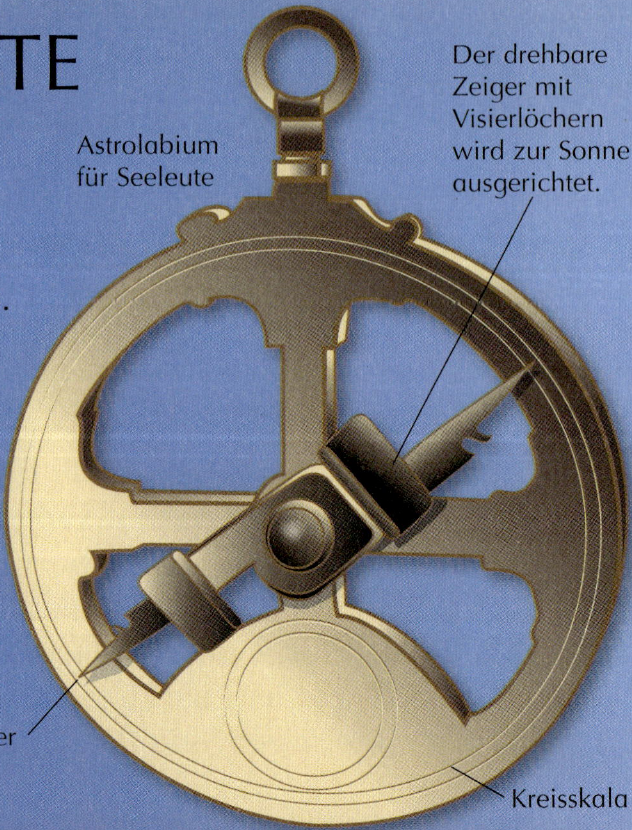

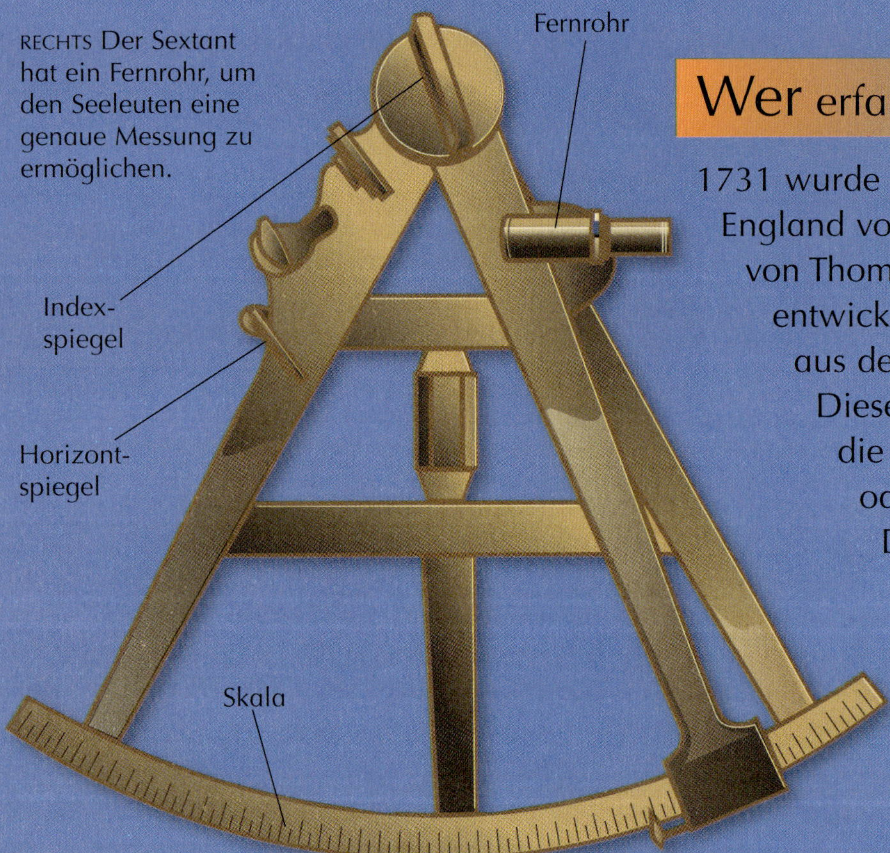

RECHTS Der Sextant hat ein Fernrohr, um den Seeleuten eine genaue Messung zu ermöglichen.

Wer erfand den Sextanten?

1731 wurde der Oktant gleichzeitig in England von John Hadley und in den USA von Thomas Godfrey erfunden. 1757 entwickelte der Engländer John Campbell aus dem Oktanten den Sextanten. Dieser hat zwei Spiegel, um damit die Abbildung von Sonne, Mond oder Sternen mit dem Horizont zur Deckung zu bringen. Dann wird der Höhenwinkel zu diesem Himmelsgestirn ermittelt, und man kann anhand von astronomischen Tabellen daraus die Position des Schiffs bestimmen.

1915
Entwicklung des Sonargeräts

1935
Erfindung des Radars

1978
Erstes GPS-Satellitennavigationssystem in Betrieb

2005
Start der ersten Satelliten für das Galileo-Navigationssystem

Wann wurde der Kompass erfunden?

Die Erde wirkt wie ein riesiger Magnet mit einem Nord- und Südpol. Aus diesem Grund richtet sich die Nadel eines Kompasses immer in Nord-Süd-Richtung aus. Der erste Kompass wurde vermutlich um 1100 von chinesischen Seefahrern benutzt. Damit war es möglich, auch auf hoher See die Himmelsrichtung zu bestimmen. Ein moderner Kompass besteht aus einem mit Flüssigkeit gefüllten Gehäuse, in dessen Zentrum eine Magnetnadel drehbar gelagert ist.

LINKS Moderner Handkompass

SCHON GEWUSST?
Es ist schwierig, eine Karte unserer kugelförmigen Erde auf einem flachen Blatt Papier zu zeichnen. 1569 entwickelte der flämische Kartograf Gerhard Mercator ein Verfahren, mit dem sehr präzise Karten für die Seefahrt möglich wurden.

Was ist ein Kreiselkompass?

Der genauere Kreiselkompass wurde 1911 von dem Amerikaner Elmer Sperry erfunden. Bei diesem Kompass wird die Himmelsrichtung nicht mehr anhand des Magnetfelds ermittelt. Ein schnell drehendes Rad, das Gyroskop, richtet sich entsprechend der Erdrotation aus und zeigt Norden an.

RECHTS Heute benutzen Schiffe zur Navigation einen Kreiselkompass.

RADAR

SCHON GEWUSST?
Die britische Regierung hatte Robert Alexander Watson-Watt eigentlich eingestellt, um „Todesstrahlen“ zu entwickeln. Die Radiowellen sollten feindliche Flugzeuge vom Himmel holen. Stattdessen erfand er das Radar.

Was ist Radar?

Radar benutzt man zur Lokalisierung entfernter Objekte, wie Flugzeuge oder Schiffe, durch Aussenden starker Funkwellen und Auswertung ihres zurückgeworfenen Echos. Ein Radarsystem kann über ein erfasstes Objekt viele Informationen liefern: Position, Größe, Form, Geschwindigkeit und Richtung.

RECHTS Mit Radar werden auch Objekte im Weltraum erforscht. Um die schwachen Echos zu empfangen, benötigt man riesige Radarschüsseln.

Wann wurde das Radar erfunden?

Das erste funktionsfähige Radarsystem erfand 1935 der schottische Physiker Robert Alexander Watson-Watt. Schon einige Jahre vorher war es ihm gelungen, mit Radiosignalen den Weg von Gewitterfronten zu verfolgen. Im 2. Weltkrieg nutzte man Watson-Watts Radarsystem zur Ortung feindlicher Flugzeuge und rechtzeitigen Warnung vor Bombenangriffen.

LINKS Meteorologen können am Radarschirm die Bewegungen von Regenfronten verfolgen.

1915
Entwicklung des Sonargeräts

1935
Erfindung des Radars

1978
Erstes GPS-Satelliten-navigationssystem in Betrieb

2005
Start der ersten Satelliten für das Galileo-Navigationssystem

Wie funktioniert das Radar?

Flughäfen benutzen Radarsysteme, um Flugzeuge sicher zu führen. Die Antenne strahlt Radiowellen in den Himmel. Wenn diese auf ein Flugzeug treffen, werden sie reflektiert und von der Antenne wieder aufgefangen. Die Funkwellen aktivieren gleichzeitig den Transponder, den alle Verkehrsflugzeuge an Bord haben und der Fluginformationen aussendet. Aus der Zeit, die die Radiowellen zurück zum Radargerät brauchen, errechnet ein Computer Position und Geschwindigkeit des Flugzeugs. Fluglotsen sehen das Flugzeug als Punkt auf einem Radarschirm. Neben dem Punkt werden die Informationen des Transponders angezeigt.

Wer setzt heute Radar ein?

Fluglotsen überwachen und lenken den Flugverkehr mithilfe von Radar. Schiffe bestimmen damit ihren Kurs, speziell bei schlechtem Wetter und in der Nacht. Sie können damit Hindernisse rechtzeitig erkennen. Das Militär nutzt das Radar zur Lokalisierung feindlicher Flugzeuge sowie zum Aufspüren und Lenken von Raketen.

LINKS Radarschirm

SONAR

Was ist Sonar?

Das Sonar nutzt unter Wasser ausgesandte Schallwellen zum Orten von Schiffwracks, Felsen und anderen Objekten, die ein Schiff auf See gefährden könnten. Auch Kartografen verwenden Sonardaten, um genaue Karten des Meeresbodens zu zeichnen, die für eine sichere Navigation nötig sind.

LINKS Sonargeräte an Bord von Schiffen helfen, Unterwasserhindernisse zu entdecken, etwa die unter der Meeresoberfläche verborgenen Teile eines Eisbergs.

UNTEN Kriegsschiffe verwenden Sonarbojen, um U-Boote aufzuspüren und ihren Kurs zu verfolgen.

Warum wurde Sonar erfunden?

Der französische Physiker Paul Langevin erfand 1915 während des 1. Weltkriegs ein Sonargerät zur Ortung von U-Booten. Die Wissenschaftler wussten, dass sich Schallwellen unter Wasser über weite Strecken fortpflanzen können. Mit ihnen war es möglich, die Tiefen des Ozeans abzusuchen, um feindliche Fahrzeuge zu lokalisieren und zu verfolgen.

1915	1935	1978	2005
Entwicklung des Sonargeräts	**Erfindung des Radars**	**Erstes GPS-Satellitennavigationssystem in Betrieb**	**Start der ersten Satelliten für das Galileo-Navigationssystem**

Wie funktioniert das Sonar?

Ein spezielles Sonargerät, der Transponder, ist unten am Schiffsrumpf befestigt. Der Transponder sendet regelmäßig hochfrequente Schallimpulse aus. Diese Schallwellen wandern durch das Wasser und werden, wenn sie auf den Meeresboden oder ein Hindernis, etwa ein Schiffswrack treffen, als Echos reflektiert. Der Transponder zeichnet auf, wie lange die Echos zurück zum Schiff brauchen. Ein Computer an Bord berechnet aus diesen Daten, in welcher Tiefe und Entfernung das Wrack liegt.

SCHON GEWUSST?
2003 wurde der schottische See Loch Ness für eine Fernsehdokumentation mit 600 Sonarmessungen erkundet. Man wollte beweisen, dass es Nessie, das Monster von Loch Ness, nicht gibt.

UNTEN 3-D-Darstellung eines Unterwassergebirges

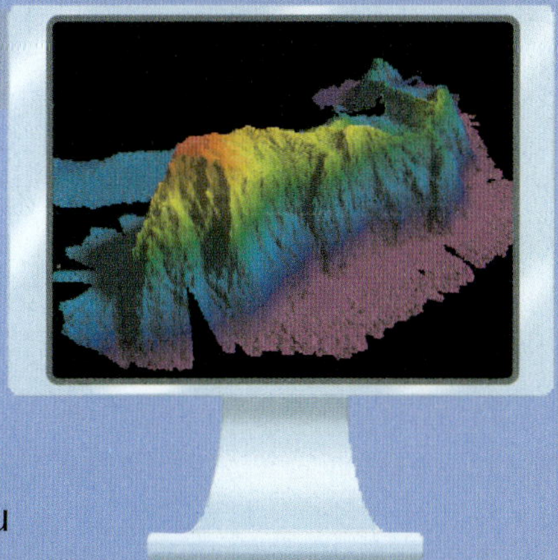

Wer setzt Sonar ein?

Sonartransponder senden die Daten an einen Computer, der sie analysiert und auf einem Monitor anzeigt. Fischer benutzen einfache Sonargeräte, Echolot genannt, um die Wassertiefe zu bestimmen und Fischschwärme zu entdecken. Meereskartografen verwenden Sonargeräte mit breit gefächerten Strahlen. Die nach unten, vorne und seitwärts abgestrahlten Schallwellen liefern eine dreidimensionale Darstellung des Meeresbodens.

1100	1470	1731	1757	1911
Erster Magnetkompass	Seefahrer nutzen Astrolabium	Erster Oktant für nautische Navigation	Erste Nutzung des Sextanten auf See	Erfindung des Schiffskreiselkompasses

SATELLITENNAVIGATION

Was ist Satellitennavigation?

Satellitennavigation nutzt die Funksignale eines um die Erde kreisenden Netzwerks von Satelliten, um die genaue Position eines elektronischen Empfängers auf der Erde zu ermitteln. Am bekanntesten ist das Global Positioning System oder kurz GPS. Das US-Militär entwickelte 1978 das GPS-Satellitennetzwerk, um Raketen präzise ins Ziel zu steuern. Das GPS-Netzwerk untersteht noch immer dem US-Verteidigungsministerium, kann heute aber von jedem frei genutzt werden. 2005 begann die Europäische Union, eigene Navigationssatelliten für ihr neues Netzwerk Galileo im All zu positionieren.

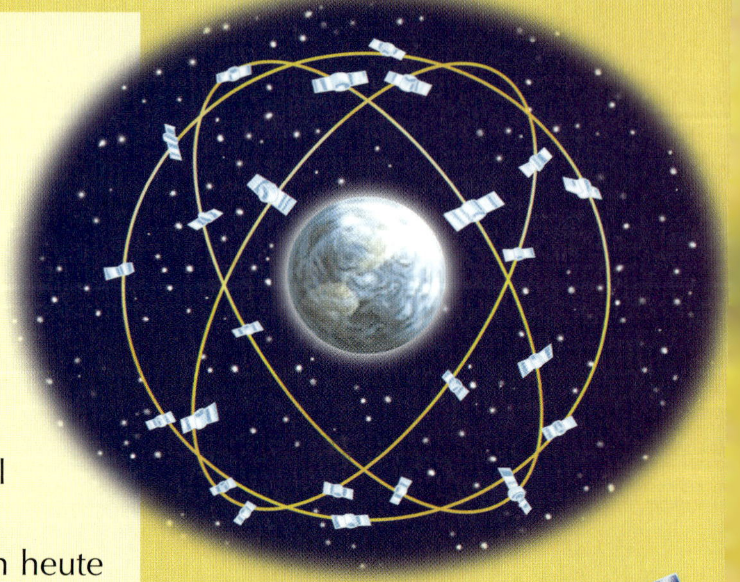

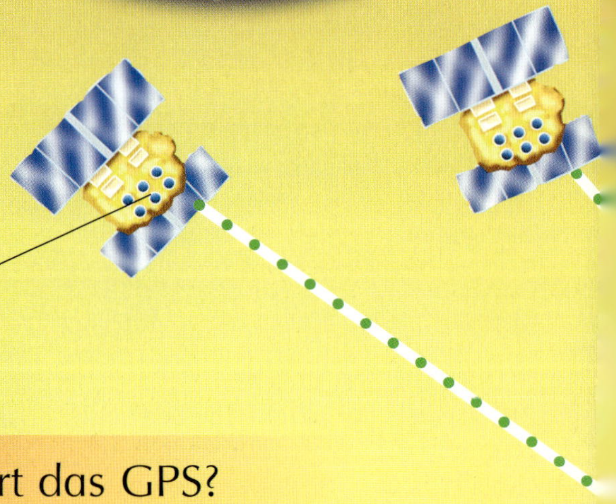

Jeder Satellit übermittelt ein Funksignal, das seine Position und den Sendezeitpunkt enthält.

SCHON GEWUSST?
Einige Handys sind mit GPS-Empfängern ausgestattet, die auf dem Display einen Straßenplan anzeigen und den Benutzer Schritt für Schritt zum Ziel führen.

Wie funktioniert das GPS?

Das GPS-Netzwerk besteht aus 24 Satelliten, die die Erde in rund 20 000 Kilometer Höhe umkreisen. Die Satelliten haben hochpräzise Atomuhren an Bord und senden Funksignale aus. Der GPS-Empfänger vergleicht die Laufzeitunterschiede der Uhrsignale von vier verschiedenen Satelliten und errechnet aus diesen Informationen die genaue Position.

1915
Entwicklung des Sonargeräts

1935
Erfindung des Radars

1978
Erstes GPS-Satellitennavigationssystem in Betrieb

2005
Start der ersten Satelliten für das Galileo-Navigationssystem

Wer benutzt GPS-Navigation?

Die GPS-Navigation ist heutzutage weitverbreitet und kommt in Autos, Schiffen und Flugzeugen zum Einsatz. Im Auto können Navigationssysteme dem Fahrer den Weg zum Ziel anzeigen. Ein am Armaturenbrett positionierter Bildschirm zeigt eine digitalisierte Landkarte an. Tragbare GPS-Empfänger sind ideal für Bergsteiger oder Wanderer, die sich in abgelegenen Gebieten aufhalten.

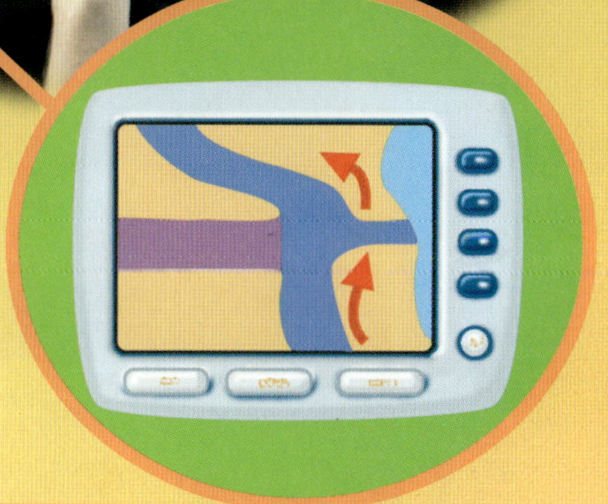

RECHTS Die Pfeile auf der Karte zeigen dem Fahrer die Position des Autos und die Route an.

Der Empfänger an Bord des Boots vergleicht die Entfernungen zu vier Satelliten und errechnet daraus die Position.

Wofür setzen Fischer GPS ein?

Viele Fischer planen ihre Fangroute mit Karten und Tabellen, um potenzielle Fanggründe und Fischzüge zu ermitteln. Ein mit diesen Daten gefüttertes GPS-Gerät kann sie direkt ans Ziel führen, selbst bei schlechtem Wetter und dichtem Nebel. Hat ein Fischer ein gutes Fanggebiet gefunden, kann er die genaue Position in seinem GPS-Gerät speichern und muss keine Bojen setzen.

LINKS Ein GPS-Gerät benötigt Signale von vier Satelliten, um die Position genau angeben zu können.

WELTRAUM

Angefangen bei den ersten Blicken durch einfache Fernrohre bis hin zur Raumfahrt von heute konnten die Menschen nur durch Erfindungen mehr über das Universum herausfinden. Hier erfährst Du, wie Raketen funktionieren und warum Satelliten um die Erde kreisen. Es gibt Informationen zu den Weltraumspaziergängen der Astronauten in der Schwerelosigkeit des Alls und über ihr Leben an Bord von Raumstationen. Erfahre mehr über Raumsonden, die in entfernte Teile des Universums vordringen und die unbekannten Tiefen des Weltalls erforschen.

WICHTIGE DATEN

1608	1926	1957	1961	1962
Erstes Linsenfernrohr	Erfindung der Flüssigkeitsrakete	Erster künstlicher Satellit	Erster Raumflug eines Menschen	Raumsonde erreicht anderen Planeten

TELESKOPE

LINKS Galileo Galilei an seinem Teleskop

Wer erfand das Teleskop?

Der niederländische Brillenmacher Hans Lippershey konstruierte 1608 das erste funktionierende Fernrohr. Beim Blick durch zwei an den Enden eines Rohrs befestigte Linsen bemerkte er, dass entfernte Objekte größer erschienen. 1609 beobachtete der italienische Forscher Galileo Galilei mit einem ähnlichen Teleskop den Nachthimmel. Er entdeckte vier Jupitermonde.

SCHON GEWUSST?

Einige der größten Spiegelteleskope der Welt gibt es auf der Insel Hawaii. Die beiden Keck-Teleskope mit je 10 Metern Durchmesser stehen in mehr als 4000 Meter Höhe auf dem Mauna Kea, einem erloschenen Vulkan.

Wie funktioniert ein Spiegelteleskop?

Ein Spiegelteleskop benutzt Spiegel, um den Astronomen eine hellere und klarere Sicht auf entfernte Sterne und Planeten zu ermöglichen. Der englische Wissenschaftler Isaac Newton konstruierte 1668 das erste Spiegelteleskop. Ein gebogener Spiegel am unteren Ende des Rohrs sammelt die Lichtstrahlen eines Objekts und wirft sie auf einen Winkelspiegel, der das Bild seitlich auf das Okular leitet.

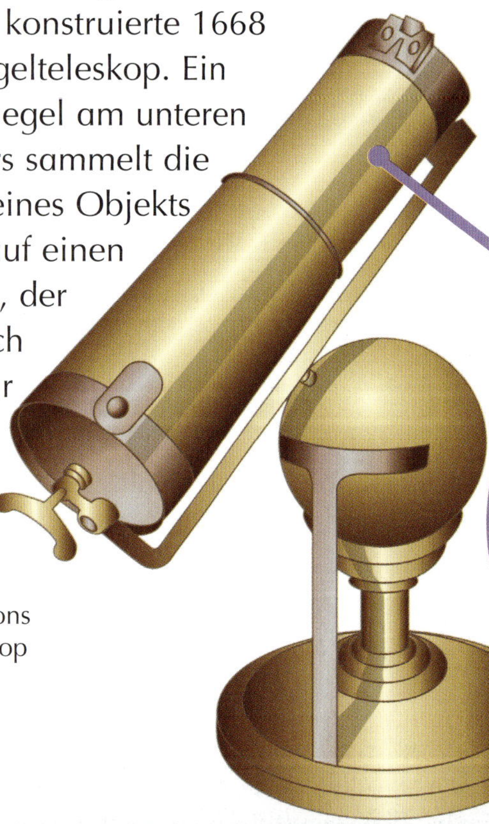

RECHTS Newtons Spiegelteleskop

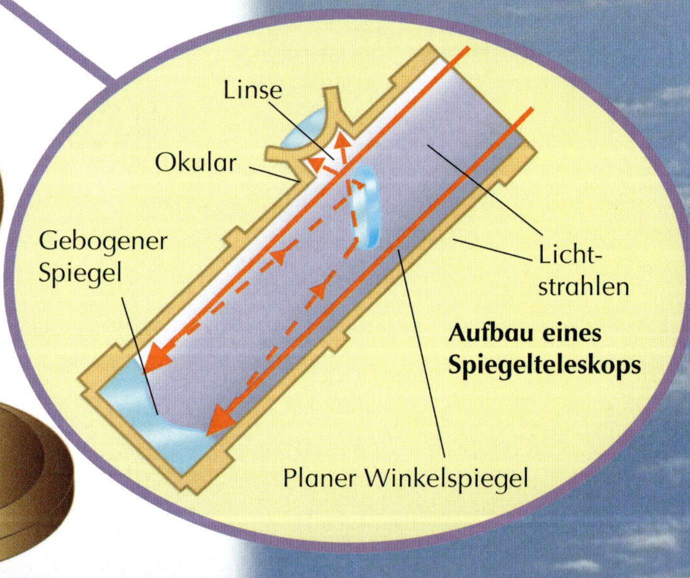

Aufbau eines Spiegelteleskops

Was ist ein Radioteleskop?

Die Astronomen verwenden Radioteleskope, um Radiowellen aufzufangen und so Informationen über entfernte Objekte zu erhalten. Viele Objekte wie Schwarze Löcher oder Galaxien strahlen Gamma-, Infrarot-, UV-, Röntgen- und Radiowellen aus, die mit speziellen Teleskopen erfasst werden können. Die Erdatmosphäre blockiert die meisten dieser Wellen, weshalb die Beobachtungen gewöhnlich von Satelliten aus stattfinden.

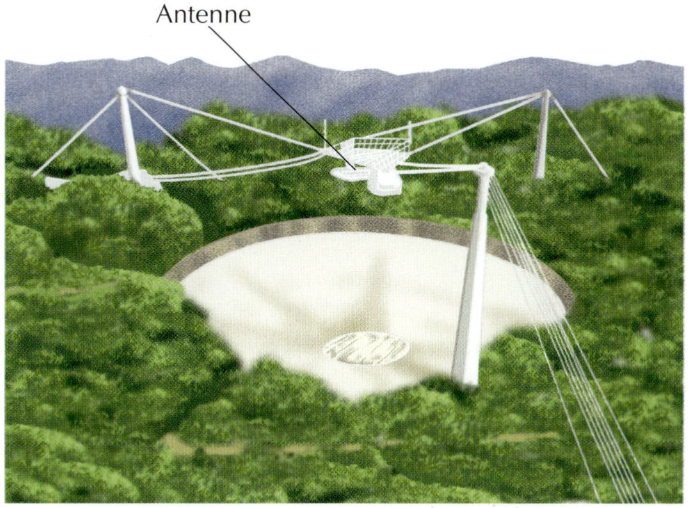

OBEN Das Radioteleskop in Arecibo in Puerto Rico hat eine riesige Schüssel, die die Radiowellen aus dem All einfängt und auf eine Empfangsantenne lenkt.

Wo ist das Hubble-Teleskop?

Seit 1990 umkreist das Hubble-Teleskop in 600 Kilometer Höhe die Erde. Dieses Weltraumteleskop funktioniert genau wie Spiegelteleskope auf der Erde, sieht im Weltall aber sehr viel klarer. Jenseits der Erdatmosphäre liefert es scharfe Bilder des Universums aus über 12 Milliarden Lichtjahren Entfernung. Hubble ermöglichte den Wissenschaftlern neue Erkenntnisse über Schwarze Löcher und das Entstehen beziehungsweise Sterben von Sternen.

OBEN Das Hubble-Weltraumteleskop

RECHTS Von Hubble aufgenommene spiralförmige Galaxie

WICHTIGE DATEN

1608	1926	1957	1961	1962
Erstes Linsenfernrohr	Erfindung der Flüssigkeitsrakete	Erster künstlicher Satellit	Erster Raumflug eines Menschen	Raumsonde erreicht anderen Planeten

RAKETEN

Wann starteten die ersten Raketen?

Die ersten Schwarzpulver-Raketen bauten die Chinesen vor rund 1000 Jahren für Feuerwerke und als Waffen. 1926 konstruierte der amerikanische Physiker Robert Goddard die erste kontrollierbare Flüssigkeitsrakete, die von einem Benzin-Sauerstoff-Gemisch angetrieben wurde.

LINKS Raketen bringen Astronauten, Satelliten und andere Forschungsgeräte ins All.

Die Abschussrampe stützt die Rakete, bis sie abhebt.

Was ist eine Weltraumrakete?

Eine Weltraumrakete ist ein sehr schneller Flugkörper, der genügend Schubkraft hat, um die Erdanziehung zu überwinden und Objekte ins All zu tragen. Solche Raketen brauchen riesige Treibstofftanks. Beim Verbrennen stößt der Treibstoff heiße Gase aus, welche die Rakete in die Luft heben. Die erste Rakete, die bis in den Weltraum vordrang, wurde 1942 von dem deutschen Ingenieur Wernher von Braun konstruiert.

UNTEN Mit Wernher von Brauns V-2-Raketen wurde im 2. Weltkrieg Großbritannien bombardiert.

1969 Menschen landen auf dem Mond | **1971** Start der ersten Weltraumstation | **1981** Erstflug des Spaceshuttle | **1983** Erste Raumsonde verlässt Sonnensystem | **1990** Start des ersten Weltraumteleskops

Wie fliegen Raketen?

Wenn man einen aufgeblasenen Luftballon loslässt, dann wird der Ballon von dem entweichenden Luftstrom angetrieben. Genau so fliegt eine Rakete. Eine Rakete verbrennt Treibstoff, um einen kraftvollen Abgasstrahl zu erzeugen. Der Strahl schießt aus den Düsen am Ende der Rakete und hebt sie mit großer Geschwindigkeit in die Luft.

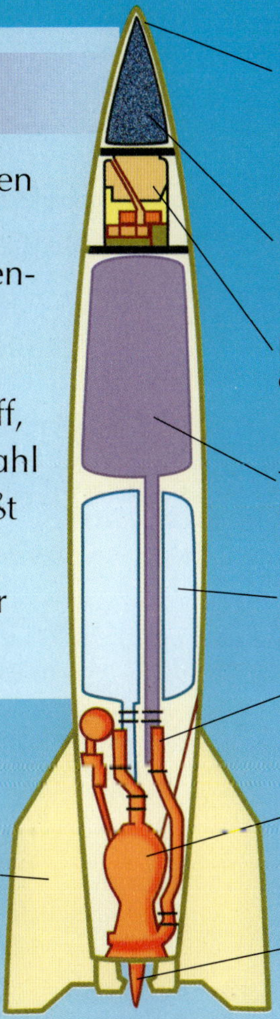

SCHON GEWUSST?
Die Saturn V, die das Raumschiff Apollo zum Mond trug, war eine der größten jemals gebauten Raketen. Sie war so hoch wie ein 30-stöckiger Wolkenkratzer und hatte die Schubkraft von 150 Jumbojets.

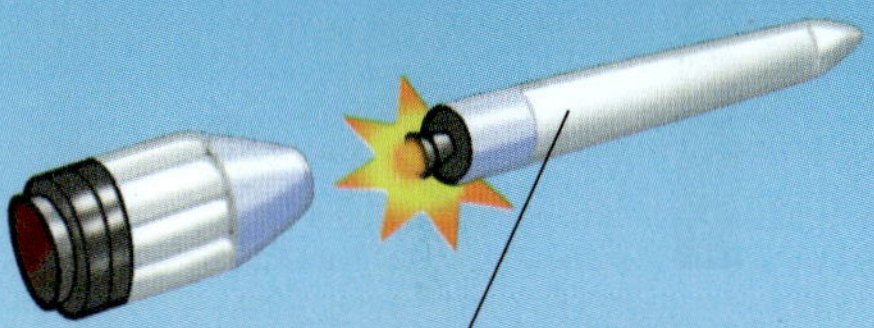

Stufe 3 trägt die Nutzlast auf eine Umlaufbahn. Wenn der Satellit ausgesetzt wurde, hat die Rakete ihren Zweck erfüllt.

UNTEN Weltraumraketen bestehen aus mehreren Stufen, die abgetrennt werden, wenn sie ausgebrannt sind.

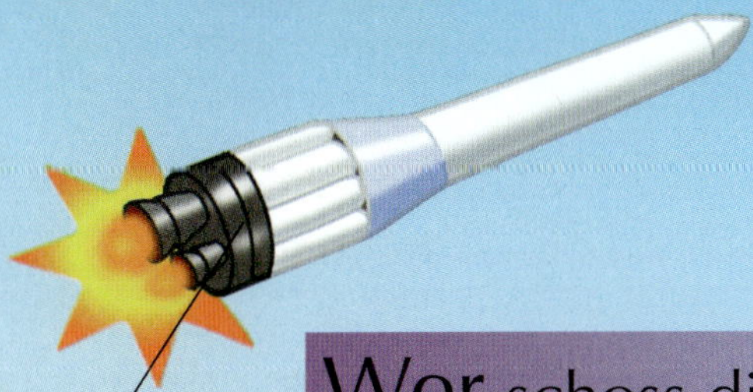

Stufe 2 arbeitet mit Flüssigtreibstoff, sie bringt die Rakete weiter nach oben.

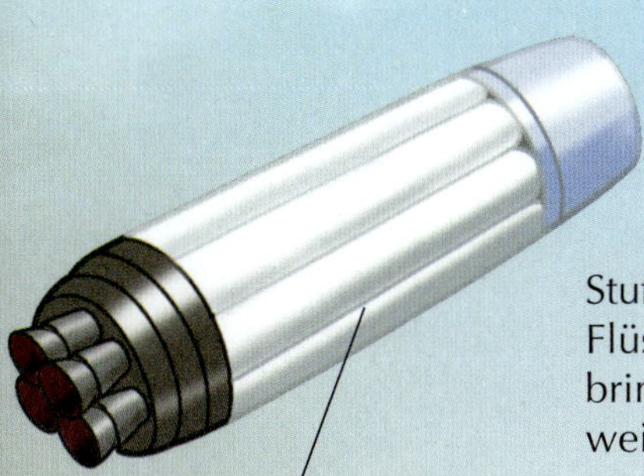

Stufe 1 enthält festen Treibstoff, der beim Abheben gezündet wird.

Wer schoss die erste Rakete ins All?

Die Sowjetunion schoss 1957 die erste Rakete ins All, die dort einen Satelliten mit dem Namen *Sputnik 1* in eine Umlaufbahn brachte. In den 1960er-Jahren entwickelten Amerikaner und Sowjets Raketen, die bemannte Raumfahrzeuge in Umlaufbahnen tragen konnten. Die Raketen bestanden aus mehreren abtrennbaren Stufen, wodurch sie weiter ins All vordringen konnten.

SATELLITEN

SCHON GEWUSST?
Alte Satelliten und Raketenteile treiben durch den Weltraum. Wissenschaftler schätzen, dass rund 70000 Teile solchen Weltraummülls um die Erde kreisen.

Wann startete der erste Satellit?

Als Satellit bezeichnet man jedes Objekt, das um ein größeres Objekt im Weltraum kreist, so wie der Mond um die Erde. Der erste künstliche Satellit *Sputnik 1* wurde 1957 von sowjetischen Wissenschaftlern gestartet. Auf seiner Umlaufbahn maß dieser Satellit die Temperatur und funkte die Daten zur Erde zurück.

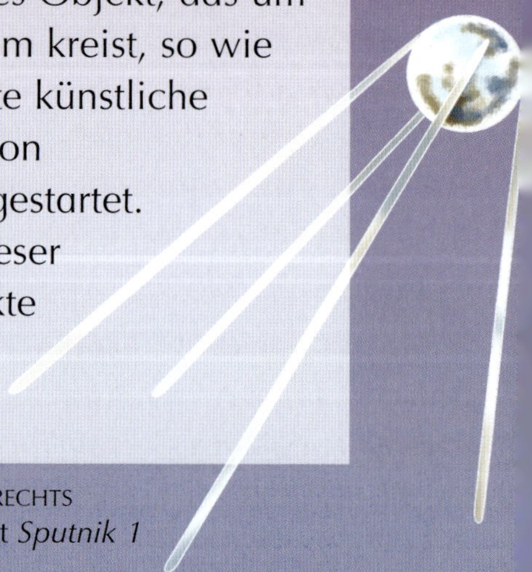

OBEN RECHTS Satellit *Sputnik 1*

UNTEN Die Geschwindigkeit des Satelliten gleicht die Erdanziehungskraft aus und hält ihn in seiner Bahn.

Warum bleiben Satelliten im All?

Die meisten Satelliten umrunden die Erde in mehreren Hundert Kilometern Höhe. Die Anziehungskraft ist dort fast genauso groß wie auf der Erdoberfläche und zieht den Satelliten permanent zum Erdmittelpunkt. Durch seine schnelle Seitwärtsbewegung gleicht der Satellit dies aus und umkreist den Planeten in konstanter Höhe. Sogar Tausende Kilometer über der Erde hält die Gravitation die Satelliten so auf ihrer Kreisbahn.

Wie arbeiten Satelliten?

Die meisten Satelliten werden durch Solarzellen versorgt, die Sonnenlicht in elektrischen Strom umwandeln. Kleine Raketentriebwerke bewegen und richten den Satelliten aus. Alle Satelliten haben Antennen, Funkempfänger sowie Sender, um Signale zu empfangen und Daten an die Bodenstationen auf der Erde zu senden. Satelliten sind entsprechend ihrer Aufgabe mit speziellen Geräten ausgerüstet.

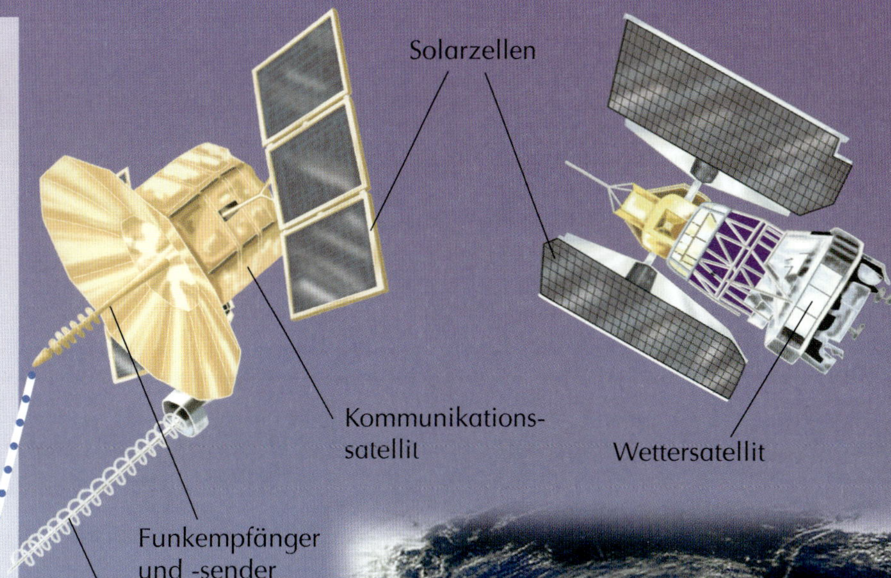

RECHTS Ein Wettersatellit hat Kameras an Bord, die Wolkenformationen wie diesen Hurrikan aufnehmen. Die Bilder werden zu meteorologischen Stationen auf der Erde gefunkt.

UNTEN Bodenstationen senden und empfangen Funksignale mit riesigen Schüsseln, die auf die Satelliten im All ausgerichtet sind.

Wofür werden Satelliten eingesetzt?

Die verschiedenen Arten von Satelliten haben spezielle Aufgaben. Neben Wettersatelliten gibt es Kommunikationssatelliten, die Fernsehprogramme und Telefonsignale über die ganze Welt verbreiten. Einige Satelliten funken Bilder zur Erde, mit denen man Landkarten erstellt. Andere liefern Daten über die Erde und das Universum, die der Forschung dienen. Navigationssatelliten helfen den Menschen auf der Erde, ihre genaue Position festzustellen.

RAUMFAHRZEUGE

RECHTS Juri Gagarin umkreiste mit der Kapsel *Wostok 1* einmal die Erde. Sein Flug dauerte fast zwei Stunden.

Was ist eine Raumkapsel?

Eine Raumkapsel transportiert Menschen ins All. Sie wird mit einer Rakete gestartet. Für den Rückflug hat die Kapsel einen Hitzeschild, der sie vor der enormen Hitze schützt, die wegen der hohen Geschwindigkeit beim Wiedereintritt in die Atmosphäre entsteht. Mit Fallschirmen wird die Kapsel abgebremst und landet im Wasser oder an Land. Die Sowjetunion baute 1961 die erste Raumkapsel. An Bord war der russische Kosmonaut Juri Gagarin, der als erster Mensch die Erde aus dem All sah.

Womit gelang die erste Mondlandung?

1969 brachte das Raumschiff *Apollo 11* amerikanische Astronauten zum Mond. Neil Armstrong und Edwin „Buzz" Aldrin koppelten von dem um den Mond kreisenden Servicemodul ab und landeten mit der kleineren Mondfähre auf der Mondoberfläche.

UNTEN Armstrong und Aldrin waren die ersten Menschen, die den Mond erreichten.

Mondfähre

SCHON GEWUSST?
Wissenschaftler entwickelten spezielle Schutzanzüge für die „Weltraumspaziergänge" der Astronauten. Sie tragen sie außerhalb des Raumschiffs, wenn sie zum Beispiel Satelliten reparieren.

Der Spaceshuttle bringt Besatzung und Fracht ins All und wieder zurück. Er kann für mehrere Flüge eingesetzt werden.

Wofür wurde der Spaceshuttle erfunden?

Der Spaceshuttle wurde als wiederverwendbares Raumschiff konstruiert, um Kosten einzusparen. Eine herkömmliche Raumkapsel kann nur einmal eingesetzt werden. Ein Spaceshuttle dagegen kann nach seinem Rückflug erneut verwendet werden. Die USA starteten 1981 mit der *Columbia* ihren ersten Raumtransporter.

Der mittlere Treibstofftank verglüht, nachdem er von der Raumfähre abgeworfen worden ist.

UNTEN Der Spaceshuttle wird wie eine Rakete ins All geschossen. Im Weltraum dient er als Raumschiff, zur Landung gleitet er wie ein Segelflugzeug zur Erde zurück.

Zwei Feststoffraketen unterstützen den Start, fallen danach an Fallschirmen zur Erde zurück und werden wiederverwendet.

Wie wird der Spaceshuttle wiederverwendet?

Vor jeder Mission erhält ein Spaceshuttle neue Treibstofftanks. Beim Start beschleunigen zwei Feststoffraketen den Transporter. Wenn sie ausgebrannt sind, lösen sie sich und landen an Fallschirmen im Meer. Sie werden geborgen und wiederverwendet. Der Flüssigtreibstofftank fällt später ab und verglüht in der Erdatmosphäre. Der Shuttle trägt Astronauten und Instrumente in eine Umlaufbahn. Bei seiner Rückkehr landet der Raumtransporter wie ein Flugzeug auf einer Landebahn.

RAUMSTATIONEN

SCHON GEWUSST?
In einer Raumstation herrscht Schwerelosigkeit. Die Astronauten müssen Nahrung und Getränke aus Beuteln saugen, denn sonst würden die Lebensmittel einfach durch die Raumstation schweben.

Wer baute die erste Raumstation?

1971 startete die Sowjetunion die Raumstation *Saljut 1*. Dieses Forschungslabor war so konstruiert, dass es lange im All bleiben konnte. Drei Kosmonauten flogen mit dem Raumschiff *Sojus XI* zur Raumstation. Nach fünf Monaten im Weltraum stürzte die verlassene Station zur Erde zurück und verglühte beim Wiedereintritt in die Atmosphäre.

UNTEN *Soyuz XI* beim Andocken an *Saljut 1*

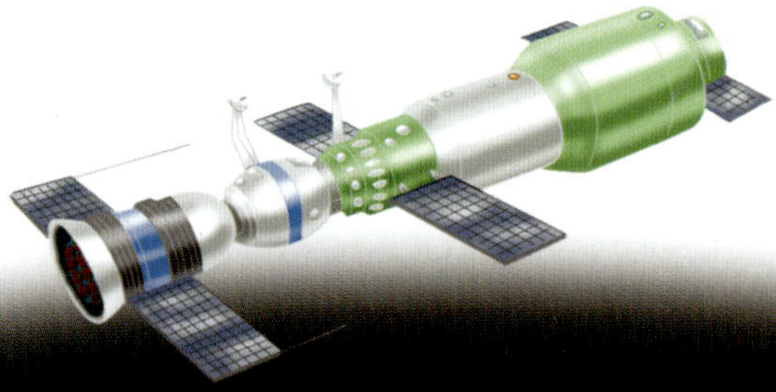

Wie viele Raumstationen gab es bisher?

Die Sowjetunion brachte zwischen 1971 und 1982 sechs Saljut-Stationen ins All. 1973 starteten die USA das Weltraumlabor *Skylab*. 1986 schickten die Sowjetunion die größere Station *Mir* in den Weltraum. Sie war bis 2001 im All.

RECHTS Die US-Raumfähre *Atlantis* dockt an die russische Raumstation *Mir* an.

Was ist die *ISS*?

1998 taten sich mehrere Länder zusammen, um die internationale Raumstation *ISS* zu konstruieren. Die Station ist so groß, dass sie in einzelnen Modulen gefertigt werden muss und erst im All zusammengebaut wird. Die *ISS* hat riesige Flügel mit Solarzellen, die Strom für die Maschinen an Bord gewinnen. Ein Generator erzeugt Sauerstoff, andere Systeme bereiten das Wasser wieder auf. Raumschiffe mit neuen Besatzungsmitgliedern, Nachschub und Ausrüstung docken an einer Schleuse an die Station an.

OBEN Nach ihrer für 2010 geplanten Fertigstellung wird die *ISS* die größte jemals gebaute Raumstation sein.

RECHTS Wissenschaftler aus verschiedenen Ländern führen in den Forschungslabors der *ISS* Experimente durch.

UNTEN Ein Astronaut bei Außenarbeiten

Wofür nutzt man Raumstationen?

Astronauten führen Untersuchungen in den Labors von Raumstationen durch. Von dort kann man besser das Universum erforschen und die Wettersysteme der Erde beobachten. Einige Forscher untersuchen, wie sich der menschliche Körper in der Schwerelosigkeit verhält. Außerdem werden Materialien getestet, die eines Tages beim Bau von Raumschiffen nützlich sein könnten.

WICHTIGE DATEN

1608	1926	1957	1961	1962
Erstes Linsenfernrohr	Erfindung der Flüssigkeitsrakete	Erster künstlicher Satellit	Erster Raumflug eines Menschen	Raumsonde erreicht anderen Planeten

RAUMSONDEN

Wer baute die erste Raumsonde?

Die 1959 gestartete russische *Lunik I* war die erste Raumsonde, allerdings verfehlte sie ihr Ziel, den Mond. Raumsonden sind unbemannte Raumfahrzeuge. Sie sammeln Informationen, indem sie an Planeten vorbeifliegen, sie umkreisen oder auf ihnen landen. 1962 flog die US-Sonde *Mariner 2* zur Venus und erkundete als erstes Raumfahrzeug erfolgreich einen anderen Planeten.

RECHTS Die Raumsonde *Mariner 2* erforschte den Planeten Venus.

Venus

Wozu braucht man Raumsonden?

Raumsonden enthalten wissenschaftliche Instrumente zum Sammeln von Daten auf entfernten Planeten. Sobald das Raumfahrzeug sein Ziel erreicht hat, werden die Geräte aktiviert. Bilder werden aufgenommen und Messdaten gesammelt, die zur Erde gefunkt werden. Bis auf den Zwergplaneten Pluto, den am weitesten von der Sonne entfernten Planeten, sind alle Planeten unseres Sonnensystems von Sonden erforscht worden.

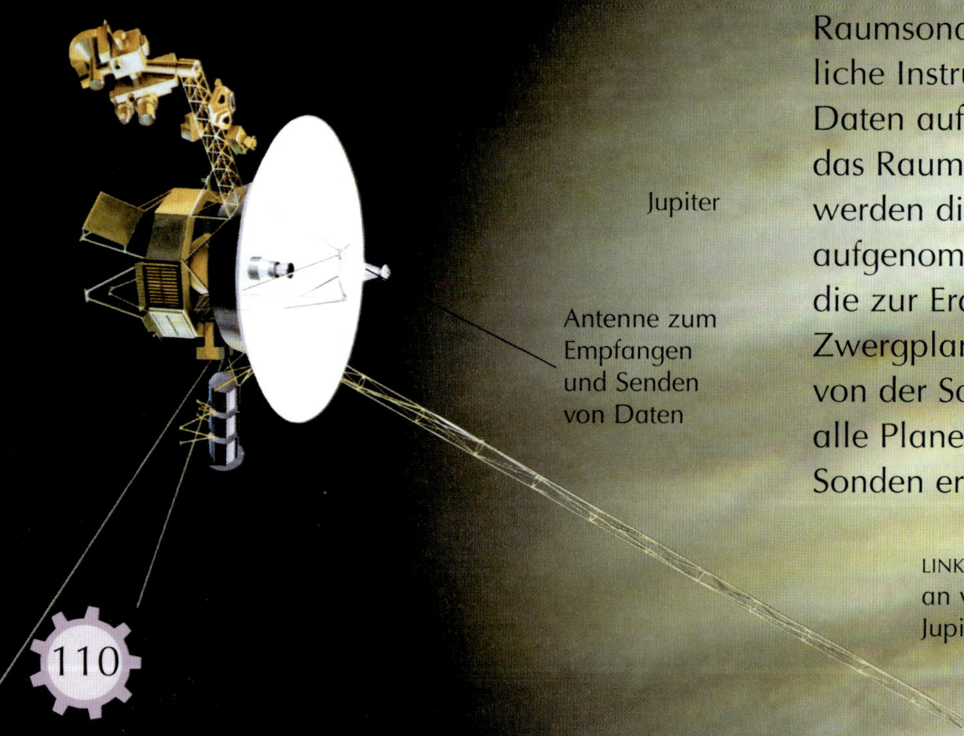

Jupiter

Antenne zum Empfangen und Senden von Daten

LINKS Die Raumsonde *Voyager 2* ist als einzige an vier verschiedenen Planeten vorbeigeflogen – Jupiter, Saturn, Uranus und Neptun.

Was ist die *Cassini-Huygens*-Sonde?

Die *Cassini-Huygens*-Raumsonde wurde 1997 gestartet, um den Planeten Saturn zu erforschen. Sie erreichte 2004 ihre Umlaufbahn um den Saturn, von der die *Cassini*-Sonde vier Jahre lang den Planeten, seine Atmosphäre, seine Ringe und zahlreichen Monde untersuchen soll. Die kleinere *Huygens*-Sonde löste sich von dem Hauptschiff und landete auf dem größten Saturnmond Titan.

UNTEN *Cassini-Huygens* ist eine der größten bisher gebauten Sonden und etwa so lang wie ein kleiner Reisebus.

Neptun

Wie weit können Sonden fliegen?

Da keine Astronauten an Bord sind, kann man Sonden zur Erkundung in die unbekannten Weiten des Universums schicken. Die erste Sonde, die unser Sonnensystem verließ, war im Jahr 1983 *Pioneer 10*. Solche Raumsonden sind viele Jahre unterwegs und reisen viele Millionen Kilometer ins All. Niemand weiß, was sie dort in Zukunft entdecken werden.

SCHON GEWUSST?

Im Januar 2006 war *Stardust* die erste Raumsonde, die Staub von einem weit entfernten Kometen einsammelte und zur Erde zurückbrachte. Wissenschaftler glauben, dass diese winzigen Fragmente vor mehr als 4,5 Milliarden Jahren entstanden sind.

Uranus

WAFFEN

Mit der Erfindung des Holzbogens begann eine lange Geschichte unterschiedlichster Waffen. Maschinengewehre und Laserlenkwaffen sind einige der militärischen Geräte, die zur Kriegsführung entwickelt wurden. Hier erfährst Du mehr über kugelsichere Westen und den Einsatz von Bomben bei drohenden Überschwemmungen. Es wird erklärt, warum Panzer auf Ketten fahren, welche Flugzeuge ohne Pilot fliegen, wie viele Flugzeuge auf einem modernen Flugzeugträger Platz finden und wie Seeminen geräumt werden.

WICHTIGE DATEN

1400 v. Chr. Ältester bekannter Brustpanzer	**400 v. Chr.** Erfindung der Armbrust	**1250** Einführung des Langbogens	**1350** Vorderladerbüchse erfunden	**1500** Erste Segelschiffe mit Kanonen

PFEIL UND BOGEN

OBEN Ein römisches Katapult zum Schleudern von Felsbrocken

Wofür wurden die ersten Waffen eingesetzt?

Die ersten einfachen Waffen benutzten die Menschen zur Jagd. Um 400 000 v. Chr. fertigten sie angespitzte Holzspeere für die Jagd auf Mammuts. Um 30 000 v. Chr. erfanden Jäger in Afrika Pfeil und Bogen, um Tiere zu erlegen, die außerhalb der Reichweite ihrer Speere lagen. Eine frühe Waffe für den Kriegseinsatz war ein riesiges Katapult mit einer gespannten Sehne zum Verschießen von Steinen anstatt Pfeilen, mit dem um 400 v. Chr. griechische und römische Soldaten Felsbrocken auf bis zu 300 Meter entfernte Ziele schleuderten.

Wo wurde der Langbogen erfunden?

Der Langbogen wurde im 13. Jahrhundert in Wales entwickelt. Weil er deutlich länger als herkömmliche Bogen war, konnte man damit Pfeile bis zu 200 Meter weit schießen. Im Kampf luden die Schützen sehr rasch nach und schossen einen Pfeilhagel auf die gegnerischen Truppen ab.

LINKS Nachbau eines Langbogens. Der Bogen war genauso groß wie der Schütze.

1624
Erprobung des ersten U-Boots

1915
Erstes Kampfflugzeug

1916
Erfindung des Kampfpanzers

1945
Erste Zündung einer Atombombe

1981
Erstflug eines Tarnkappenflugzeugs

SCHON GEWUSST?
Römische Soldaten formierten sich bei Beschuss so, dass sie sich mit ihren Schilden an allen Seiten schützen konnten. Diese taktische Formation nennt man „Schildkröte“.

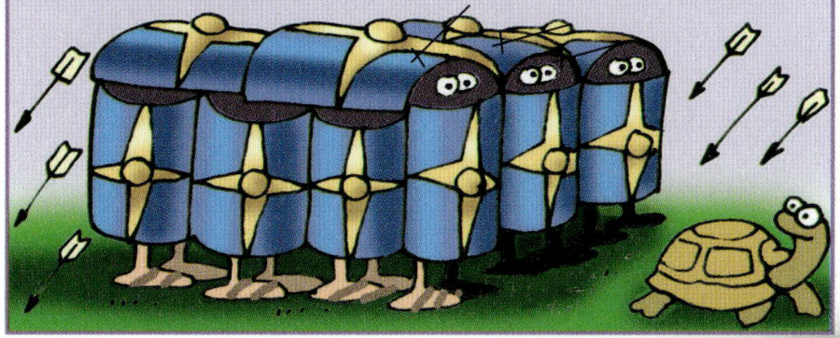

Wann wurde die Armbrust erfunden?

Die ersten Armbrüste baute man in Griechenland um 400 v. Chr. aus Holz. Der Schütze setzte die schwere Vorrichtung beim Schießen auf dem Boden ab. Ab dem 15. Jahrhundert benutzte man leichtere Armbrüste, die an der Schulter abgestützt wurden. Moderne Armbrüste bestehen meist aus Fiberglas und verschießen Bolzen aus Aluminium.

RECHTS Eine Armbrust ist eine durchschlagskräftige Waffe.

Wie verschießt eine Armbrust Bolzen?

Eine Armbrust funktioniert ähnlich wie ein quer gehaltener Bogen. Zunächst wird die Sehne nach hinten gezogen und mit einem Riegel fixiert. Dann legt man den Bolzen in die Führungskerbe, die Armbrust ist schussbereit. Der Schütze peilt durch das Visier das Ziel an und löst die Verriegelung, um die Sehne freizugeben, die den Bolzen ins Ziel schleudert.

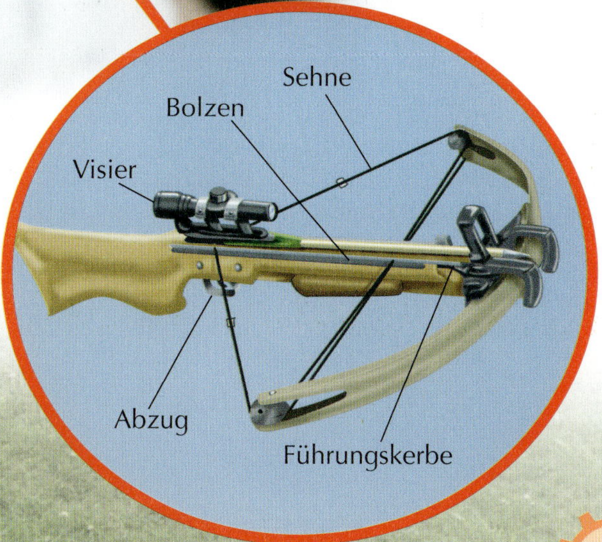

WICHTIGE DATEN

1400 v. Chr. Ältester bekannter Brustpanzer	400 v. Chr. Erfindung der Armbrust	1250 Einführung des Langbogens	1350 Vorderladerbüchse erfunden	1500 Erste Segelschiffe mit Kanonen

SCHUSSWAFFEN

Wann wurden Schusswaffen erfunden?

Nachdem die Chinesen das Schießpulver erfunden hatten, entwickelte man um 1350 in Europa die ersten als Büchsen bezeichneten Feuerwaffen. Man konnte sie zwar gut transportieren, aber zum zielgenauen Abfeuern musste man sie auflegen. Zum Laden schüttete man von vorne Schwarzpulver in den Lauf und stopfte einen runden Stein oder eine Bleikugel hinein. Der Schütze feuerte seine Waffe durch eine Zündschnur im Zündloch ab und die Explosion schleuderte die Kugel aus dem Lauf.

Was ist ein Gewehr?

Ein Gewehr ist eine Schusswaffe mit langem Lauf, die an der Schulter angesetzt wird. Gewehre haben einen Lauf, der durch eine spiralförmige Fräsung die Kugel in Rotation versetzt, wodurch sie ruhiger fliegt. Diese Art von Schusswaffe wurde im 15. Jahrhundert entwickelt. Man übernahm beim Lauf mit der Spirale einen Trick der Bogenschützen, die ihre Pfeile durch leicht verdrehte Federn treffsicherer machten.

LINKS Ursprünglich waren Gewehre reine Militärwaffen. Heute verwendet man sie häufig als Jagd- oder Sportwaffen.

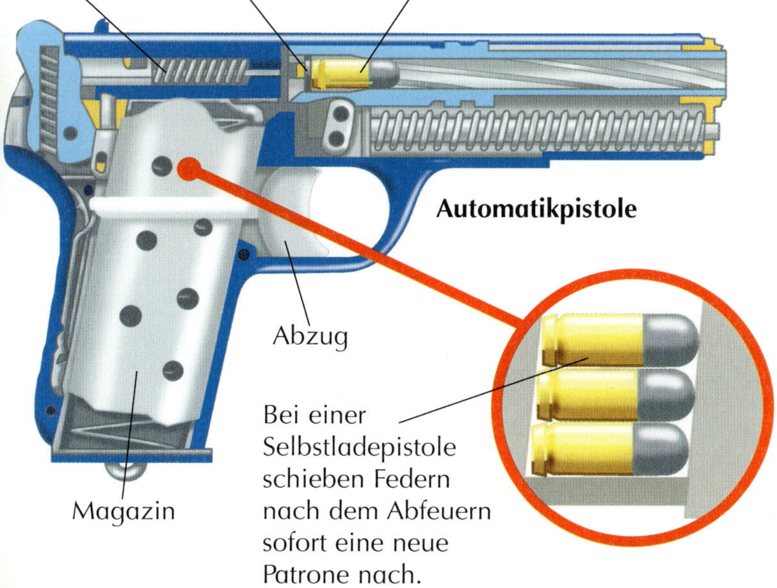

Wie funktionieren Schusswaffen?

Moderne Handfeuerwaffen, wie diese automatische Pistole, können rasch zahlreiche Patronen aus einem eingesetzten Magazin abfeuern. Eine Patrone besteht aus einer Hülse mit dem Schießpulver und der aufgesetzten Kugel. Beim Betätigen des Abzugs wird eine Feder gelöst, die den Schlagbolzen auf das Zündhütchen im Boden der Patrone schleudert. Die Ladung wird gezündet und schießt die Kugel mit hoher Geschwindigkeit aus dem Lauf.

Wer erfand das Maschinengewehr?

Das erste, wassergekühlte Maschinengewehr baute 1884 Hiram Maxim in den USA. Seine Erfindung veränderte die Kriegsführung im 1. Weltkrieg grundlegend. Diese Waffe nutzte den Rückstoß der abgefeuerten Patrone, um die leere Hülse auszuwerfen und eine neue Patrone nachzuladen. Weil Maschinengewehre automatisch nachluden, konnten die Soldaten mit dem Durchziehen des Abzugs eine tödliche Geschossgarbe abfeuern. Viele Maschinengewehre verwenden Munitionsgurte, wodurch schnell viele Patronen abgefeuert werden können.

SCHON GEWUSST?
Viele Polizeikräfte benutzen Elektroschockpistolen, um Täter zu stoppen. Diese Taser-Pistolen verschießen Pfeile mit Drähten, über die ein Elektroschock ausgelöst wird.

RÜSTUNGEN

SCHON GEWUSST?
Die Rüstung eines Ritters war sehr schwer, sie wog rund 30 kg. Mancher Ritter kam im Kampf schwer ins Schwitzen.

Warum trugen Soldaten Rüstungen?

Soldaten legten Rüstungen an, um sich gegen Schwerthiebe, spitze Pfeile und Speere zu schützen. Die ersten von Chinesen um 1100 v. Chr. getragenen Rüstungen waren aus dickem Nashornleder. Im 14. Jahrhundert trugen die Ritter in Europa schwere Metallhelme und Körperpanzer aus geformten Eisenplatten, die mit Lederriemen und Spangen befestigt wurden. Die Lücken zwischen den Panzerelementen schützte ein Kettenpanzer. Dieser bestand aus zahllosen, miteinander verbundenen Eisenringen auf einer Lederunterlage.

LINKS Ein mittelalterlicher Ritter und sein Pferd mit ihren Metallpanzern, gerüstet für die Schlacht

UNTEN Die verschiedenen Schichten einer mit Metall- oder Keramikplatten verstärkten kugelsicheren Weste bremsen das Geschoss ab.

Wann wurde die Schutzweste erfunden?

Schutzpanzer waren schwer und hinderlich, bis das Chemieunternehmen DuPont 1971 das Kevlar für den Einsatz in kugelsicheren Westen erfand. Diese Kunststofffaser ist bei gleichem Gewicht fünfmal stärker als Stahl. Moderne Schutzwesten schützen Polizisten und Soldaten vor Messerangriffen sowie Geschossen und schützen so vor tödlichen Verletzungen, aber sie erleiden immer noch schwere Prellungen.

1624	1915	1916	1945	1981
Erprobung des ersten U-Boots	Erstes Kampfflugzeug	Erfindung des Kampfpanzers	Erste Zündung einer Atombombe	Erstflug eines Tarnkappenflugzeugs

Was sind Schutzanzüge gegen Chemiewaffen?

Diese aus einem Spezialgewebe gefertigten Schutzanzüge tragen Soldaten, wenn die Gefahr eines Angriffs mit chemischen oder biologischen Waffen droht. Die Soldaten müssen auch eine Gasmaske tragen, deren Filter Giftstoffe auffängt und bindet, damit sie weiteratmen können.

LINKS Bei Gefahr eines Angriffs mit chemischen oder biologischen Waffen tragen Soldaten einen speziellen Schutzanzug.

UNTEN Feuerwehrmänner der Luftwaffe in Feuerschutzanzügen löschen ein brennendes Flugzeug.

Wie funktionieren Hitzeschutzanzüge?

Hitzeschutzanzüge sind aus feuerbeständigem Material, bedecken den ganzen Körper und schützen den Feuerwehrmann vor Flammen. An der Außenseite sind sie mit Metall beschichtet, das die enorme Hitze eines Feuers reflektiert. Diese schweren Anzüge behindern zwar die Feuerwehrleute, wenn sie Leitern hochklettern oder Verletzte bergen müssen, ermöglichen aber das Arbeiten nahe am Feuer.

BOMBEN

Was ist eine Fliegerbombe?

Eine Bombe ist ein mit Sprengstoff gefüllter Behälter mit einem Zünder, der die Ladung zur Explosion bringt. Fliegerbomben werden von Flugzeugen abgeworfen und explodieren beim Aufschlag. Österreichische Truppen warfen 1849 die ersten Bomben von Heißluftballons ab. Im 1. Weltkrieg unternahmen die Deutschen mit Luftschiffen Bombenangriffe gegen Großbritannien.

OBEN Luftschiffe verfehlten mit ihren Bomben häufig die anvisierten militärischen Ziele.

UNTEN Moderne Raketen werden sehr präzise zu ihren Zielen gelenkt.

Wann wurden Lenkwaffen erfunden?

Gegen Ende des 2. Weltkriegs brachten die Deutschen V-2-Raketen zum Einsatz. Die V-2 flog auf einer geneigten Bahn ins Weltall, bis der Raketenantrieb stoppte und sie zur Erde zurückstürzte. Moderne Raketen werden durch einen Bordcomputer ins Ziel gesteuert. Tragbare Raketenwerfer, die von der Schulter aus eingesetzt werden können, gibt es seit den 1960er-Jahren. Manche dieser Raketen haben einen Infrarotsuchkopf, um die Hitze eines Flugzeugtriebwerks zu orten.

Wer erfand die Atombombe?

Im 2. Weltkrieg entwickelten amerikanische und britische Wissenschaftler die Atombombe. Die erste Atombombe wurde am 8. August 1945 auf die japanische Stadt Hiroshima abgeworfen, sie tötete unmittelbar 80000 Menschen. Drei Tage später tötete eine weitere Atombombe in Nagasaki etwa 70000 Menschen. In den Jahren danach starben viele Zehntausende an Krankheiten, die durch die Strahlung verursacht worden waren. Diese Massenvernichtungswaffe zwang die Japaner zur Kapitulation, doch der Preis dafür war schrecklich.

RECHTS Die typische pilzförmige Wolke einer Atombombenexplosion

SCHON GEWUSST?
Manchmal wirft man Bomben auf Eisbarrieren, die große Flüsse in harten Wintern aufstauen. Mit den Bomben bricht man die Eisschollen auf und verhindert Überschwemmungen.

Wie funktionieren Präzisionsbomben?

Präzisionsbomben sind lasergelenkte Flugkörper, die ihr Ziel im Idealfall genau treffen und die Zahl ziviler Opfer verringern sollen. Piloten in ihrem Flugzeug oder Bodentruppen richten einen Laserstrahl auf das Ziel, um die Bombe zu lenken. Hat der Laser das Zielobjekt markiert, kann die Bombe ihr Ziel ansteuern und sogar ein sich bewegendes Objekt verfolgen.

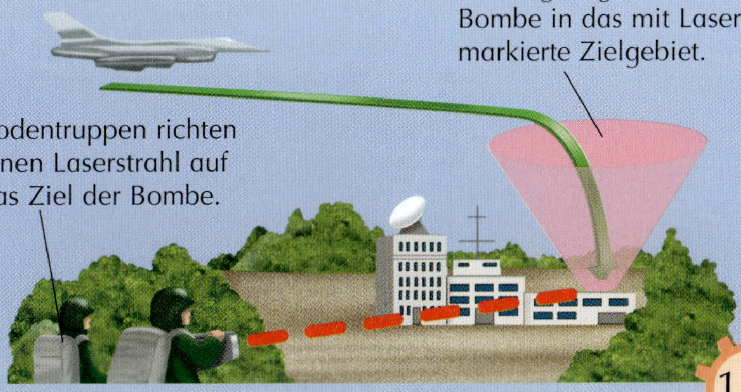

WICHTIGE DATEN

1400 v. Chr. Ältester bekannter Brustpanzer	**400 v. Chr.** Erfindung der Armbrust	**1250** Einführung des Langbogens	**1350** Vorderladerbüchse erfunden	**1500** Erste Segelschiffe mit Kanonen

PANZER

SCHON GEWUSST?
Die ersten Panzer rüttelten die Besatzungen so stark durch, dass diese gepolsterte Schutzkleidung tragen mussten, um Verletzungen zu vermeiden.

Wann wurden die ersten Panzer gebaut?

Die Briten entwickelten 1916 den ersten Panzer als Geheimwaffe im 1. Weltkrieg. Den Arbeitern erklärte man, sie sollten Fahrzeuge zum Transport von Wasser für die Bodentruppen bauen, deshalb nannten sie die Fahrzeuge einfach „Tanks". Die ersten Tanks waren mit vernieteten Stahlplatten verkleidet, für den Antrieb sorgten langsame Traktormotoren. Diese schweren Panzerfahrzeuge mit starken Kanonen hatten Ketten, um im unwegsamen Gelände beweglich zu sein.

OBEN Der erste Tank wurde als *Centipede* („Tausendfüßler") bekannt.

Warum wurde der Panzer erfunden?

Der Einsatz von Maschinengewehren während des 1. Weltkriegs verursachte unter den ungeschützten Fußtruppen riesige Verluste. Zur Bekämpfung dieser Waffe erfand man den Panzer. Die Panzerbesatzungen konnten geschützt gegen den Feind vorrücken, Gräben überwinden, Stacheldraht niederwalzen und feindliche MG-Stellungen ausschalten, um den Weg für die nachrückende Infanterie freizumachen.

RECHTS Kettenfahrzeuge können über fast jedes Hindernis hinwegklettern.

Wie funktionieren moderne Panzer?

Moderne Kampfpanzer sind schwere, gepanzerte Fahrzeuge mit starken Motoren. Sie erreichen im Gelände Geschwindigkeiten von bis zu 100 km/h. Sie werden durch eine dicke Panzerung vor feindlichem Feuer sowie Minen geschützt und sind stark genug, um auch Barrikaden zu durchbrechen. Zur Bewaffnung eines Panzers gehört meist eine schwere Kanone.

UNTEN In einem Schützenpanzer werden Soldaten geschützt ans Ziel gebracht.

Was sind Schützenpanzer?

Schützenpanzer bringen Truppen sicher zu ihrem Einsatzort. Die leichten Panzer transportieren bis zu zehn Soldaten durch unwegsames Gelände und sogar Wasserläufe. Meist sind sie mit einer leichten Kanone bewaffnet.

WICHTIGE DATEN

1400 v. Chr. Ältester bekannter Brustpanzer	**400 v. Chr.** Erfindung der Armbrust	**1250** Einführung des Langbogens	**1350** Vorderladerbüchse erfunden	**1500** Erste Segelschiffe mit Kanonen

KAMPFFLUGZEUGE

Wann gab es die ersten Jagdflugzeuge?

Das erste Jagdflugzeug war 1915 die Fokker E1 aus Deutschland. Das Flugzeug war so konstruiert, dass die starr eingebauten Maschinengewehre durch die sich drehenden Blätter der Propeller hindurchfeuern konnten. Die Fokker D.VII von 1918 war sehr wendig.

OBEN Fokker D. VII

SCHON GEWUSST?

Der schwerste Bomber der Welt ist die amerikanische Boeing B-52 Stratofortress. Das riesige Langstreckenflugzeug hat acht Düsentriebwerke. Es kann das Eineinhalbfache seines Eigengewichts transportieren.

Wofür gibt es Jagdflugzeuge?

Jagdflugzeuge sollen andere Flugzeuge in der Luft angreifen, während Bomber Ziele am Boden bekämpfen. Im 2. Weltkrieg wurden Maschinen wie die britische Spitfire und die deutsche Messerschmitt Me 262 mit dem ersten Düsenantrieb zu wichtigen Flugzeugen im Luftkampf. Heutige Jäger sind relativ klein, dafür aber sehr wendig. Die schnellsten Versionen erreichen mehrfache Schallgeschwindigkeit.

LINKS Ein Schwarm amerikanischer F/A-18 Hornet im Formationsflug

Viele Jagdflugzeuge sind Einsitzer mit lediglich Platz für den Piloten.

Jagdflugzeuge sind mit Raketen bewaffnet und orten ihr Ziel mithilfe von Radar, das vorn im Flugzeug untergebracht ist.

Was sind Stealth-Flugzeuge?

Stealth-Flugzeuge sind so konstruiert, dass sie auftreffende Radarstrahlen kaum reflektieren. Sie sind dadurch nur schwer aufzuspüren, besonders wenn sie nachts fliegen, und können überraschend angreifen. Das erste Flugzeug, das so konstruiert wurde, war die amerikanische F-117, die 1981 zum ersten Mal flog.

UNTEN Stealth-Bomber tragen ihre Waffen im Rumpf, um die Reflexion feindlicher Radarstrahlen zu verringern.

Durch den dunklen Anstrich sind Stealth-Flugzeuge in der Nacht kaum zu erkennen.

Was sind Drohnen?

Drohnen sind unbemannte Flugzeuge, die entweder über Funk von einer Bodenstation aus gelenkt werden oder eine automatische Steuerung haben. Sie benutzen digitalisierte Landkarten und Satellitennavigation, um ihr Ziel zu finden. Die ersten Drohnen wurden in den 1950er-Jahren zu Aufklärungszwecken gebaut, sie hatten Kameras und andere Geräte an Bord. Heute werden Drohnen auch als Angriffswaffen eingesetzt und sind mit Bomben und Raketen bewaffnet.

LINKS Die amerikanische Drohne Global Hawk flog erstmals 1998. Sie kann 35 Stunden ohne Auftanken in der Luft bleiben.

WICHTIGE DATEN

1400 v. Chr.	400 v. Chr.	1250	1350	1500
Ältester bekannter Brustpanzer	Erfindung der Armbrust	Einführung des Langbogens	Vorderladerbüchse erfunden	Erste Segelschiffe mit Kanonen

KRIEGSSCHIFFE

Wann gab es die ersten Kriegsschiffe?

OBEN *HMS Victory*

Die ersten Kriegsschiffe entstanden vermutlich vor 3000 Jahren, es waren von Ruderern angetriebene, mit Hilfssegeln ausgestattete Galeeren. Um 1700 hatte ein typisches Kriegsschiff, wie die berühmte *HMS Victory* des britischen Admirals Nelson, drei große Masten mit riesigen rechteckigen Rahsegeln. Dieses gewaltige Kriegsschiff war mit rund 100 Kanonen bewaffnet. Ab 1860 lösten gepanzerte Schiffe mit Stahlrumpf und Dampfmaschinen die hölzernen Kriegsschiffe ab.

Was sind Schlachtschiffe?

Schlachtschiffe waren, bis die Flugzeugträger an Bedeutung gewannen, die größten Kriegsschiffe. Die schwersten Schlachtschiffe hatten über 65 000 Bruttoregistertonnen, waren über 250 Meter lang und hatten eine Besatzung von bis zu 3000 Seeleuten. Ihre gewaltigen Geschütze waren dafür ausgelegt, Ziele an der Küste oder gegnerische Schiffe in bis zu 40 Kilometer Entfernung zu beschießen.

UNTEN Ein Schlachtschiff der US-Marine feuert eine Salve ab.

SCHON GEWUSST?
Das erste Schlachtschiff aus Stahl, die *Warrior*, wurde 1860 von der britischen Marine gebaut. Der Rumpf war zum Schutz vor Kanonenbeschuss 11,5 cm dick gepanzert.

Wozu wurden Flugzeugträger erfunden?

1914 bauten die Briten den ersten Flugzeugträger, um Flugzeuge und Treibstoff übers Meer in die Kampfzonen zu transportieren. Moderne Flugzeugträger sind riesige, schwimmende Luftwaffenbasen. Es gibt kurze Start- und Landebahnen, einen Kontrollturm für die Kommunikation mit den Piloten und Mechaniker zur Wartung der Flugzeuge.

UNTEN Moderne Flugzeugträger können bis zu 100 Flugzeuge an Bord nehmen.

LINKS Schlachtschiffe sind schwer gepanzert. Sie operieren immer in einer Flotte, einem Verband aus mehreren Kriegsschiffen.

Wie beseitigen Minenräumboote Minen?

Minenräumboote suchen und beseitigen gegnerische Minen im Meer. Die Boote ziehen ein Gerät hinter sich her, das die Ankerseile von Minen durchtrennt, damit die Minen an die Wasseroberfläche kommen und entschärft werden können. Andere Schleppgeräte simulieren vorbeifahrende Schiffe und bringen Minen kontrolliert zur Explosion. Einige Minenräumboote können auch ferngelenkte U-Boote zum Zerstören von Minen einsetzen.

UNTEN Minensuchboote haben einen Rumpf aus Holz oder Kunststoff, denn Stahl würde magnetische Minen aktivieren.

U-BOOTE

RECHTS U-Boote spüren Schiffe sowie andere U-Boote auf und zerstören sie.

Ein U-Boot hat einen stromlinienförmigen Rumpf, damit es leicht durchs Wasser gleitet.

Wann wurde das U-Boot erfunden?

Das erste U-Boot ließ 1624 der englische König James I. bauen. Das von dem Niederländer Cornelius Drebbel erfundene Unterwasserboot hatte einen Holzrahmen mit einer wasserdichten Hülle aus eingefettetem Leder. Das U-Boot wurde von zwölf Ruderern angetrieben, die darin die Themse durchquerten. Zur Wasseroberfläche hinaufreichende Schnorchel sorgten für Atemluft, und das „U-Boot“ konnte mehrere Stunden unter Wasser bleiben.

Wie werden U-Boote angetrieben?

Die ersten modernen U-Boote hatten einen kombinierten Diesel- und Elektromotorantrieb, der 1901 von dem Iren John P. Holland erfunden worden war. Bis heute nutzen viele U-Boote diese Antriebsform. Bei der Überwasserfahrt treibt eine Dieselmaschine die Schiffsschraube an, getaucht sorgt der Elektromotor für den Antrieb. Seit 1954 baut man U-Boote mit Atomantrieb, die monatelang unter Wasser verborgen operieren können, ohne nachtanken zu müssen.

SCHON GEWUSST?
Kleine, nichtmilitärische U-Boote werden für spezielle Aufgaben, wie die Untersuchung von Wracks oder die Erforschung der Tiefsee, eingesetzt.

1624
Erprobung des ersten U-Boots

1915
Erstes Kampfflugzeug

1916
Erfindung des Kampfpanzers

1945
Erste Zündung einer Atombombe

1981
Erstflug eines Tarnkappenflugzeugs

Wie funktionieren U-Boote?

U-Boote haben einen starken Rumpf, der hohem Wasserdruck standhält. Durch Fluten der am Rumpf angebrachten Ballasttanks wird das Boot schwerer und sinkt. Zum Auftauchen pumpt man Pressluft in die Tanks, um das Wasser auszutreiben. Bestimmte Abschnitte eines U-Boots können bei einem Leck in der Hülle durch Schotten wasserdicht abgeschlossen werden.

LINKS Torpedos werden mit Pressluft aus Rohren im Bug des U-Boots abgefeuert.

Wer erfand den Torpedo?

Der englische Ingenieur Robert Whitehead erfand 1866 den ersten schraubengetriebenen Torpedo. Diese Unterwassergeschosse wurden zunächst von Kriegsschiffen, später von U-Booten eingesetzt, um feindliche Schiffe zu versenken. Whiteheads Torpedo wurde von Pressluft angetrieben und mit Ruderfinnen ins Ziel gesteuert.

OBEN Moderne Torpedos haben Sensoren und können ihre Ziele selbstständig suchen und verfolgen.

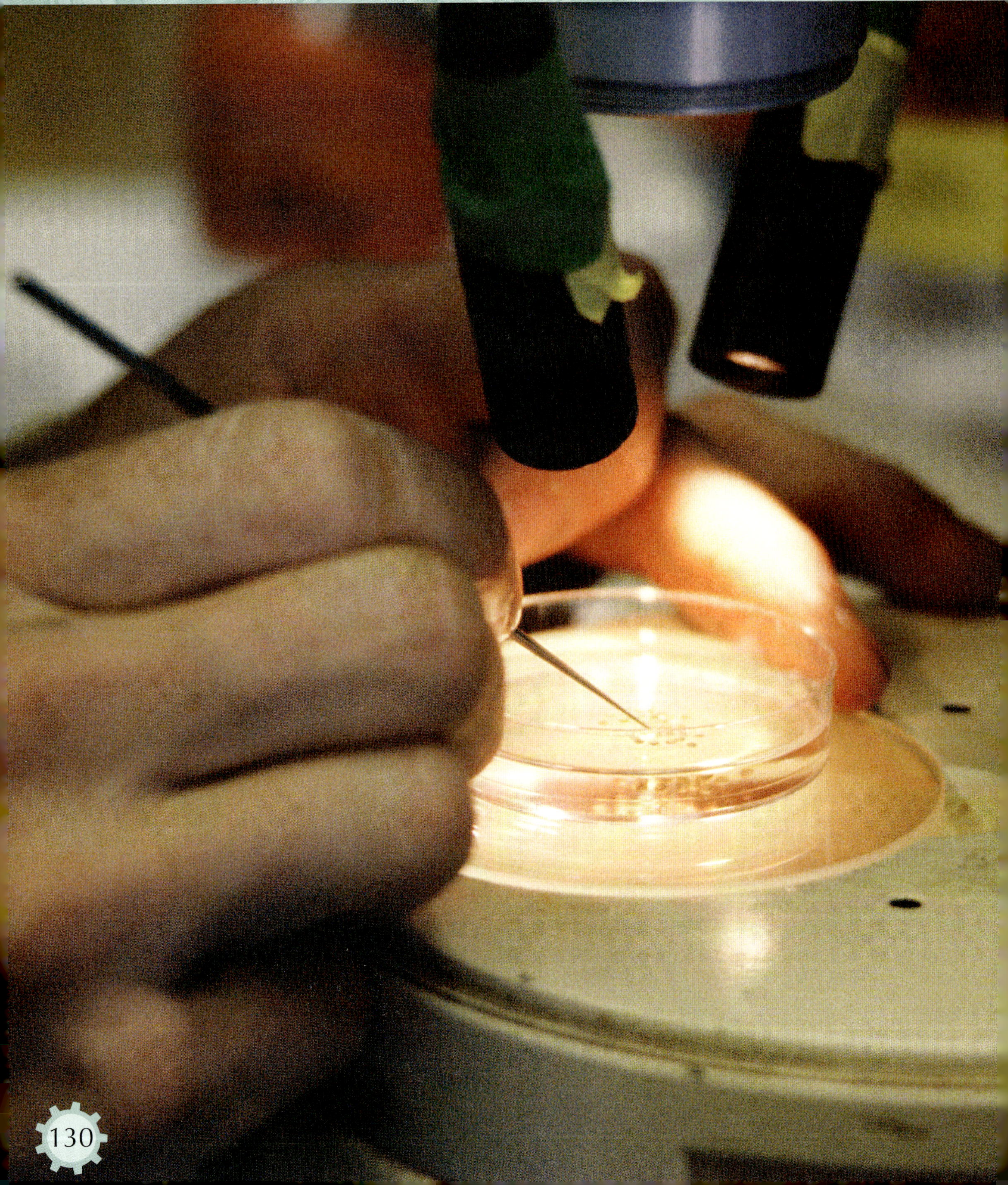

MEDIZIN

Erfindungen haben eine große Bedeutung für unsere Gesundheit. Mikroskope können Bakterien vergrößern, und Impfungen schützen uns vor Krankheiten. Hier erfährst Du, wann die Brille erfunden wurde und welche Ausrüstung ein Krankenwagen hat. Du lernst lebensrettende Geräte kennen, die den Herzschlag steuern, und Scanner, die dreidimensionale Bilder aus dem Inneren des Körpers liefern. Und es wird erklärt, warum ein Chirurg eine Minikamera bei der Operation einsetzt.

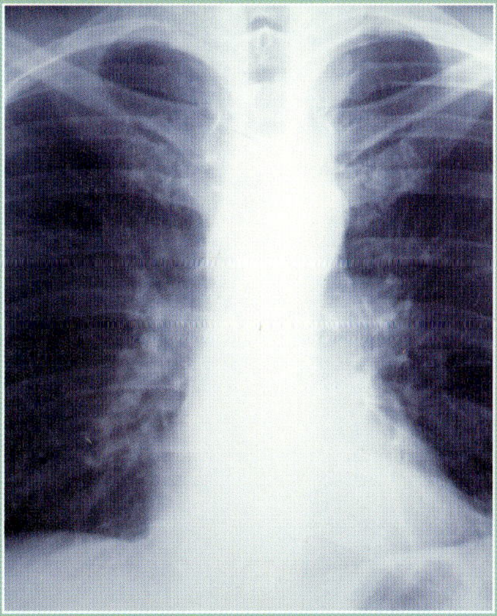

WICHTIGE DATEN

1286	1592	1683	1792	1796
Augengläser als Lesehilfe	Erstes einfaches Thermometer	Mikroskop erfunden	Einsatz von Sanitätswagen im Krieg	Entwicklung der ersten Impfung

MEDIZINISCHE INSTRUMENTE

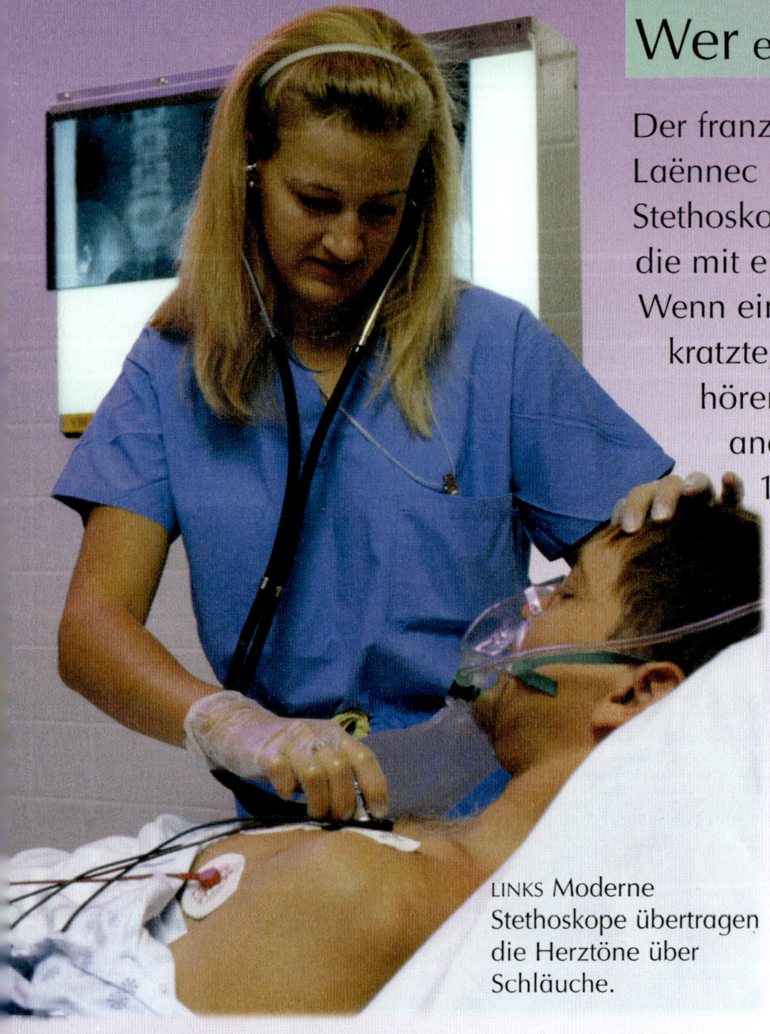

LINKS Moderne Stethoskope übertragen die Herztöne über Schläuche.

Wer erfand das Stethoskop?

Der französische Arzt René Laënnec hatte die Idee für das Stethoskop, als er Kindern zusah, die mit einem Holzbrett spielten. Wenn ein Kind über das eine Ende kratzte, konnte ein anderes Kind das hören, wenn es sein Ohr an das andere Ende hielt. Laënnecs erstes, 1816 gebautes Stethoskop war eine einfache hohle Holzröhre. Ein Ende wurde auf die Brust des Patienten gesetzt, während der Arzt am anderen Ende Herzschlag und Atmung abhörte.

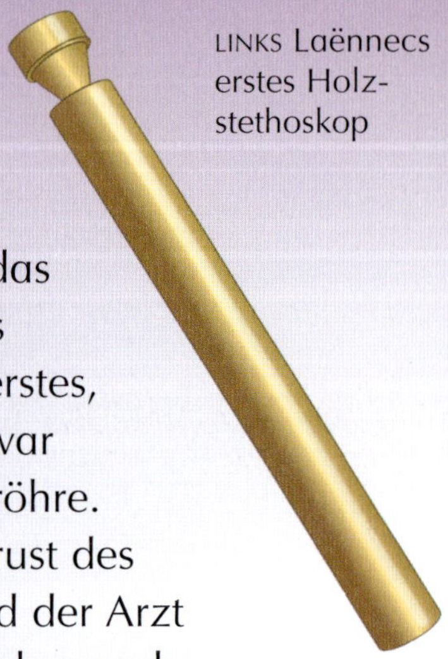

LINKS Laënnecs erstes Holzstethoskop

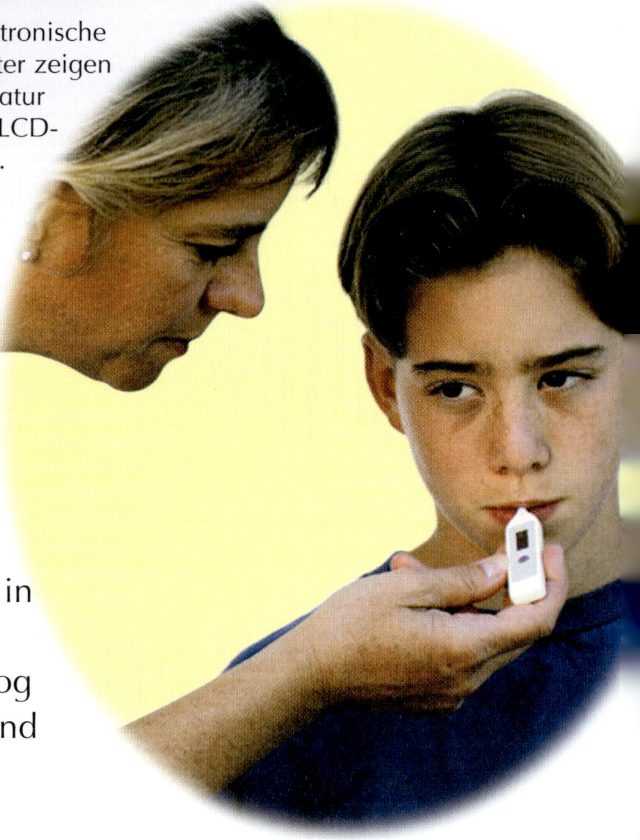

RECHTS Elektronische Thermometer zeigen die Temperatur auf einem LCD-Display an.

Wann wurde das Thermometer erfunden?

Der italienische Forscher Galileo Galilei erfand bereits 1592 ein Thermometer. Genauer arbeitete das 1714 von dem deutschen Physiker Daniel Gabriel Fahrenheit entwickelte Quecksilberthermometer. Das in einer dünnen Glasröhre eingeschlossene Quecksilber dehnte sich beim Erhitzen aus, und beim Abkühlen zog es sich zusammen. Die Temperatur wurde entsprechend dem Flüssigkeitsstand auf einer Skala angezeigt.

1844	1895	1914	1928	1958
Erfindung der chemischen Narkose	Entdeckung der Röntgenstrahlen	Erste künstliche Niere	Entdeckung des ersten Antibiotikums	Entwicklung des Herzschrittmachers

Wie funktioniert ein Blutdruckmessgerät?

Mit dem 1863 erfundenen Blutdruckmessgerät kontrolliert man die Herztätigkeit und das Funktionieren der Blutgefäße. Um den Arm wird eine Manschette gelegt und aufgepumpt, bis die Blutzirkulation gestoppt wird. Sobald beim Ablassen der Luft das Blut wieder zu fließen beginnt, wird der systolische Druckwert am Gerät abgelesen. Der diastolische Messwert ergibt sich, wenn sowohl arterielles als auch venöses Blut wieder zirkulieren.

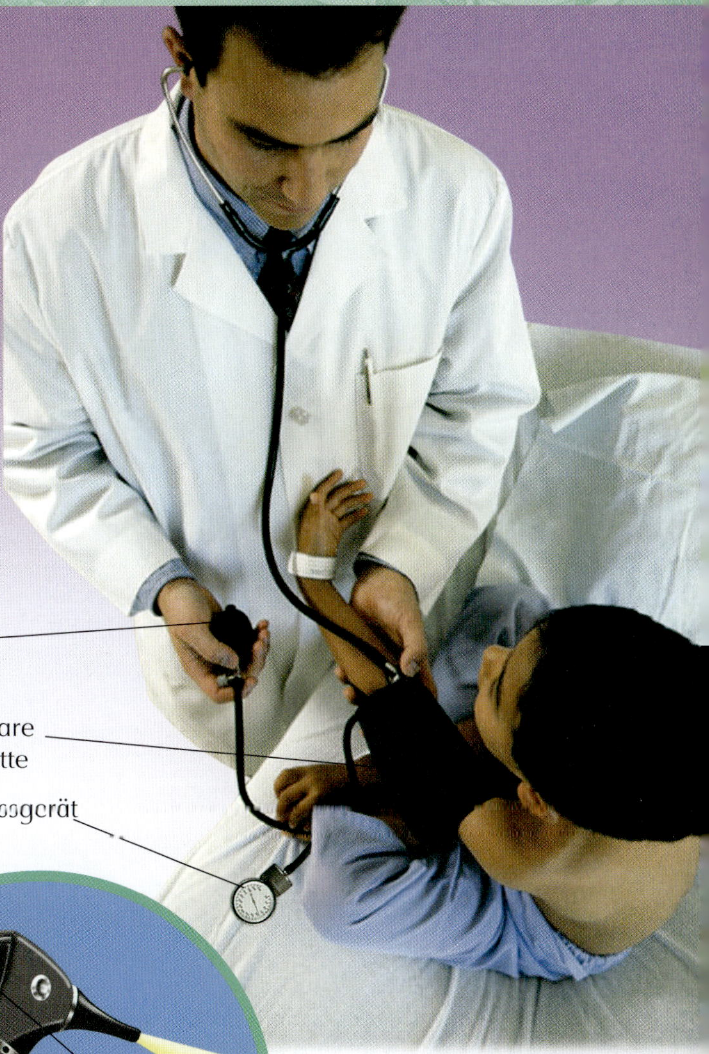

SCHON GEWUSST?
Gegen Ende des 19. Jahrhunderts rüsteten sich Militärärzte mit Notfalltaschen für den Einsatz im Krieg aus. Diese Taschen enthielten alles, was sie zur ersten Behandlung verwundeter brauchten.

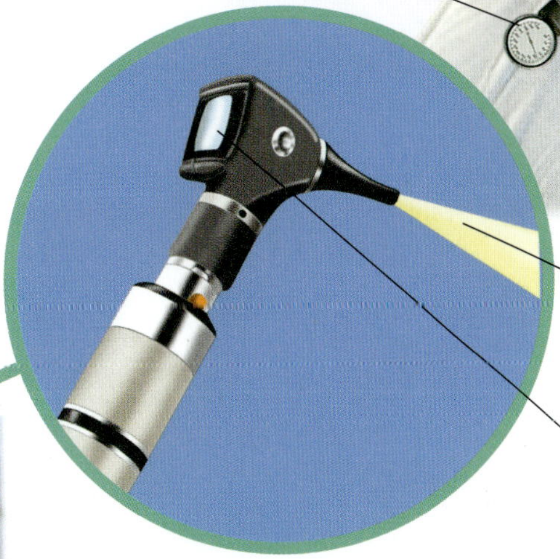

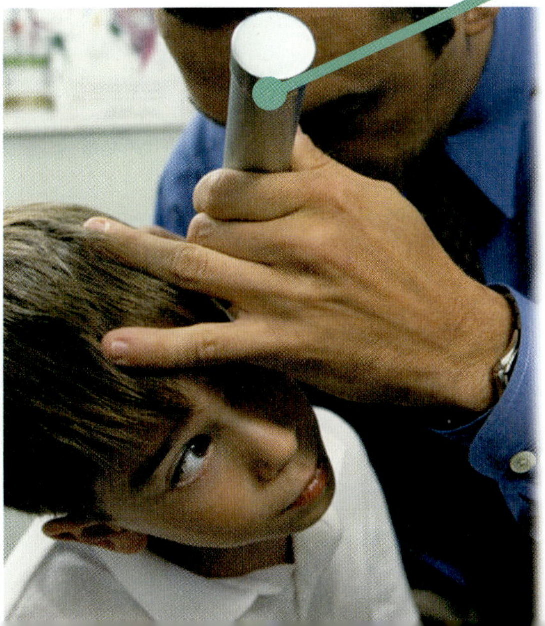

Was ist ein Otoskop?

Mit einem Otoskop werden die Gehörgänge von Patienten untersucht. Der Arzt schaut durch eine Vergrößerungslinse am Ende des Otoskops ins Ohr, das von einem Lichtstrahl beleuchtet wird, und untersucht das Trommelfell auf Anzeichen einer krankhaften Veränderung.

WICHTIGE DATEN

1286	1592	1683	1792	1796
Augengläser als Lesehilfe	Erstes einfaches Thermometer	Mikroskop erfunden	Einsatz von Sanitätswagen im Krieg	Entwicklung der ersten Impfung

MIKROSKOPE

Wann wurde das Mikroskop erfunden?

Mikroskope gab es schon länger, doch 1683 erfand der niederländische Wissenschaftler Antoni van Leeuwenhoek das erste Mikroskop mit einer guten Abbildungsleistung. Ein Mikroskop vergrößert Dinge so stark, dass kleinste Details erkennbar werden. Leeuwenhoeks Mikroskop bestand aus einer starken Linse, die Objekte bis zu 270-fach vergrößern konnte. Mit dem Auge dicht an der Linse konnte er Blutzellen und krankheitserregende Mikroben untersuchen.

SCHON GEWUSST?
Mit Licht arbeitende, optische Mikroskope können Dinge zwischen 100- und 2000-fach vergrößern. Die stärksten Elektronenmikroskope vergrößern mehrere Millionen Mal.

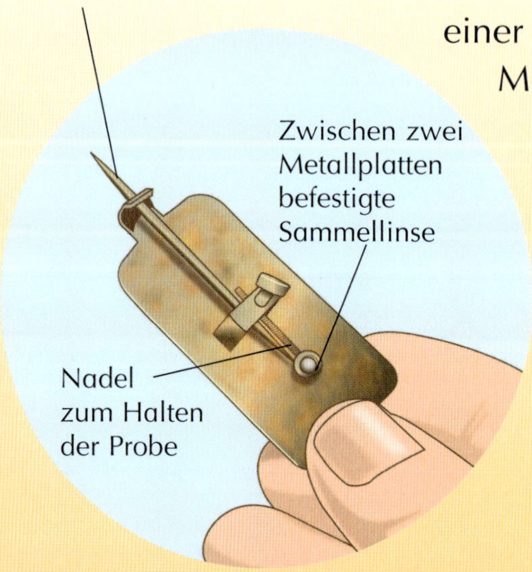

UNTEN Wissenschaftler arbeiten mit Binokularmikroskopen, um die Probe gleichzeitig mit beiden Augen zu betrachten.

Wie funktioniert ein mehrlinsiges Mikroskop?

Diese Mikroskope haben zwei oder mehr Linsen und erzielen bis zu 2000-fache Vergrößerungen. Dem englischen Forscher Robert Hooke gelang 1660 diese deutliche Verbesserung der frühen Mikroskope. Zusammengesetzte Mikroskope haben unten eine Linse (Objektiv), die im Tubus ein vergrößertes Bild des Objekts erzeugt. Dieses Bild wird von der oberen Linse (Okular) nochmals vergrößert.

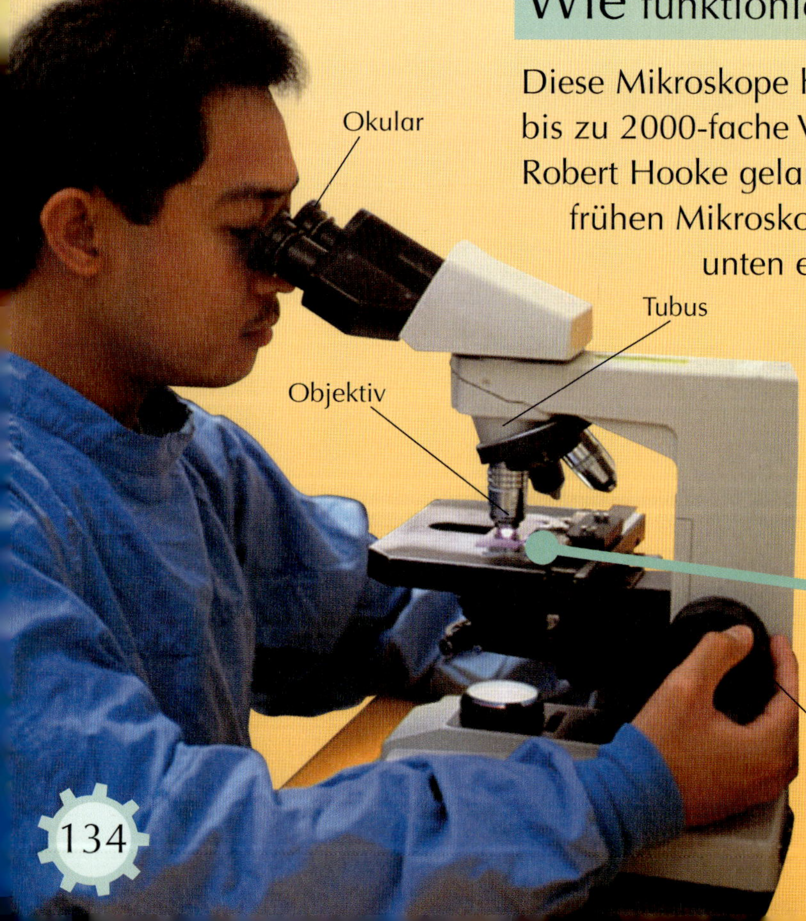

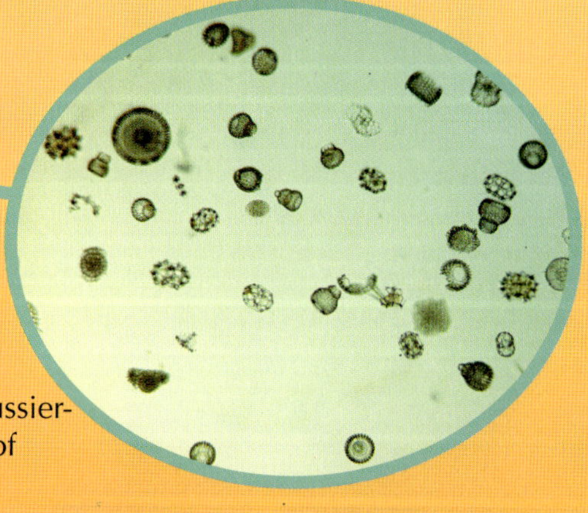

LINKS Durch das Mikroskop gesehene Zellen auf einem Glasträger. Das Licht durchleuchtet die Probe.

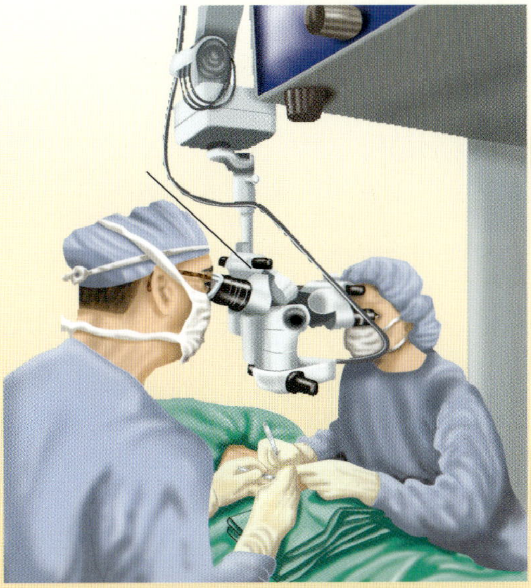

Was ist Mikrochirurgie?

Bei der Mikrochirurgie wird mithilfe starker Mikroskope operiert. Der Chirurg kann so selbst kleinste durchtrennte Blutgefäße und Nerven erkennen und sie wieder zusammennähen. Einer der ersten mikrochirurgischen Eingriffe wurde 1962 in den USA vorgenommen. Zwei Ärzten gelang es dabei, den rechten Arm eines Manns wieder anzunähen, der bei einem Unfall abgetrennt worden war.

LINKS Chirurgen benutzen Mikroskope, um jedes Detail sehen zu können.

Wer erfand das Elektronenmikroskop?

1931 baute Ernst Ruska in Deutschland das erste Elektronenmikroskop, das anstelle von Licht winzige Elektronen zur Vergrößerung kleinster Objekte einsetzte. Heute verwenden viele Forscher und Ärzte das in den 1960er-Jahren entwickelte Rasterelektronenmikroskop für ihre Arbeit. Ein Rasterelektronenmikroskop kann winzige Objekte wie Viren hunderttausendfach vergrößern. Ein Elektronenstrahl scannt die Oberfläche der untersuchten Objekte, und die reflektierten Elektronen formen auf einem Computerbildschirm ein scharfes und detailreiches Bild.

Forscher untersuchen die stark vergrößerten Bilder einer Probe am Bildschirm.

Die Objekte, hier sind es rote Blutkörperchen, erscheinen durch den Elektronenstrahl in Grauschattierungen.

IMPFUNGEN UND ANTIBIOTIKA

Wann wurden Impfungen erfunden?

Der englische Arzt Edward Jenner erprobte 1796 erstmals eine Impfung gegen die hochansteckenden Pocken. Jenner verarbeitete Keime der verwandten, aber für Menschen harmlosen Kuhpocken zu einem Impfstoff, um damit Menschen vor den oft tödlichen Pocken zu schützen.

SCHON GEWUSST?
Bakterien verändern sich ständig, viele sind inzwischen gegenüber Medikamenten resistent und können damit nicht mehr bekämpft werden.

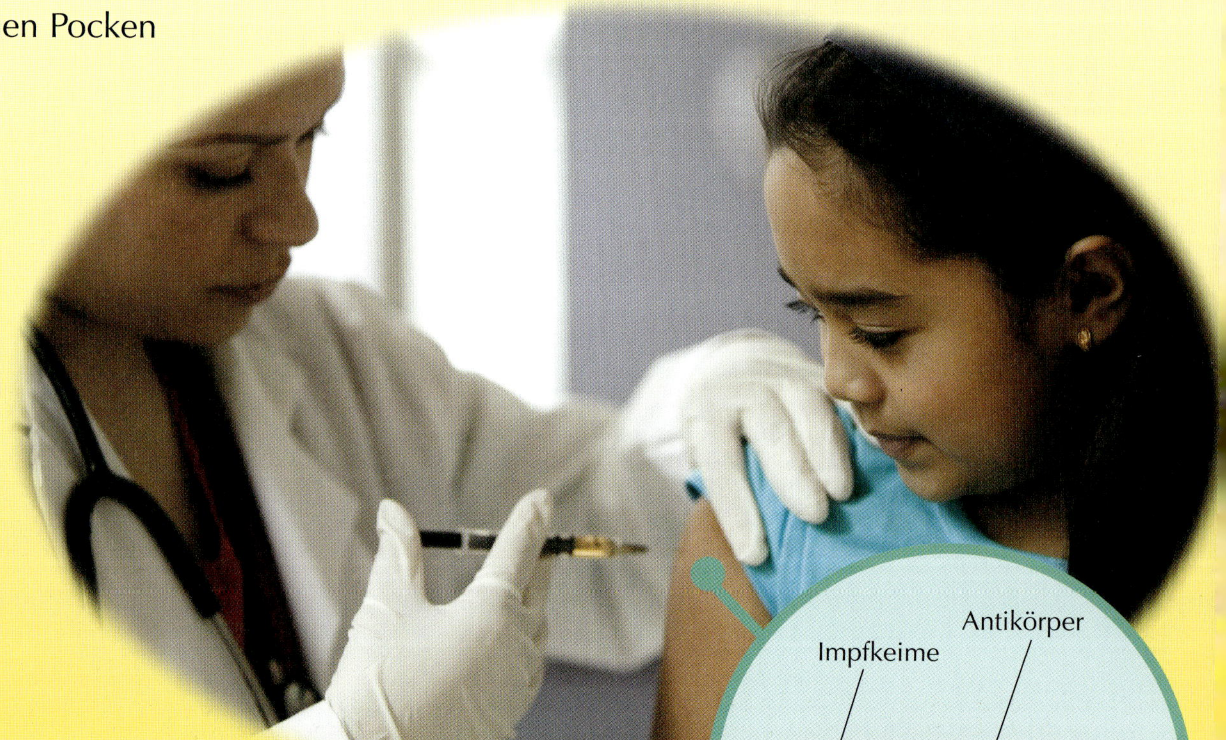

RECHTS Impfstoffe werden mit einer Spritze in das Muskelgewebe gegeben und über den Blutstrom im Körper des Patienten verteilt.

Wie wirken Impfungen?

Ein Impfstoff enthält eine ungefährliche Variante von Keimen oder Bakterien, welche die Krankheit auslösen. Nach dem Spritzen des Impfserums produziert das Immunsystem Antikörper gegen diese Bakterien. Diese Antikörper bleiben erhalten und schützen geimpfte Personen bei späteren Infektionen, denn sie bekämpfen die schon bekannten Erreger, bevor sie eine ernsthafte Erkrankung auslösen.

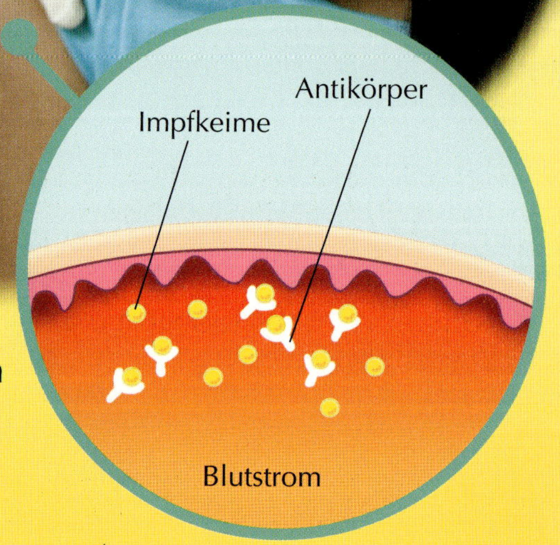

OBEN Ein Impfstoff regt das Immunsystem des Körpers zur Bildung von Antikörpern gegen die Krankheitserreger an.

Was sind Antibiotika?

Antibiotika sind Medikamente gegen Krankheiten, die durch Bakterien verursacht werden. Antibiotika wirken nicht gegen viröse Krankheiten wie Grippe, denn Viren sind keine Lebewesen. Jedes Antibiotikum kann nur eine bestimmte Art von Bakterien bekämpfen, andere Körperzellen werden dabei nicht geschädigt. Eine Sorte Antibiotika kann beispielsweise die Ernährung der Bakterien stoppen und sie so zum Absterben bringen, bevor sie sich weiter vermehren.

OBEN Die meisten Bakterien sind harmlos für den Menschen. Einige produzieren aber Gifte, die Infektionen und Allergien auslösen können.

Wer entdeckte das Antibiotikum?

1928 erkannte der britische Forscher Alexander Fleming, dass in seinen Laborschalen wachsender Schimmel Bakterienkulturen abgetötet hatte. Andere Forscher gewannen dann aus diesem Schimmel Penicillin und schufen das erste Antibiotikum. Im 2. Weltkrieg rettete das neue Medikament viele Menschenleben und Penicillin ist bis heute ein wichtiges Mittel gegen lebensbedrohliche Infektionen.

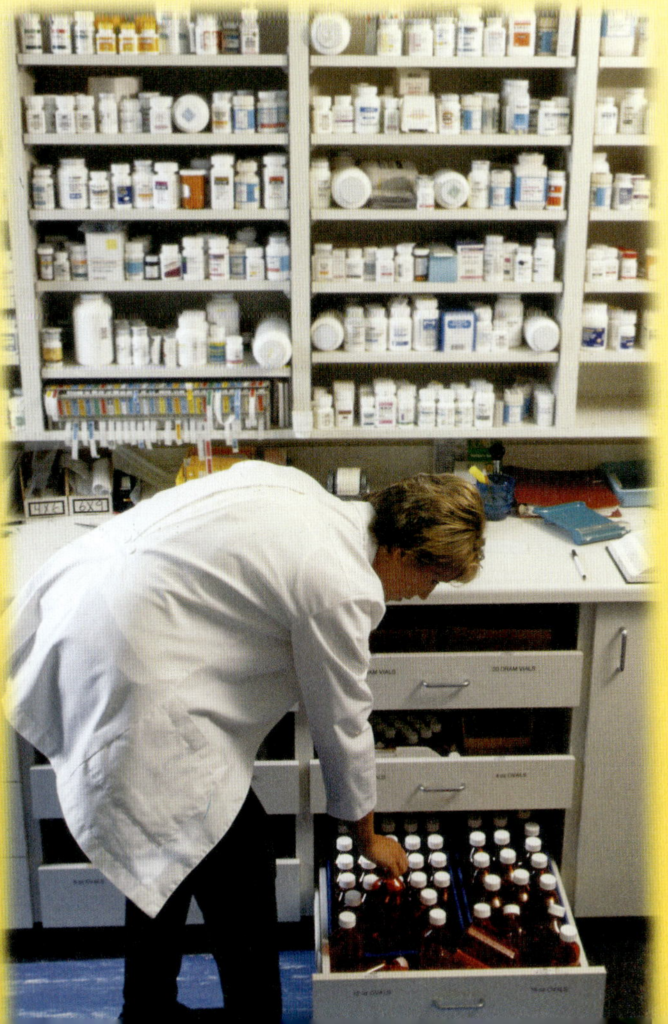

LINKS Moderne Antibiotika werden meist in Tablettenform verabreicht. Der Patient geht mit dem Arztrezept zur Apotheke, wo er das entsprechende Medikament bekommt.

WICHTIGE DATEN

1286	1592	1683	1792	1796
Augengläser als Lesehilfe	Erstes einfaches Thermometer	Mikroskop erfunden	Einsatz von Sanitätswagen im Krieg	Entwicklung der ersten Impfung

BRILLEN

Wann wurden Brillen erfunden?

Brille oder Augengläser haben sich seit ihrer Erfindung im 13. Jahrhundert in der Konstruktion nicht wesentlich verändert. Italienische Glasmacher fertigten die ersten Linsen, die in ein Gestell eingesetzt als Lesegläser dienten. Man setzte diese Brillen auf die Nase, um schärfer sehen zu können. Erst im 18. Jahrhundert ergänzte man diese etwas wackelige Konstruktion mit Bügeln, die über die Ohren reichten und der Brille mehr Halt gaben.

OBEN Moderne Brillen haben leichte Kunststoffgläser, die eine bestehende Weit- oder Kurzsichtigkeit korrigieren.

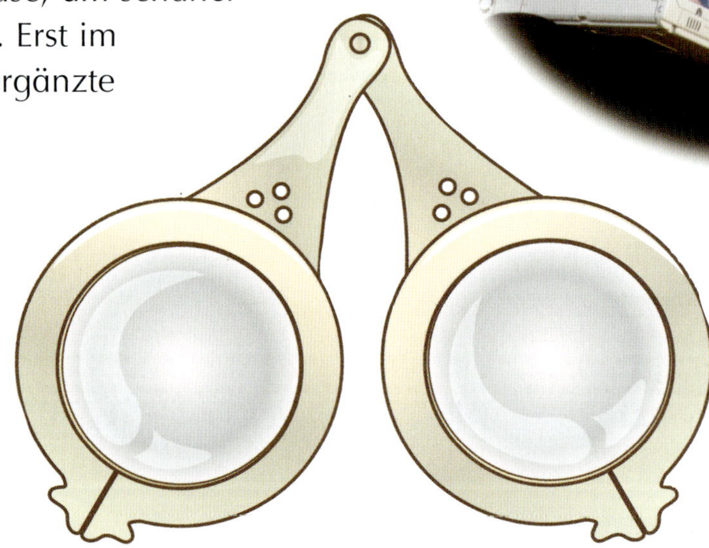

LINKS Diese Brille aus dem 15. Jahrhundert hat einen Knochenrahmen und ein Scharnier, damit sie auf die Nase passt.

Was ist ein Ophthalmoskop?

Das Ophthalmoskop (Augenspiegel) wird zur Untersuchung der Augen eingesetzt. Das 1851 von dem Deutschen Hermann von Helmholtz erfundene Instrument leuchtet mit einem dünnen Lichtstrahl direkt ins Auge des Patienten. So kann der Optiker durch die Pupille auf die Netzhaut an der Augenrückseite schauen und sie auf Krankheiten untersuchen sowie eine Kurz- oder Weitsichtigkeit erkennen.

Wer erfand die Kontaktlinsen?

Die ersten Kontaktlinsen erfand 1887 der deutsche Forscher Adolf Fick. Sie bestanden aus dickem braunen Glas und konnten nur wenige Stunden getragen werden. Seit 1938 fertigt man Kontaktlinsen aus Kunststoff. Moderne Linsen sind dünne, gebogene Scheiben aus flexiblem Plastikmaterial. Sie werden direkt über Pupille und Iris auf die Hornhaut platziert und schwimmen auf dem natürlichen Tränenfilm des Auges.

SCHON GEWUSST?

Der amerikanische Politiker Benjamin Franklin erfand 1784 die Bifokalbrille. Er kombinierte zwei Linsen in einem Brillengestell: die eine zum Lesen bei geringem Abstand, die andere für die Fernsicht.

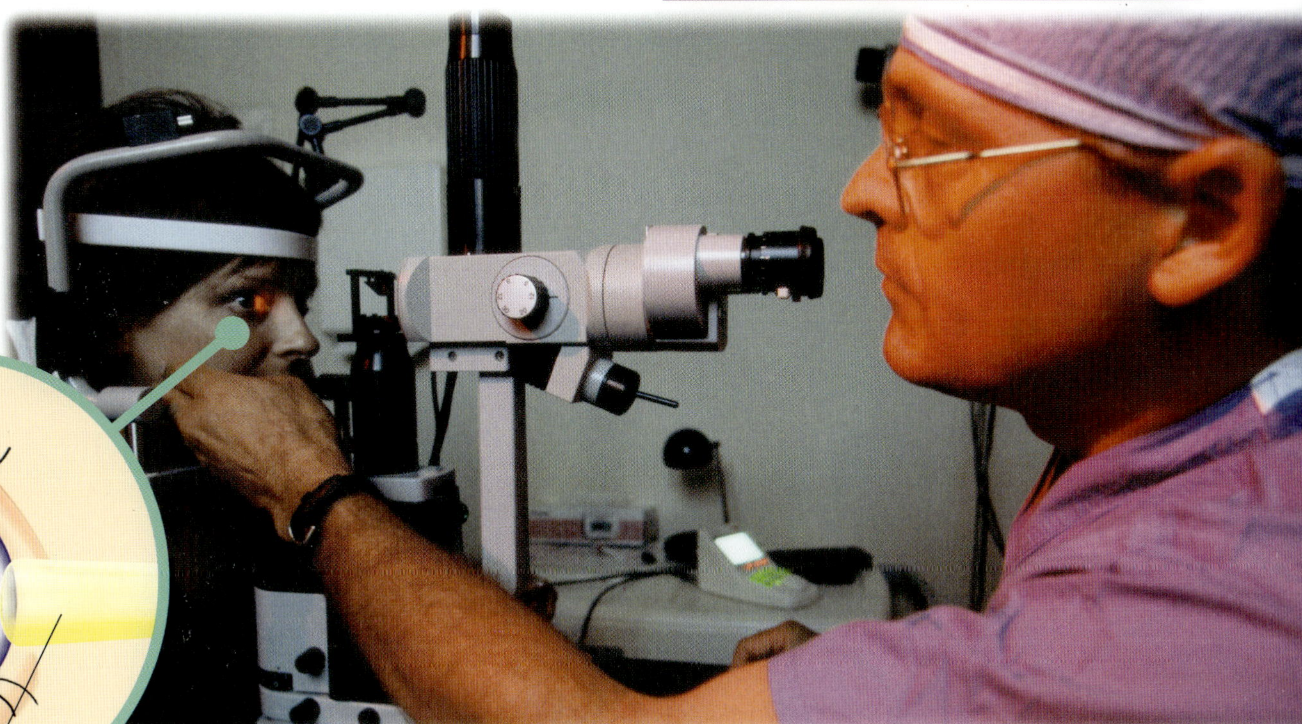

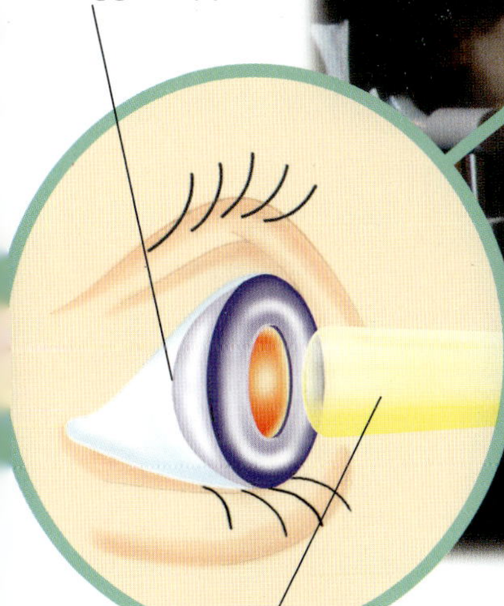

Die äußere Hornhautschicht wird bei der Operation weggeklappt.

Laserstrahlen korrigieren die Wölbung der Hornhaut entsprechend der Fehlsichtigkeit.

OBEN Die erste Augenoperation mit einem Laser fand 1995 statt.

Wie funktioniert Augenchirurgie mit Laser?

Bei der Augenoperation mit dem Laser wird die Form der Hornhaut, der äußeren durchsichtigen Schicht des Auges, dauerhaft verändert, um eine Fehlsichtigkeit zu korrigieren. Zunächst wird die äußerste Hornhaut wie ein Deckel abgehoben, dann passt man mit Laserstrahlen die innen liegende Hornhaut an. Anschließend wird der „Deckel" zurückgeklappt – das Auge kann nun das Licht korrekt brechen und scharf sehen.

WICHTIGE DATEN

1286	1592	1683	1792	1796
Augengläser als Lesehilfe	Erstes einfaches Thermometer	Mikroskop erfunden	Einsatz von Sanitätswagen im Krieg	Entwicklung der ersten Impfung

RETTUNGSFAHRZEUGE

Wer erfand den Sanitätswagen?

Der französische Militärarzt Baron Dominique-Jean Larrey wurde zunächst bekannt, weil er verwundete Soldaten sehr schnell behandeln konnte, später erfand er das „fliegende Lazarett“, den Sanitätswagen. In den Napoleonischen Kriegen entwickelte er 1792 einen von Pferden gezogenen Wagen, in dem Platz für Arzt, Schwester, Patient und medizinische Ausrüstung war.

Welche Ausrüstung hat ein Krankenwagen?

Moderne Krankenwagen sind mit zahlreichen lebensrettenden Geräten und Medikamenten für alle Notfälle ausgestattet. Die Sanitäter setzen Sauerstoffgeräte und einen Herzmonitor, EKG, ein, um den Zustand des Patienten beim Transport stabil zu halten. Zur Versorgung von Wunden haben sie Verbandsmaterial. Die Fahrzeuge haben Warnlichter und Sirenen, die andere Autofahrer warnen, wenn der Rettungswagen zu seinem Einsatzort rast oder den Patienten möglichst schnell ins Krankenhaus bringen muss.

UNTEN Krankenwagen haben Tragen mit Rädern zum Transport der Patienten.

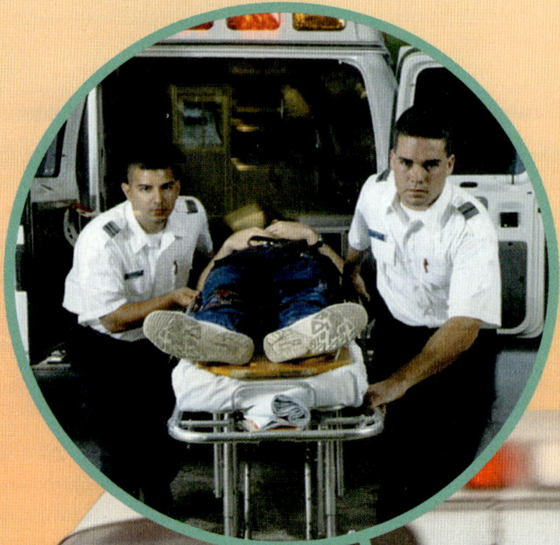

RECHTS Sanitäter können einen Patienten mit Atemproblemen vor Ort mit der Verabreichung von Sauerstoff helfen.

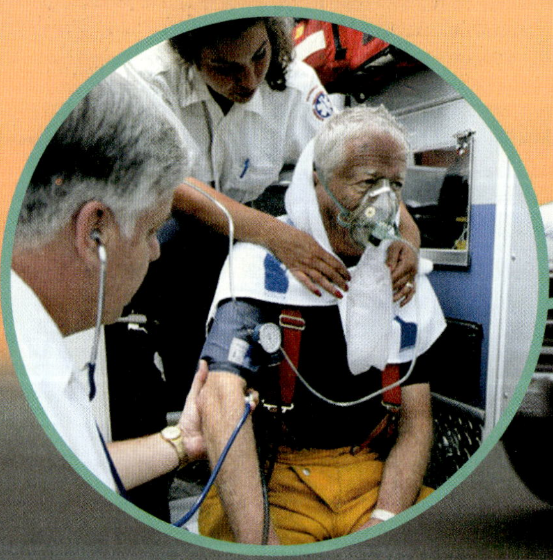

1844
Erfindung der chemischen Narkose

1895
Entdeckung der Röntgenstrahlen

1914
Erste künstliche Niere

1928
Entdeckung des ersten Antibiotikums

1958
Entwicklung des Herzschrittmachers

RECHTS Ambulanzflugzeuge kommen bei Notfällen in entfernten Gegenden zum Einsatz.

SCHON GEWUSST?
In einigen Großstädten benutzen die Sanitäter Fahrräder als Ambulanzfahrzeuge, denn dies ist die einzige Möglichkeit, im dichten Verkehr schnell zu den Patienten zu kommen.

Wann wurden Ambulanzflieger erfunden?

Zwei amerikanische Militärärzte kamen 1910, kurz nach dem ersten erfolgreichen Flug der Gebrüder Wright, auf die Idee, Verwundete oder Kranke mit dem Flugzeug zu transportieren. Captain George H. R. Gosman und Lieutenant A. L. Rhodes bauten das erste Ambulanzflugzeug von ihrem eigenen Geld. Leider stürzte die Maschine bei einem Testflug ab. 1928 wurde dann der erste erfolgreiche fliegende Ambulanzdienst, die „Flying Doctors", im australischen Hinterland eingerichtet.

RECHTS Rettungshubschrauber können die Patienten auf dem Dach eines Krankenhauses absetzen.

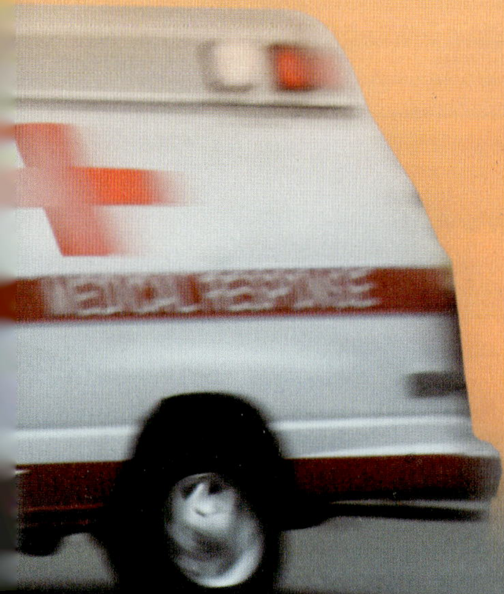

Wo wird die Luftrettung eingesetzt?

Heute werden in Großstädten und ihrem Umland vorrangig Rettungshubschrauber eingesetzt, die innerhalb weniger Minuten an einem Unfallort sein können. Durch die großen Türen können die Tragen ein- und ausgeladen werden. Die Besatzung besteht meist aus einem Piloten, einem Notarzt und einem Rettungsassistenten. An Bord ist Platz für ein oder zwei Patienten und die lebensrettenden Geräte.

LEBENSRETTENDE GERÄTE

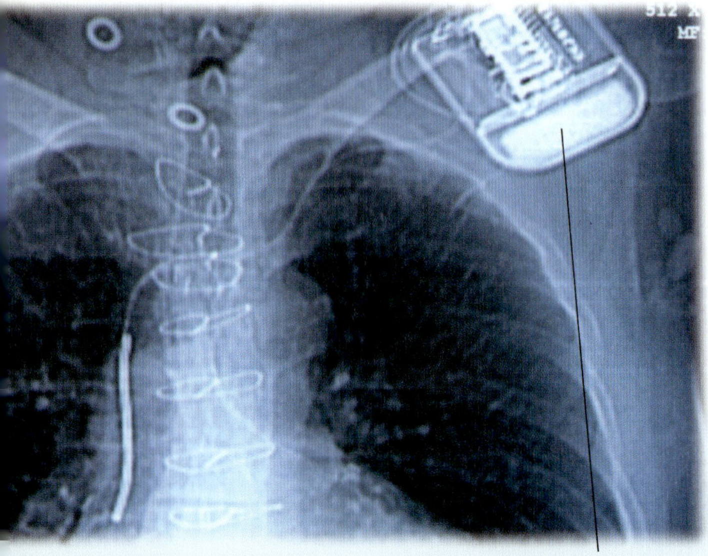

implantierter Herzschrittmacher

Wer erfand den Herzschrittmacher?

Die schwedischen Mediziner Rune Elmqvist und Åke Senning entwickelten 1958 den ersten Herzschrittmacher. Sie erfanden eine Möglichkeit, Patienten mit schwachem Herzen operativ einen kleinen batteriebetriebenen Impulsgeber einzupflanzen, der den Herzschlag kontrolliert und stabilisiert. Herzschrittmacher haben das Leben von vielen Tausenden Patienten verlängert.

Wie funktioniert ein Herzschrittmacher?

Ein Herzschrittmacher wird oberhalb des Brustkorbs direkt unter die Haut implantiert. Über Elektroden ist das Gerät mit dem Herzen verbunden. Ein gesundes Herz wird durch natürliche Elektroimpulse zum Schlagen angeregt und pumpt so Blut durch den Körper. Ein schwaches Herz wird durch den Herzschrittmacher gesteuert und schlägt, sobald die Elektroden einen schwachen Elektroimpuls aussenden.

LINKS Ein Herzschrittmacher liefert Elektroimpulse, die eine Kontraktion der Herzmuskeln auslösen und für einen regelmäßigen Herzschlag sorgen.

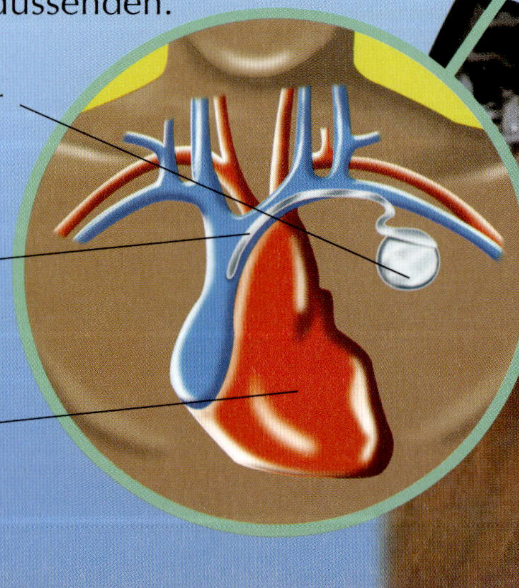

1844	1895	1914	1958	1958
Erfindung der chemischen Narkose	**Entdeckung der Röntgenstrahlen**	**Erste künstliche Niere**	**Entdeckung des ersten Antibiotikums**	**Entwicklung des Herzschrittmachers**

UNTEN Das Gehäuse eines Inkubators schirmt das Baby gegen Keime ab und hält es warm.

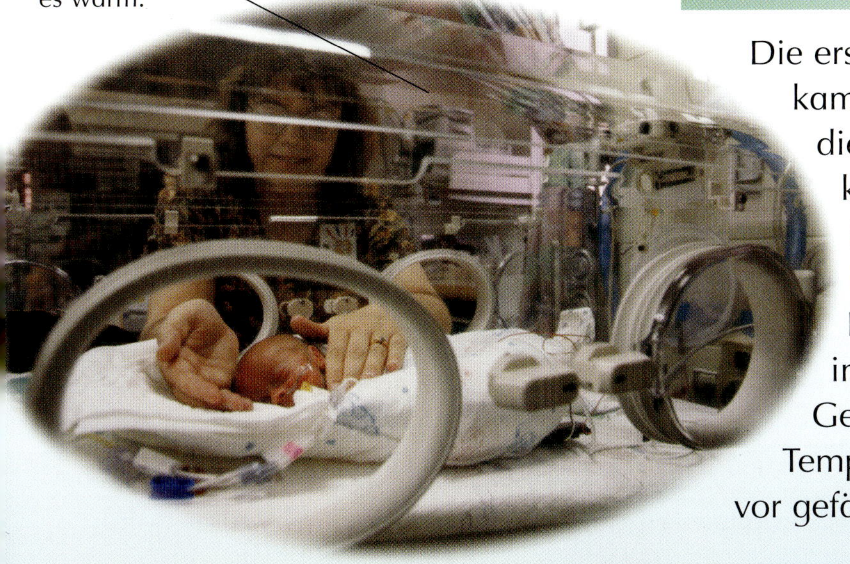

Wann wurde der Inkubator erfunden?

Die ersten Inkubatoren oder Brutkästen kamen um 1880 in Gebrauch. Man legte die zu früh geborenen Babys in Holzkrippen, unter denen Schalen mit heißem Wasser die nötige Wärme lieferten. Heute verbringen solche Babys ihre ersten Lebenswochen in Inkubatoren aus Plexiglas. Die Geräte sorgen für eine gleichbleibende Temperatur und schützen den Säugling vor gefährlichen Infektionen.

SCHON GEWUSST?
Das erste künstliche Herz wurde 1957 einem Hund eingepflanzt. Es war aus Plastik gefertigt und wurde mit Druckluft angetrieben.

UNTEN Dialysepatienten müssen meist dreimal pro Woche an eine künstliche Niere angeschlossen werden.

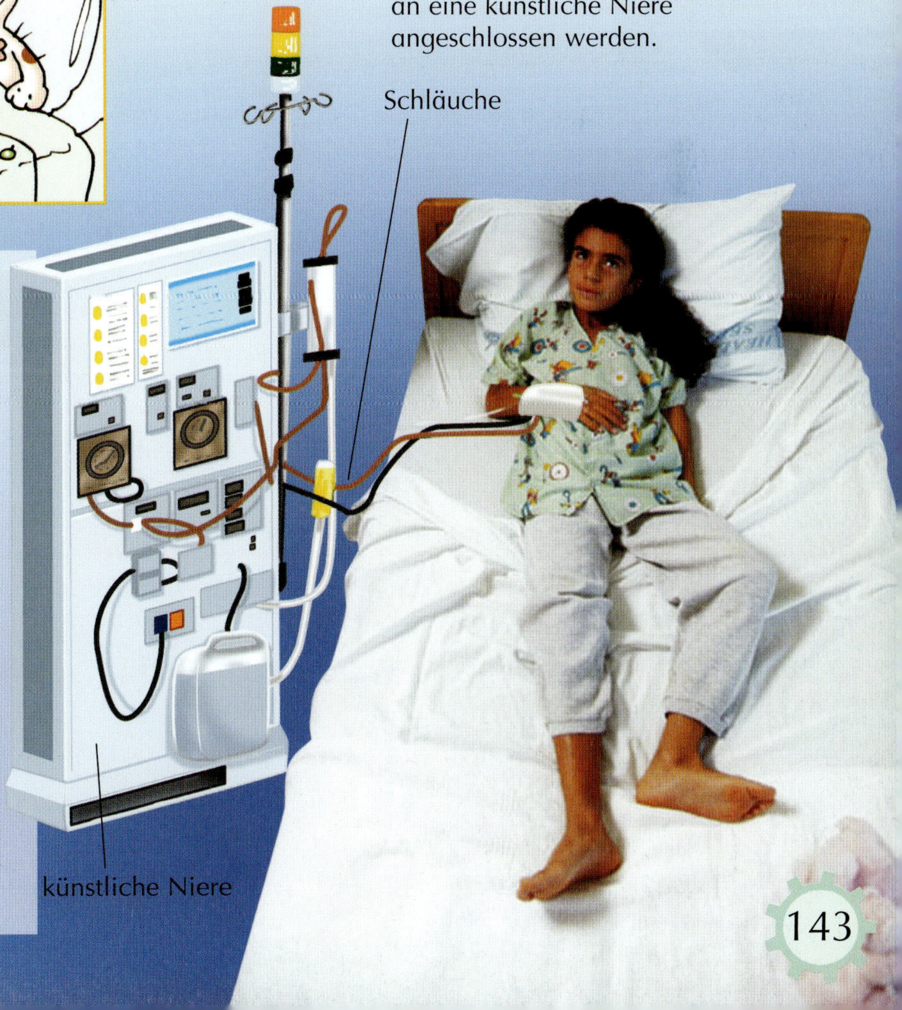

Was ist eine künstliche Niere?

Nieren sind lebenswichtige Organe, denn sie filtern das Blut und entfernen dabei Schadstoffe, die den Körper vergiften können. 1914 erfanden Wissenschaftler eine künstliche Niere, die das Blut außerhalb des Körpers filtern und so Patienten mit Nierenversagen am Leben halten konnte. Das Blut des Patienten wird vom Dialysegerät durch Membranschläuche gepumpt und gereinigt wieder dem Körper zugeführt.

WICHTIGE DATEN

- **1286** Augengläser als Lesehilfe
- **1592** Erstes einfaches Thermometer
- **1683** Mikroskop erfunden
- **1792** Einsatz von Sanitätswagen im Krieg
- **1796** Entwicklung der ersten Impfung

RÖNTGENSTRAHLEN

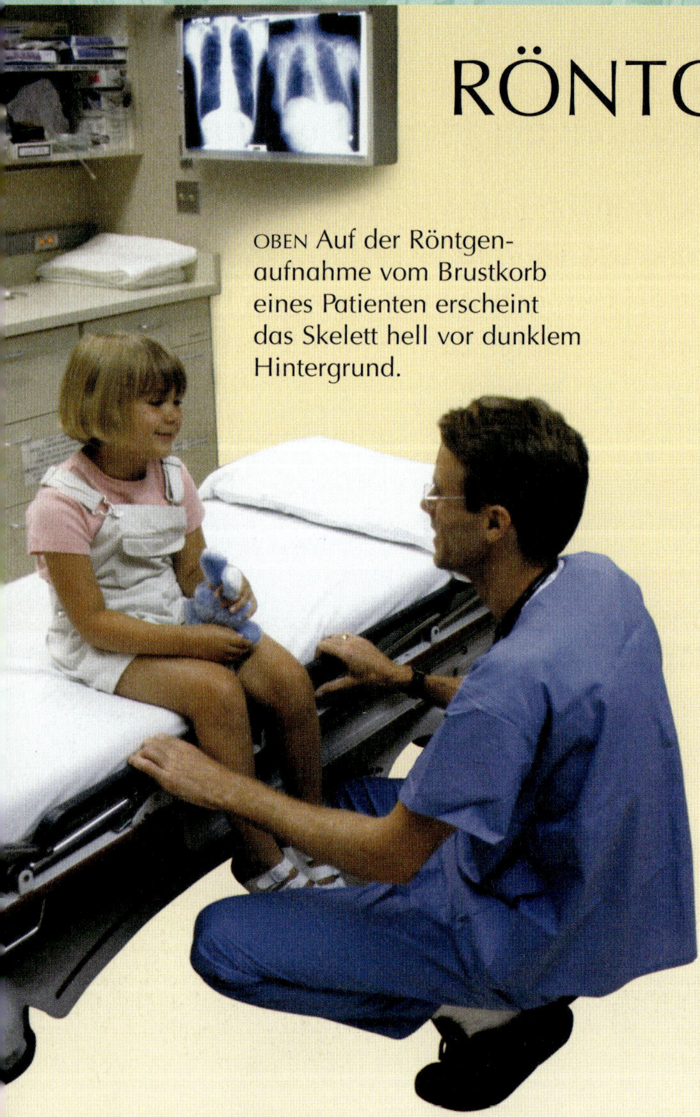

OBEN Auf der Röntgenaufnahme vom Brustkorb eines Patienten erscheint das Skelett hell vor dunklem Hintergrund.

Wer entdeckte die Röntgenstrahlen?

Der deutsche Physiker Wilhelm Röntgen entdeckte 1895 die nach ihm benannten Strahlen. Röntgen bezeichnete die energiereichen, unsichtbaren Strahlen als X-Strahlen. Er erkannte, dass sie durch bestimmte Materialien hindurchgingen und Aufnahmen des Körperinneren möglich machten. Heute benutzen Ärzte Röntgengeräte, um innere Verletzungen oder Krankheiten ohne chirurgische Eingriffe zu diagnostizieren. Die Strahlen gehen beim Röntgen durch die Weichteile des Körpers hindurch, aber Knochen und Zähnen blockieren sie und erscheinen hell auf dem Röntgenbild.

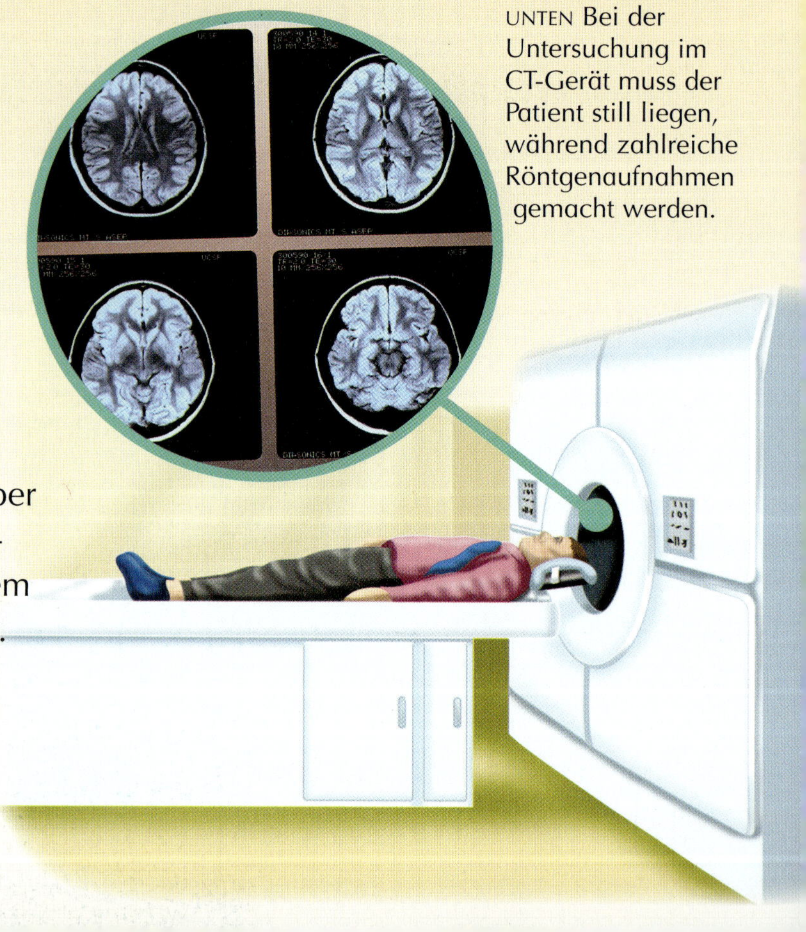

UNTEN Bei der Untersuchung im CT-Gerät muss der Patient still liegen, während zahlreiche Röntgenaufnahmen gemacht werden.

Wie funktioniert ein CT-Gerät?

Die Computertomografie, kurz CT, wurde in den 1960er-Jahren entwickelt. Ein Computertomograf macht Hunderte von Röntgenaufnahmen, während er den Körper scheibchenweise abtastet. Diese Röntgenbilder werden in einem Computer zu einem dreidimensionalen Bild zusammengesetzt. Mit diesem Bild können die Ärzte das Körperinnere des Patienten aus verschiedenen Blickwinkeln untersuchen.

1844	1895	1914	1928	1958
Erfindung der chemischen Narkose	**Entdeckung der Röntgenstrahlen**	**Erste künstliche Niere**	**Entdeckung des ersten Antibiotikums**	**Entwicklung des Herzschrittmachers**

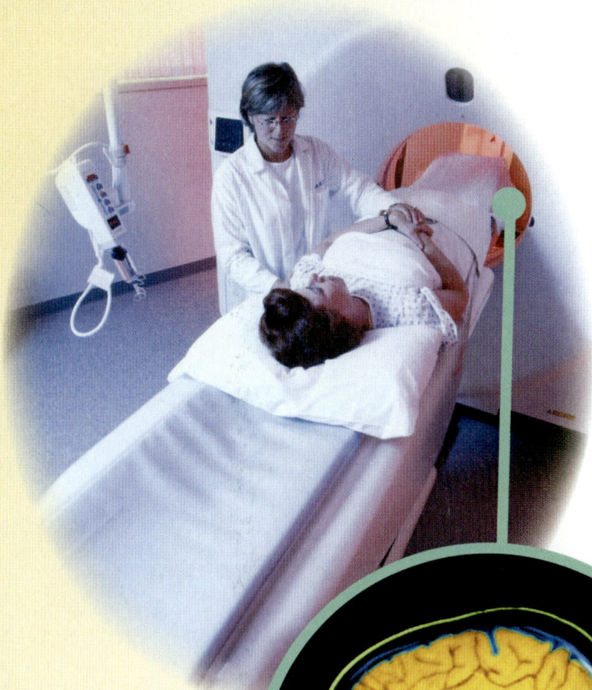

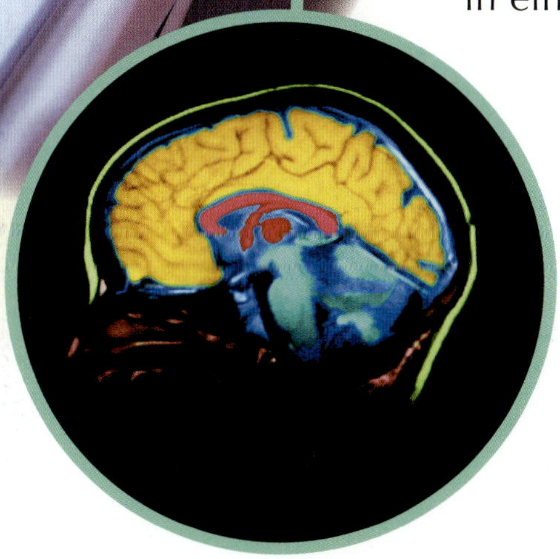

RECHTS Dieser MRT-Scan zeigt die Teile des Gehirns zur besseren Unterscheidung verschieden eingefärbt.

Was ist Magnetresonanztomografie?

Erste Aufnahmen mit einem Magnetresonanztomografen, kurz MRT, entstanden in den 1970er-Jahren. Ein MRT-Scan liefert Bilder von inneren Organen. Bei der Untersuchung ist der Patient von einem Magnetfeld umgeben und wird von elektromagnetischen Wellen abgetastet. Die Atomkerne im Gewebe reagieren darauf mit unterschiedlichen Kernspinresonanzen, die man in einem MRT-Bild dargestellt.

SCHON GEWUSST?

Bevor man die Gefährlichkeit von Röntgenstrahlen erkannte, standen in vielen Schuhgeschäften Röntgengeräte, mit denen die passende Größe von Schuhen ermittelt wurde.

Was ist Ultraschall?

Seit den 1960er-Jahren verwendet man Ultraschallgeräte, um das Wachstum des Embryos im Mutterleib zu überwachen. Mit für menschliche Ohren unhörbaren hochfrequenten Schallwellen wird der Körper des Patienten abgetastet. Anders als Röntgenstrahlen werden sie von weichen Organen als Echo reflektiert und können als bewegtes Bild auf einem Monitor dargestellt werden.

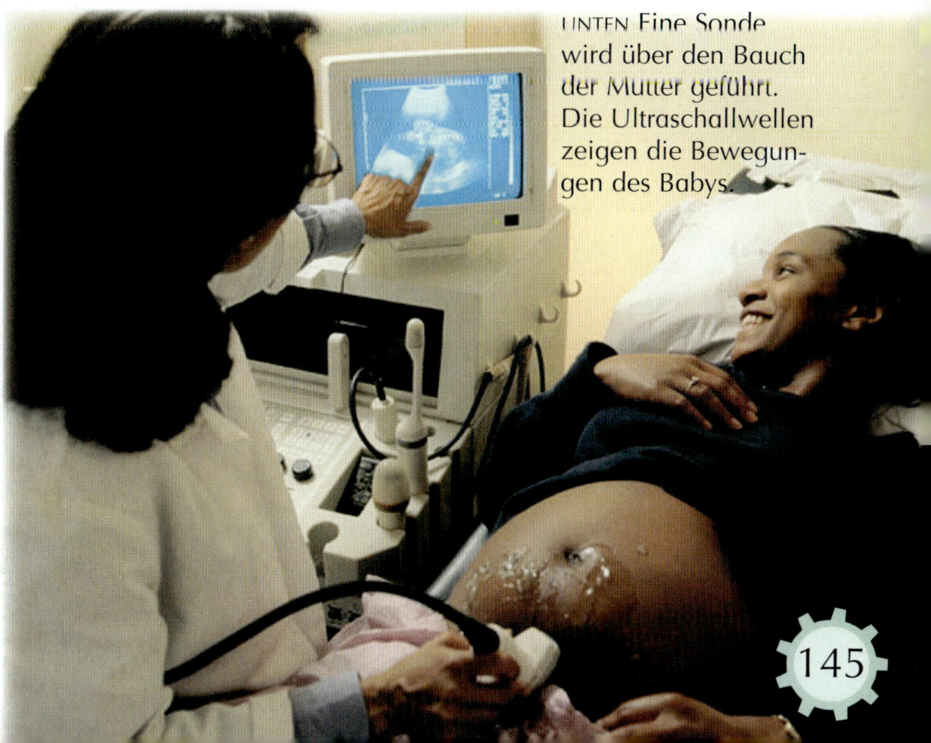

UNTEN Eine Sonde wird über den Bauch der Mutter geführt. Die Ultraschallwellen zeigen die Bewegungen des Babys.

WICHTIGE DATEN

1286 Augengläser als Lesehilfe | **1592** Erstes einfaches Thermometer | **1683** Mikroskop erfunden | **1792** Einsatz von Sanitätswagen im Krieg | **1796** Entwicklung der ersten Impfung

CHIRURGIE

LINKS Früher atmeten Patienten vor einer Operation über ein Mundstück Ätherdämpfe ein.

Wann wurden Narkosemittel erfunden?

Vor der Erfindung von Narkosemitteln 1844 ließ man die Patienten bei einer schmerzhaften Operation auf ein Holzstück beißen oder gab ihnen Alkohol zu trinken. Der amerikanische Zahnarzt Horace Wells benutzte als erster Lachgas als Narkotikum, um den Schmerz beim Zähneziehen zu betäuben. Einige Jahre später kam Äther als effizienteres Narkosemittel in Gebrauch, um die Patienten während der Operation in eine Ohnmacht zu versetzen.

Wann setzte man Desinfektionsmittel ein?

1865 begann der schottische Chirurg Joseph Lister damit, in seinem Operationssaal stark keimtötendes Phenol zu versprühen. Zuvor waren Operationssäle ein gefährlicher Ort, denn viele Patienten zogen sich dort tödliche Infektionen zu. Listers antiseptische Operationsmethode öffnete den Weg für moderne, sichere Operationen unter weitgehend sterilen Bedingungen.

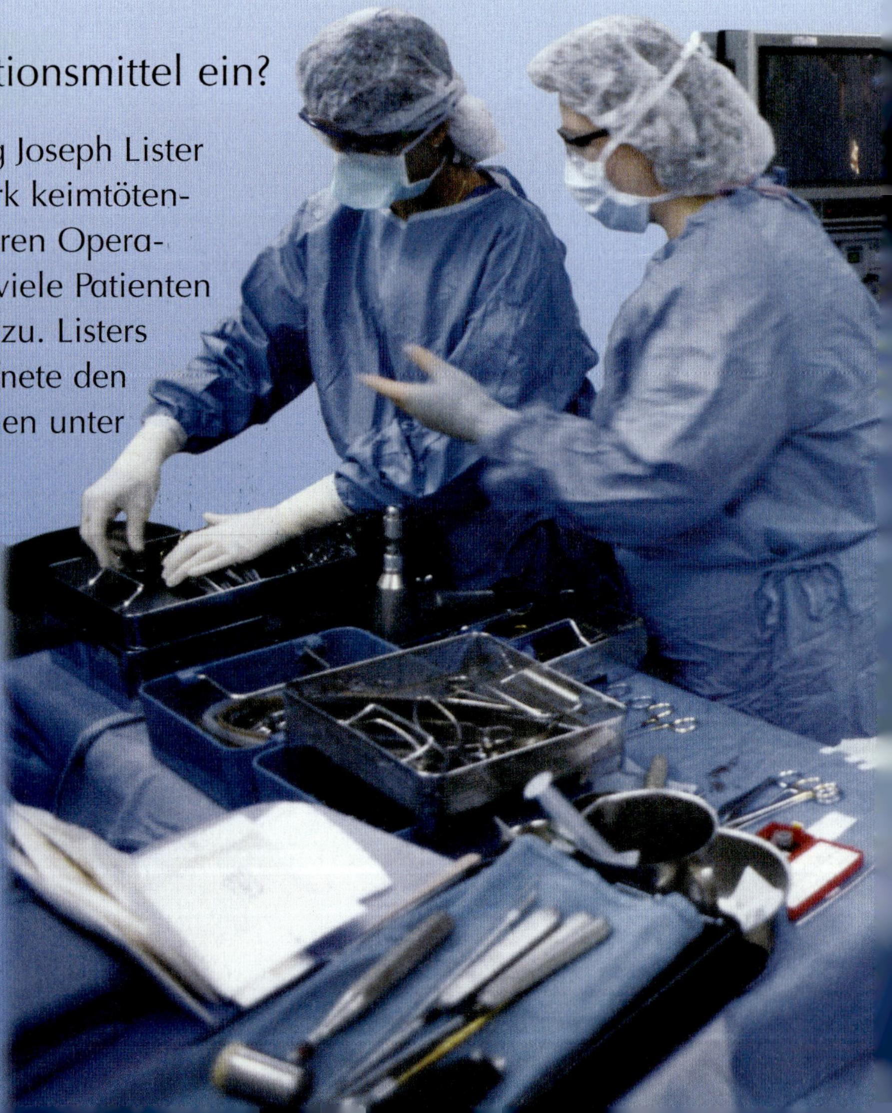

SCHON GEWUSST?

Die ersten Operationssäle waren so gebaut, dass Studenten dem Chirurgen beim Eingriff zusehen konnten.

Was ist Schlüssellochchirurgie?

Schlüsselloch- oder minimalinvasive Chirurgie ist eine Operationstechnik, bei der möglichst nur kleine Schnitte in die Haut gemacht werden. Durch diese führt der Chirurg spezielle, dünne Instrumente ein und verfolgt seine Arbeit über eine endoskopische Kamera auf einem Monitor. Nach einem minimalinvasiven Eingriff erholt sich ein Patient deutlich schneller, denn die kleinen Schnitte verheilen rasch, sind weniger schmerzhaft und hinterlassen nur kleine Narben.

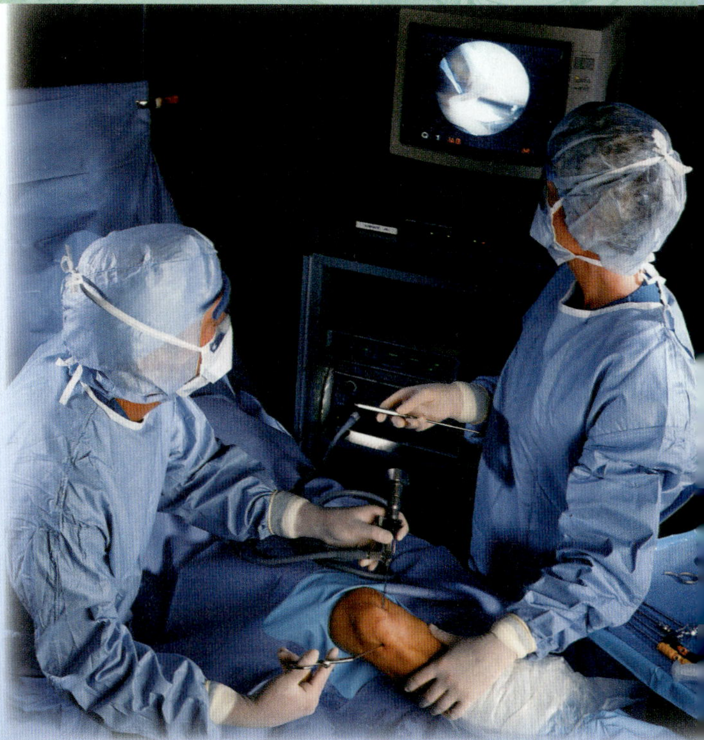

OBEN Minimalinvasiver Eingriff an einem Knie

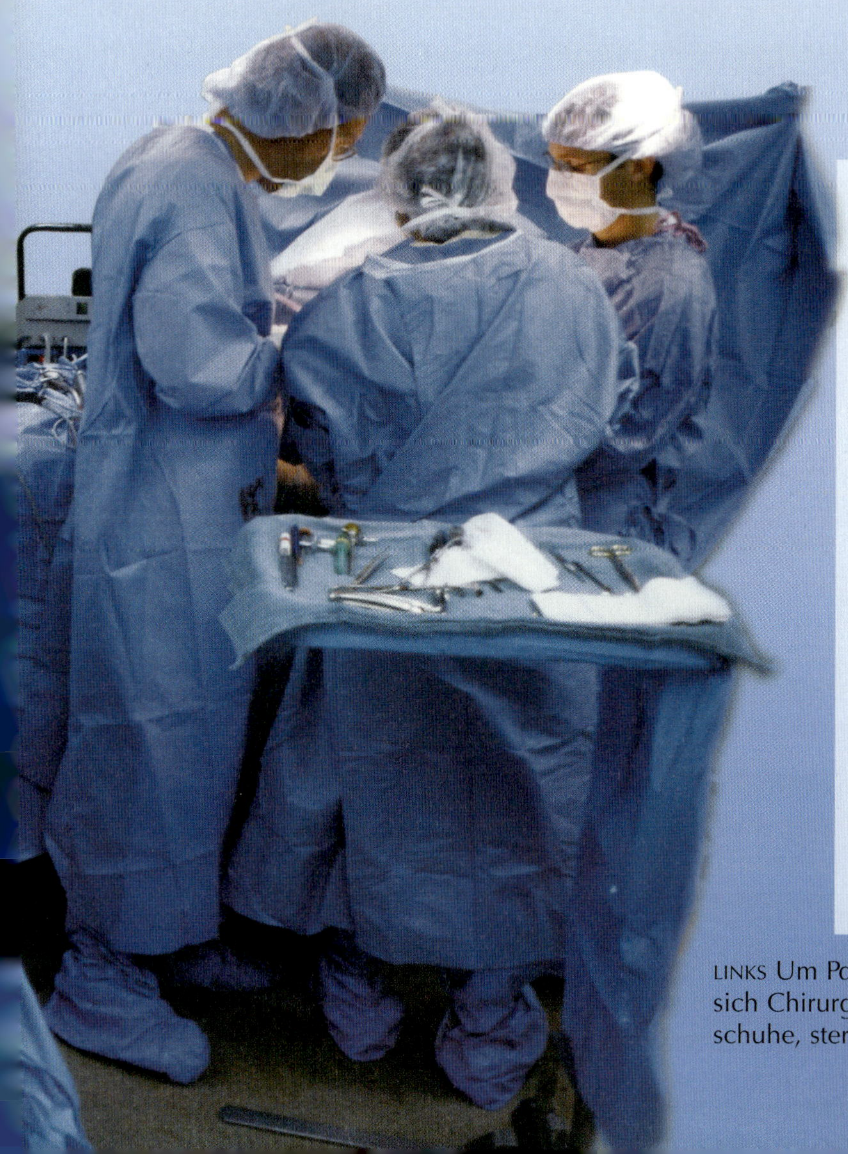

Wie funktioniert die Schlüssellochchirurgie?

Bei einem minimalinvasiven Eingriff am Knie führt der Chirurg eine dünne Metallkanüle in das Knie ein und pumpt eine Flüssigkeit hinein. Durch eine andere Kanüle wird ein Endoskop mit einer Miniaturvideokamera ins Knie geschoben, um Bilder aus dem Inneren des Knies auf einen Monitor zu übertragen. Der Chirurg führt durch kleine Schnitte mit Spezialinstrumenten die Operation aus und kontrolliert dabei seine Aktionen am Bildschirm.

LINKS Um Patienten vor Infektionen zu schützen, reinigen sich Chirurgen gründlich die Hände und tragen Handschuhe, sterile Kleidung sowie Schutzmasken.

ZEIT

Das Problem der Zeitmessung hat Erfinder über viele Jahrhunderte hin beschäftigt. Zunächst benutzte man Schattenstäbe, um über den Sonnenstand die Mittagsstunde anzuzeigen. Die modernen Atomuhren sind die genauesten Uhren, die wir kennen. Hier liest Du, wie die alten Ägypter Wassertropfen zur Zeitbestimmung nutzten und warum die ersten Uhren in Kirchtürmen eingebaut waren. Du erfährst, warum Armbanduhren im 1. Weltkrieg populär wurden und wie eine Automatikuhr funktioniert. Digitaluhren sind eine weitere wichtige Erfindung, sie werden heute in vielen Geräten wie Handys und Mikrowellenöfen eingesetzt.

WICHTIGE DATEN

- **3500 v. Chr.** Schattenstab zur Zeitmessung
- **1400 v. Chr.** Wasseruhr erfunden
- **1000 v. Chr.** Sonnenuhren zur Zeitmessung
- **1360** Erste mechanische Uhr
- **1510** Erste tragbare Uhr

FRÜHE ZEITMESSER

Was ist ein Schattenstab?

Ein im Boden steckender Stab wirft einen Schatten, der im Tagesverlauf mit der Sonne mitwandert. Um 3500 v. Chr. wurden die ersten Schattenstäbe zur Zeitangabe eingesetzt. Die Menschen konnten die Tageszeit durch den Schatten bestimmen.

UNTEN Man vermutet, dass die Steinkreise von Stonehenge in England am Lauf von Sonne und Mond ausgerichtet wurden. Wie ein riesiger Schattenkalender zeigten sie den Jahresablauf an.

UNTEN Der Zeiger der Sonnenuhr wirft einen Schatten auf ein Ziffernblatt.

Wer erfand die Sonnenuhr?

Die Ägypter erfanden um 1000 v. Chr. die Sonnenuhr als Zeitmesser. Wie ein Schattenstab zeigt die Sonnenuhr die Tageszeit durch einen von der Sonne verursachten Schatten an. Sonnenuhren werden so aufgestellt, dass ihr abgewinkelter Zeiger exakt nach Norden weist. Während des Tages wandert der Schatten langsam über die Skala, auf der die Stunden markiert sind.

1657	1841	1955	1968	1969
Erfindung der Pendeluhr	Erste elektrische Uhr	Entwicklung der Atomuhr	Erste Uhr mit Digitalanzeige	Erfindung der Quarzuhr

Wo wurden die Wasseruhren erfunden?

Wasseruhren wurden in Ägypten um 1400 v. Chr. erfunden. Sie waren praktischer als Sonnenuhren, denn sie konnten die Zeit bei Tag und Nacht messen. Durch ein Loch am Boden eines Behälters tropfte in regelmäßigem Fluss Wasser in einen Behälter darunter. Das untere Gefäß hatte eine Skala, die die vergangenen Stunden bei steigendem Pegel anzeigte. Später gab es eine Vorrichtung, bei der die Tropfen oder ein Wasserstrom ein Rad bewegten, das die Zeit anzeigte.

LINKS Wasseruhren nutzen gleichmäßig tropfendes Wasser zum Messen der Zeit.

Wie wird Sand als Zeitmesser genutzt?

Bei einer Sanduhr wird die ablaufende Zeit durch einen stetig rinnenden Strom von Sand bestimmt. Der Sand rieselt durch eine enge Öffnung von einem Glaskolben in einen anderen. Manche Sanduhren nennt man auch Stundenglas, weil sie jeweils eine Stunde messen. Eine Eieruhr ist eine kleinere Version der Sanduhr, die sich in fünf Minuten leert – der Zeit, die ein Ei normalerweise zum Kochen braucht.

SCHON GEWUSST?
König Alfred von England entwickelte um 890 eine Kerzenuhr. Markierungen auf der stetig abbrennenden Kerze zeigten die abgelaufenen Stunden an.

RECHTS Wenn die Sanduhr durchgelaufen ist, kann sie umgedreht werden, und die Zeit wird erneut gemessen.

WICHTIGE DATEN

3500 v. Chr.	1400 v. Chr.	1000 v. Chr.	1360	1510
Schattenstab zur Zeitmessung	Wasseruhr erfunden	Sonnenuhren zur Zeitmessung	Erste mechanische Uhr	Erste tragbare Uhr

UHREN

Wo wurden die ersten Uhren gebaut?

Die ersten Uhren wurden in Europa um 1360 gebaut. Sie ersetzten die Wasseruhren, die nur die Stunden anzeigen konnten. Die neuen Uhren waren genauer, und spätere Konstruktionen schlugen jede volle und jede Viertelstunde. Die Uhren wurden von einem Zuggewicht angetrieben, das an einem großen Zahnrad befestigt war. Das Zuggewicht wurde über ein System von Zahnrädern gebremst, die wiederum die Zeiger bewegten.

LINKS Die ersten Uhren waren in Türmen von Kirchen eingebaut und zeigten den Menschen die Gebetszeiten an.

SCHON GEWUSST?
Der Engländer John Harrison baute 1657 die erste präzise Schiffsuhr. Während einer Seereise von drei Monaten ging sie nur fünf Sekunden nach. Die Seeleute brauchten Harrisons genauen Chronometer zur Positionsbestimmung auf langen Seereisen.

RECHTS Jeder Schwung des Pendels dauert genau gleich lang.

Wer erfand die Pendeluhr?

Der holländische Mathematiker Christiaan Huygens erfand 1657 die erste funktionsfähige Pendeluhr. Seine Konstruktion nutzte die regelmäßige Pendelbewegung, um die Mechanik der Uhr zu steuern. Die Uhr konnte neben Stunden und Viertelstunden auch Minuten anzeigen.

1657
Erfindung der Pendeluhr

1841
Erste elektrische Uhr

1955
Entwicklung der Atomuhr

1968
Erste Uhr mit Digitalanzeige

1969
Erfindung der Quarzuhr

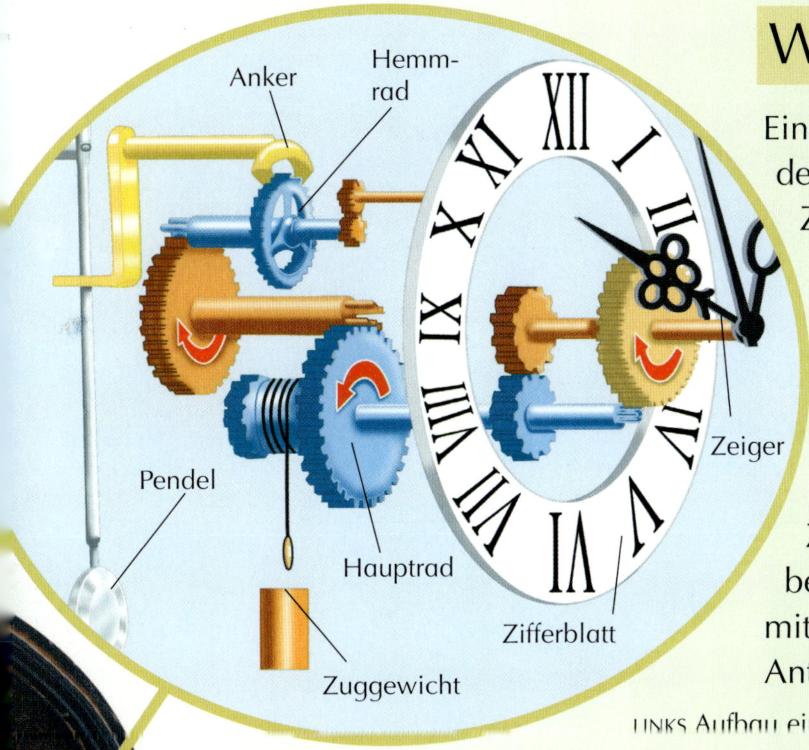

Wie funktioniert eine Pendeluhr?

Eine Pendeluhr wandelt die Schwingungen des Pendels in die Drehbewegung der Zeiger um. Ein Zuggewicht treibt die Mechanik der Uhr an. Das hin- und herschwingende Pendel bewegt synchron den sogenannten Anker. Der Anker gibt bei seinen regelmäßigen Kippbewegungen das Hemmrad kurz frei, sodass es sich jeweils um einen Zahn weiterdrehen kann. Das Hauptrad bewegt die Zeiger und wird zusammen mit den anderen Zahnrädern über das Antriebsgewicht angetrieben.

LINKS Aufbau einer Pendeluhr

Wann gab es die erste elektrische Uhr?

1841 erfand der schottische Uhrmacher Alexander Bain die erste Uhr, die von einem Elektromotor angetrieben wurde. Bis dahin waren mechanische Uhren entweder durch ein Zuggewicht oder durch eine aufgezogene Feder angetrieben worden. Im frühen 20. Jahrhundert, als immer mehr Haushalte ans Stromnetz angeschlossen waren, wurden auch elektrische Uhren gebräuchlicher.

RECHTS Moderne Wecker werden mit Batterien betrieben.

WICHTIGE DATEN

3500 v.Chr. Schattenstab zur Zeitmessung	**1400 v.Chr.** Wasseruhr erfunden	**1000 v.Chr.** Sonnenuhren zur Zeitmessung	**1360** Erste mechanische Uhr	**1510** Erste tragbare Uhr

KLEINUHREN

UNTEN Tragbare Uhren machten es möglich, einen Chronometer überall dabeizuhaben.

Wann wurden tragbare Uhren erfunden?

Peter Henlein, ein deutscher Schlossermeister, erfand um 1510 die erste tragbare mechanische Uhr. Sie wurde von einer Spiralfeder in Gang gehalten. Die Feder bewegte beim Abwickeln einen einzigen Zeiger über das Zifferblatt. Eine solche Feder beanspruchte weniger Platz als ein Zuggewicht, man konnte damit kleinere und leichtere Uhren bauen, die auch beim Herumtragen nicht stehen blieben.

Wie wurden frühe Taschenuhren angetrieben?

Die ersten Taschenuhren wurden direkt von Spiralfedern angetrieben. Nur bei aufgezogener Feder drehten sich die Uhrzeiger in der richtigen Geschwindigkeit, bei entspannter Feder wurden sie dann langsamer. 1676 erfand Christiaan Huygens die *Unruh*, die dafür sorgte, dass die Zeiger vom Aufziehen bis zum Ablaufen der Triebfeder gleichmäßig vorrückten.

SCHON GEWUSST?

Armbanduhren, wie wir sie kennen, kamen im 1. Weltkrieg weit verbreitet in Gebrauch. Für Soldaten in den engen Schützengräben war es praktischer, auf eine Armbanduhr zu schauen, als eine Taschenuhr hervorzukramen.

1657 **Erfindung der Pendeluhr** | 1841 **Erste elektrische Uhr** | 1955 **Entwicklung der Atomuhr** | 1968 **Erste Uhr mit Digitalanzeige** | 1969 **Erfindung der Quarzuhr**

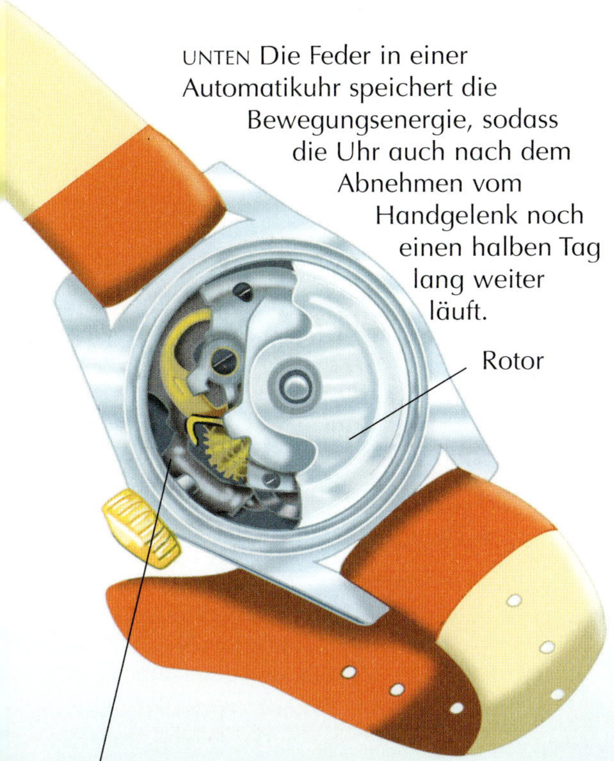

UNTEN Die Feder in einer Automatikuhr speichert die Bewegungsenergie, sodass die Uhr auch nach dem Abnehmen vom Handgelenk noch einen halben Tag lang weiter läuft.

Wie funktioniert eine Automatikuhr?

Eine Automatikuhr besitzt eine Antriebsfeder, die durch die Bewegungen beim Tragen selbstständig aufgezogen wird. Dies bewirkt, dass der Rotor, ein halbkreisförmiges Gewicht, bei jeder Bewegung hin- und herschwingt. Dadurch spannt der Rotor langsam die Feder. Der britische Uhrmacher John Harwood ließ 1923 als Erster eine Armbanduhr mit Selbstaufzugsmechanismus patentieren.

Wo wurde die Quarzuhr erfunden?

1969 erfand Tsuneya Nakamura zusammen mit seinem Ingenieurteam in Japan die Quarzarmbanduhr. Darin wird ein winziger Quarzkristall durch Strom aus einer Batterie in Schwingungen versetzt. Diese hochpräzisen Schwingungen steuern die Anzeige einer Digitaluhr. In Uhren mit Zeigern wird über die Frequenz des Kristalls ein Motor gesteuert. Durch die äußerst präzisen Schwingungen sind Quarzuhren sehr genau und haben eine Abweichung von wenigen Sekunden im Monat.

Moderne Armbanduhren sind oft wasserdicht und funktionieren daher auch, wenn sie nass werden.

DIGITALUHREN

Wann wurde die Digitaluhr erfunden?

Die erste Digitaluhr wurde 1968 erfunden. Digitaluhren zeigen die Zeit als Ziffern auf einem elektronischen Display an und nicht mit Zeigern auf einem Zifferblatt. Die Anzeige der ersten Digitaluhren bestand aus roten Leuchtdioden (LED), heute haben die Uhren Flüssigkristalldisplays (LCD).

SCHON GEWUSST?

Die Zeitansage per Telefon wurde 1927 in den USA eingeführt. Man konnte eine bestimmte Nummer wählen und eine Automatenstimme sagte die genaue Zeit an.

OBEN Das erste Uhrenradio mit Digitalanzeige

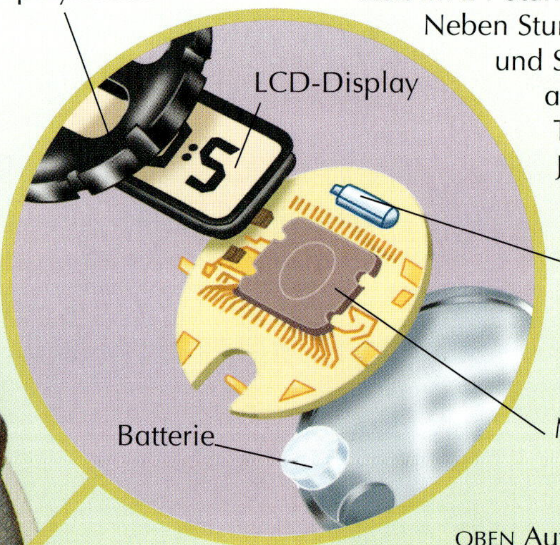

UNTEN Digitaluhren zeigen die Zeit im 24-Stunden-Format an. Neben Stunden, Minuten und Sekunden werden auch Wochentag, Tag, Monat und Jahr angegeben.

OBEN Aufbau einer Digitaluhr

Wie funktionieren Digitaluhren?

In einer Digitaluhr gibt es einen Mikrochip, einen Quarzkristall und eine Flüssigkristallanzeige (liquid crystal display – LCD). Die Kristalle in dem LCD sind so ausgerichtet, dass sie das Licht durchlassen, wenn keine elektrische Spannung angelegt ist. Wird Spannung angelegt, blockieren die Kristalle das Licht, und die Segmente formen schwarze Ziffern.

1657 **Erfindung der Pendeluhr**	**1841** **Erste elektrische Uhr**	**1955** **Entwicklung der Atomuhr**	**1968** **Erste Uhr mit Digitalanzeige**	**1969** **Erfindung der Quarzuhr**

Was ist eine Atomuhr?

Atomuhren weichen in Millionen Jahren nur eine Sekunde ab. Diese Uhren benutzen die regelmäßigen Schwingungen eines Atoms zur Messung der Zeit. Die erste Cäsium-Atomuhr wurde 1955 in Betrieb genommen. Heute dienen Atomuhren in vielen Ländern als Referenz für die Standardzeit. Auch Navigationssysteme arbeiten mit Funksignalen, die von Atomuhren an Bord von Satelliten im All ausgestrahlt werden, um eine genaue Positionsbestimmung zu ermöglichen.

UNTEN Atomuhren werden von Wissenschaftlern eingesetzt, um hochpräzise Zeitmessungen durchzuführen.

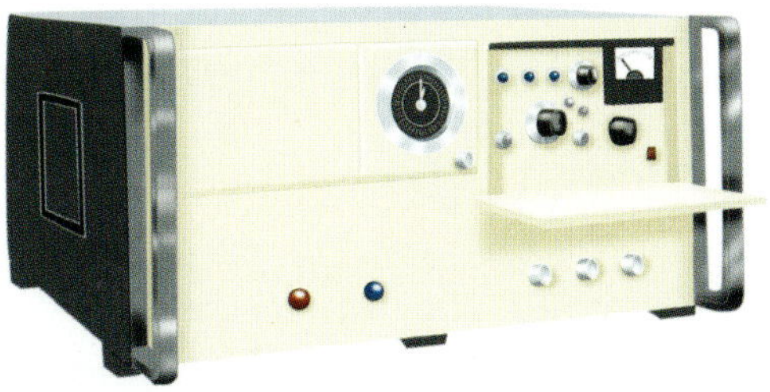

UNTEN Am Computerbildschirm zeigt meist eine Digitaluhr Wochentag, Datum und Zeit an. Diese Uhr kann auch benutzt werden, um zu einem bestimmten Zeitpunkt Hinweise auf dem Bildschirm zu aktivieren, etwa um an Termine zu erinnern.

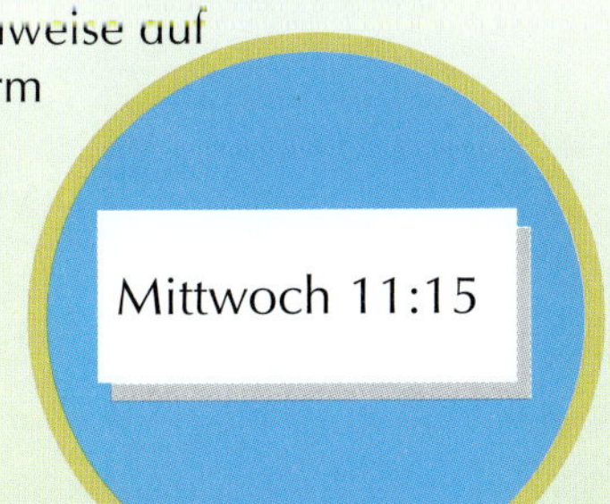

Wo werden heute Digitaluhren eingesetzt?

Heute findet man Digitaluhren nicht nur in Armbanduhren, sondern in vielen elektronischen Gebrauchsgeräten wie in Handys, Radios, DVD-Playern, Backöfen, Kameras und Computern. Diese Uhren zeigen nicht nur die Zeit an, sie können zur Steuerung der Geräte programmiert werden. Ein Mikrowellenofen kann so für eine festgelegte Garzeit eingeschaltet werden.

ALLTAG

Viele Erfindungen spielen in unserer häuslichen Umgebung oft eine wichtige Rolle. Hier erfährst Du, wie ein Kühlschrank funktioniert, wie schmelzende Schokolade zur Erfindung des Mikrowellenherdes führte und warum der erste Staubsauger auf einem Pferdewagen transportiert werden musste. Entdecke, wie Erfindungen das Einkaufen verändert haben, von den ersten Münzen über Papiergeld bis hin zu Kreditkarten und dem Shoppen im Internet. Es wird erklärt, wie Jacken aus alten Kunststoffflaschen hergestellt werden und wie ein Spaziergang mit einem Hund zur Entwicklung des Klettverschlusses anregte.

WICHTIGE DATEN

650 v. Chr.	400 v. Chr.	800	1596	1893
Erste Münzen in der Türkei geprägt	Fußbodenheizung der Römer	Chinesen erfinden das Papiergeld	Erfindung der Toilettenspülung	Reißverschluss patentiert

KÖRPERHYGIENE

OBEN Die Römer nutzten heißes Wasser aus unterirdischen Thermalquellen.

Wann wurden Bäder erfunden?

Die ersten Berichte über Bäder gibt es aus Babylonien vor über 4500 Jahren. Sie wurden mit Flusswasser gefüllt, das Sklaven herbeischleppten. Heute beziehen wir das Wasser aus großen Reservoirs, in denen Regen- und Quellwasser gesammelt wird. Nach dem Filtrieren und Reinigen fließt es durch unterirdische Leitungen in die Häuser. Dort wird es erhitzt und gelangt über Rohre zum Wasserhahn.

Wer erfand das Klosett?

Das erste Spülklosett erfand 1596 der Engländer Sir John Harington. Anfangs konnten sich nur sehr Reiche eine private Toilette leisten. Die meisten Menschen benutzten Nachttöpfe, die am Morgen in Abwasserrinnen neben der Straße entleert wurden. Als ab 1830 in Europa die Cholera-Seuche grassierte, erließ man Gesetze, um jedermann zur Benutzung von Toiletten anzuhalten.

LINKS Frühe WCs waren oft sehr dekorativ, denn sie waren ein wertvoller Besitz.

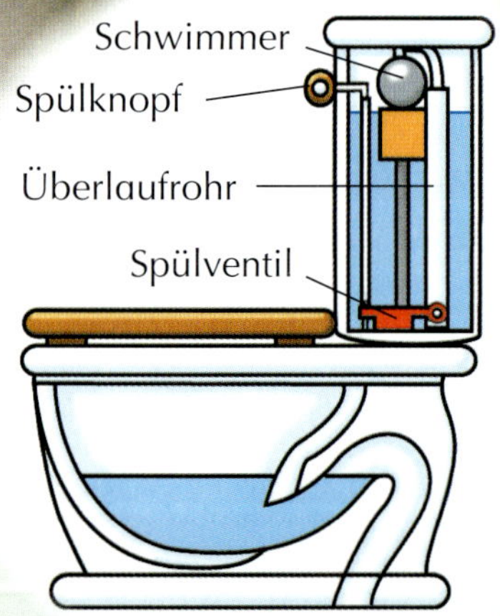

RECHTS Der Spülknopf öffnet das Spülventil, damit Wasser aus dem Spülkasten in die WC-Schüssel strömen kann.

1901
Erfindung des motorbetriebenen Staubsaugers

1945
Mikrowellenherd kommt in den Handel

1970
Barcode auf Kaugummipackung getestet

1982
Erfindung der Chipkarte für öffentliche Telefonzellen

Wie sahen die ersten Duschen aus?

Die Dusche entdeckten die Menschen wahrscheinlich, als sie feststellten, dass man sich unter einem Wasserfall bequem und gründlich reinigen konnte. Danach goss man das Wasser aus Eimern über sich. Eine der ersten in einem Haus eingebaute Dusche war 3 m hoch. Sie wurde 1810 für das Badezimmer einer großen Villa in England entwickelt.

SCHON GEWUSST?
Bereits die alten Griechen erfanden künstliche Gebisse, indem sie echte und unechte Zähne mit Golddraht verbanden.

Wo wurde die Zahnbürste erfunden?

Die erste Zahnbürste mit Borsten wurde 1498 in China erfunden. Heute haben Zahnbürsten meist Nylonborsten, damals nahm man Schweineborsten oder Dachs- beziehungsweise Pferdehaar. Vor der Erfindung der Zahnbürste reinigte man sich die Zähne mit weich und faserig gekauten Stöckchen. Die erste elektrische Zahnbürste wurde 1939 erfunden.

HEIZUNG

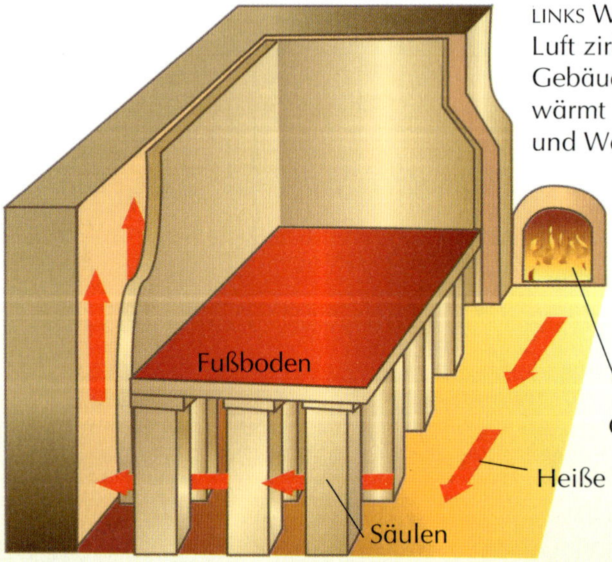

LINKS Warme Luft zirkuliert im Gebäude und wärmt Fußböden und Wände.

Wer erfand die Zentralheizung?

Das Heizen der Häuser war immer ein Problem. Die alten Römer erfanden um 400 v. Chr. das erste Zentralheizungssystem, das Hypokaustum. Aus einem Heizraum an der Außenwand des Hauses strömte Heißluft in das Haus. Die Fußböden standen auf niedrigen Säulen und die Wände waren hohl, damit die Hitze durch das ganze Gebäude streichen und dabei Fußböden und Wände erwärmen konnte.

Wo wurde der Gaskamin erfunden?

Die erste Gaskaminheizung wurde 1881 von dem englischen Ingenieur Sigismund Leoni erfunden. Ein Gashahn wird geöffnet und das aus der Leitung strömende Gas entzündet. Das sanft brennende Gas liefert Wärme. Manche Kamine haben nachgemachte Kohlen oder Steine, die rötlich glühen.

SCHON GEWUSST?
In Island gibt es viele heiße Quellen. Dieses Wasser wird gesammelt und in die Häuser geleitet, wo man es zum Heizen und als Warmwasser nutzt.

Wann erfand man den Elektroheizofen?

Die Idee für ein elektrisches Heizgerät hat verschiedene Ursprünge. Aber das Patent für den ersten elektrischen Heizofen bekamen 1892 die Briten Bell Crompton und Herbert Dowsing. In einem elektrischen Heizofen fließt Strom durch ein Heizelement. Dieses Heizelement verwandelt die elektrische Energie in Wärme und heizt sich auf. Ein Teil der Wärme strahlt nach außen ab und heizt den Raum.

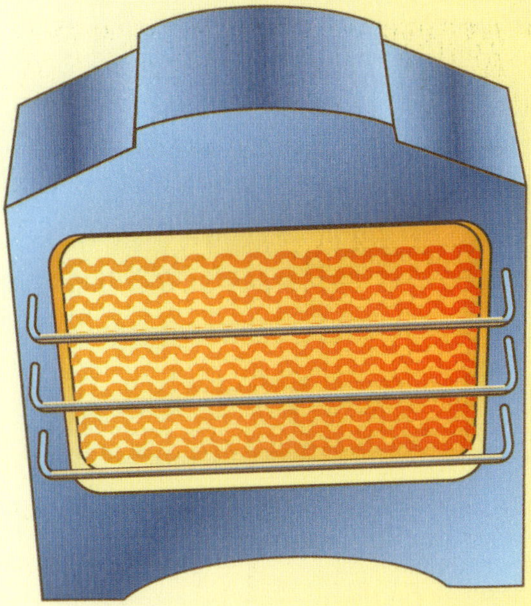

OBEN Beim Durchleiten von elektrischem Strom erhitzt sich ein Spiraldraht und erwärmt dabei die umgebende Luft.

Wie funktionieren Heizkörper?

Bei modernen Zentralheizungen wird heißes Wasser durch Heizkörper (Radiatoren) aus Metall gepumpt. Der heiße Radiator erwärmt die an ihm vorbeiströmende Luft. Die Warmluft steigt nach oben und Kaltluft strömt nach. Es bildet sich eine stetige Luftzirkulation mit abfließender warmer und zufließender kälterer Luft, die aufgeheizt wird.

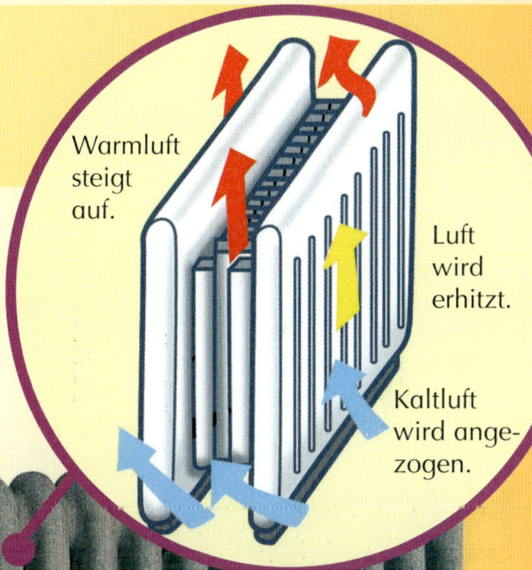

RECHTS Diese Heizkörperform wurde 1855 von Franz Sangalli erfunden.

WICHTIGE DATEN

650 v. Chr.	400 v. Chr.	800	1596	1893
Erste Münzen in der Türkei geprägt	Fußbodenheizung der Römer	Chinesen erfinden das Papiergeld	Erfindung der Toilettenspülung	Reißverschluss patentiert

WASCHMASCHINEN

Wo wurde die Waschmaschine erfunden?

Die erste Waschmaschine wurde 1874 in den USA gebaut. In einem Holzbottich drehten sich über eine Handkurbel angetriebene Holzpaddel und wirbelten die eingeseiften Wäschestücke durcheinander. Die erste elektrische Waschmaschine mit rotierender Trommel erfand 1907 der Amerikaner Alva Fisher. In den 1960er-Jahren kamen vollautomatische Waschmaschinen auf den Markt, die waschen, spülen und schleudern konnten.

OBEN Der Waschbottich wurde mit heißem Seifenwasser befüllt.

UNTEN Die Wäschetrommel wird von vorne befüllt und mit einer wasserdichten Klappe verschlossen.

Wie funktioniert eine Waschmaschine?

In den meisten Waschmaschinen werden Textilien, Waschmittel und Wasser in einer Trommel bewegt, um den Schmutz zu lösen. Dann dreht sich die Trommel sehr schnell, die Waschlauge fließt dabei durch die kleinen Löcher der Wäschetrommel ab. Über Knöpfe wird die Maschine programmiert und der gewünschte Waschgang und die Waschdauer eingestellt.

1901
Erfindung des motorbetriebenen Staubsaugers

1945
Mikrowellenherd kommt in den Handel

1970
Barcode auf Kaugummipackung getestet

1982
Erfindung der Chipkarte für öffentliche Telefonzellen

Wann gab es die ersten Geschirrspülmaschinen?

Die ersten Geschirrspülmaschinen gab es um 1900 in den USA. Sie wurden von Hand bedient, der Spülvorgang dauerte sehr lange, es gab viele Scherben, und oft war das Geschirr nicht richtig sauber. Ab den 1940er-Jahren gab es in den USA elektrische Geschirrspüler mit Nachspüleinrichtung. In Europa konnte man sie erst ab 1960 kaufen.

RECHTS Geschirrspüler spritzen heißes Wasser und Spülmittel auf das schmutzige Geschirr. Klares Wasser spült das Reinigungsmittel sauber ab.

SCHON GEWUSST?

Bevor Waschmaschinen beim Waschen halfen, brachte die Erfindung der Mangel 1861 deutliche Erleichterung. Sie quetschte das Wasser aus der sauberen Wäsche.

Wozu wurde Seife erfunden?

Wasser hat ein große Oberflächenspannung und wäscht deshalb nicht sehr gut. Bereits um 2800 v. Chr. begannen die Menschen deshalb, aus Fett und Asche durch Kochen Seife herzustellen. Das erste chemische Waschmittel zum Lösen des Schmutzes in der Wäsche, das sogenannte selbsttätige Waschmittel, wurde 1907 von einer deutschen Firma entwickelt und ist immer noch im Handel.

WICHTIGE DATEN

650 v. Chr.	400 v. Chr.	800	1596	1893
Erste Münzen in der Türkei geprägt	Fußbodenheizung der Römer	Chinesen erfinden das Papiergeld	Erfindung der Toilettenspülung	Reißverschluss patentiert

HERDE UND KÜHLSCHRÄNKE

OBEN Die ersten Gasherde waren aus schwerem Gusseisen gemacht.

Wer erfand den Gasherd?

James Sharp erfand 1826 in England den ersten Gasherd. Den ersten Elektroherd konstruierte der Amerikaner William Hadaway 1896. Bei Gasherden erhitzen Flammen die Töpfe. Elektroherde haben spiralförmige Heizdrähte, die sich beim Durchleiten von Strom erhitzen.

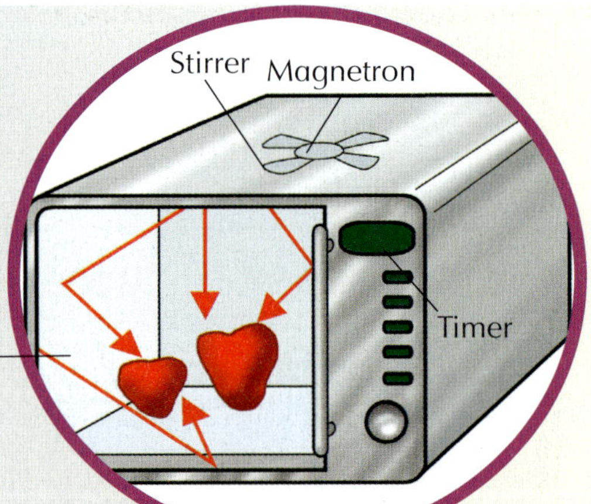

UNTEN In einem Mikrowellenherd wandelt ein Magnetron elektrischen Strom in Mikrowellen um. Ein „Stirrer" (Rührer) verteilt die Mikrowellen gleichmäßig.

Wer erfand den Mikrowellenherd?

Der amerikanische Forscher Percy Spencer entdeckte die Mikrowellen, als er in der Nähe von Radargeräten merkte, dass plötzlich die Schokolade in seiner Tasche schmolz. Die Schokolade wurde von elektromagnetischen Mikrowellen erhitzt. Seine Firma brachte 1945 den ersten Mikrowellenherd auf den Markt. Dinge sind heiß, weil die Moleküle darin sehr stark vibrieren. Mikrowellen versetzen Wassermoleküle in Speisen in Vibration und kochen sie so.

Wann wurde der Kühlschrank erfunden?

Die ersten Kühlschränke wurden im 19. Jahrhundert in England entwickelt. Es waren einfache, mit Blech und einem Isoliermaterial, meist Kork, ausgekleidete Holztruhen, in denen Eisblöcke lagen und Speisen kühl hielten. Die ersten modernen Kühlschränke tauchten 1914 auf. In den 1920er-Jahren gab es die ersten elektrischen Kühlschränke mit Gefrierfach.

SCHON GEWUSST?
Die ersten Backöfen gab es vor etwa 4000 Jahren. Davor hatten die Menschen Brot gebacken, indem sie Teigfladen auf in der Glut erhitzte Steine legten.

OBEN Kühlschränke führen Wärme aus dem Inneren des Geräts nach außen ab.

Wie funktioniert ein Kühlschrank?

Kühl- und Gefrierschränke verwenden ein gasförmiges Kühlmittel, das in einem Kompressor zu einer Flüssigkeit verdichtet wird. Die durch die Kompression erwärmte Flüssigkeit fließt durch Kühlschlangen und kühlt dabei auf Raumtemperatur ab. Dann wird die Flüssigkeit durch ein Ventil gepresst und entspannt sich schlagartig, sie wird wieder zu Gas und kühlt dabei stark ab. Das kalte Gas zirkuliert durch Kühlschlangen im Inneren des Kühlgeräts, dabei kühlt es die Luft ab und hält die Nahrungsmittel frisch sowie Getränke kühl. Das Gas erwärmt sich und wandert wieder in den Kompressor, der Kreislauf beginnt von Neuem.

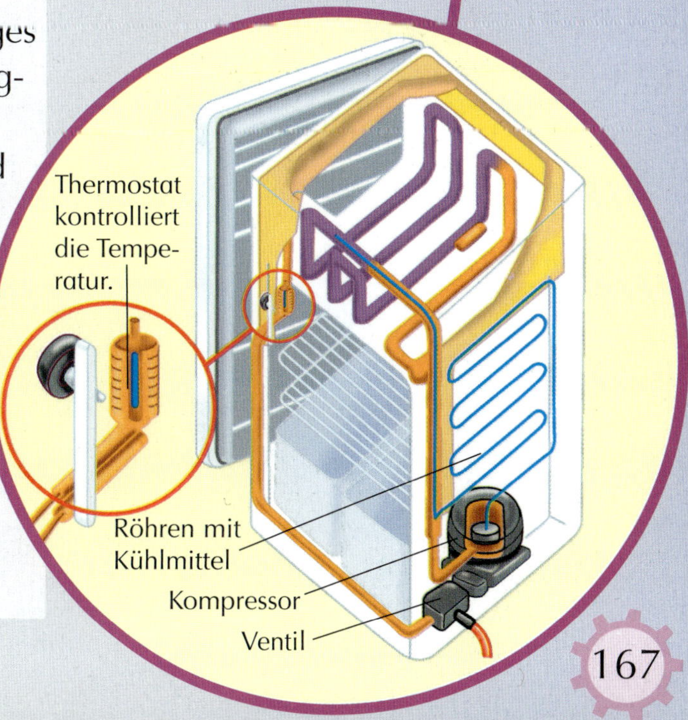

HAUSHALTSKLEINGERÄTE

UNTEN Das Bügeleisen verdankt seinen Namen der Eisenplatte, die vor der Nutzung der Elektrizität auf einer Gasflamme oder einem Herd erwärmt wurde.

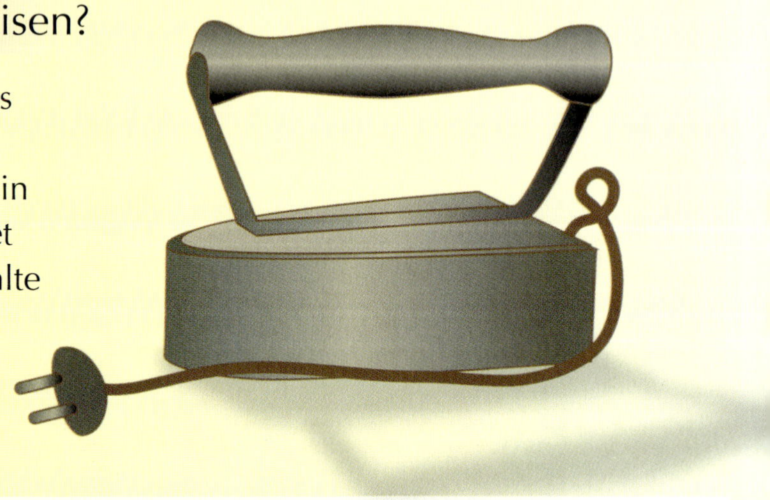

Wer erfand das elektrische Bügeleisen?

Der Amerikaner Henry Seely erfand 1882 das elektrische Bügeleisen. Die Bügelfläche wird von einem Heizelement im Gerät erwärmt. Ein Thermostat regelt die Temperatur und schaltet den elektrischen Strom ab, sobald die gewählte Temperatur erreicht ist.

SCHON GEWUSST?
Der erste Toaster mit Auswurf wurde in den 1930er-Jahren in den USA erfunden. Allerdings konnte ihn sich in der damaligen Wirtschaftskrise kaum jemand leisten.

Wann wurde der motorbetriebene Staubsauger erfunden?

1901 kam der englische Ingenieur Cecil Booth auf die Idee, Schmutz durch ein Sauggerät zu entfernen. Zum Test hielt er sich ein Taschentuch vor den Mund und sog über einem schmutzigen Stuhl tief die Luft ein, der Schmutz sammelte sich im Taschentuch. Kurz darauf meldete er den ersten Staubsauger, den Puffing Bill, zum Patent an. Ein Benzinmotor sorgte für die Saugkraft. Das Gerät war so groß, dass es mit einem Pferdewagen transportiert werden musste.

UNTEN In einem modernen Staubsauger treibt ein kleiner Elektromotor einen Ventilator an, der Luft und Schmutz durch einen Filter ansaugt. Der Staub sammelt sich in einer Kammer oder einem Beutel, die geleert werden können.

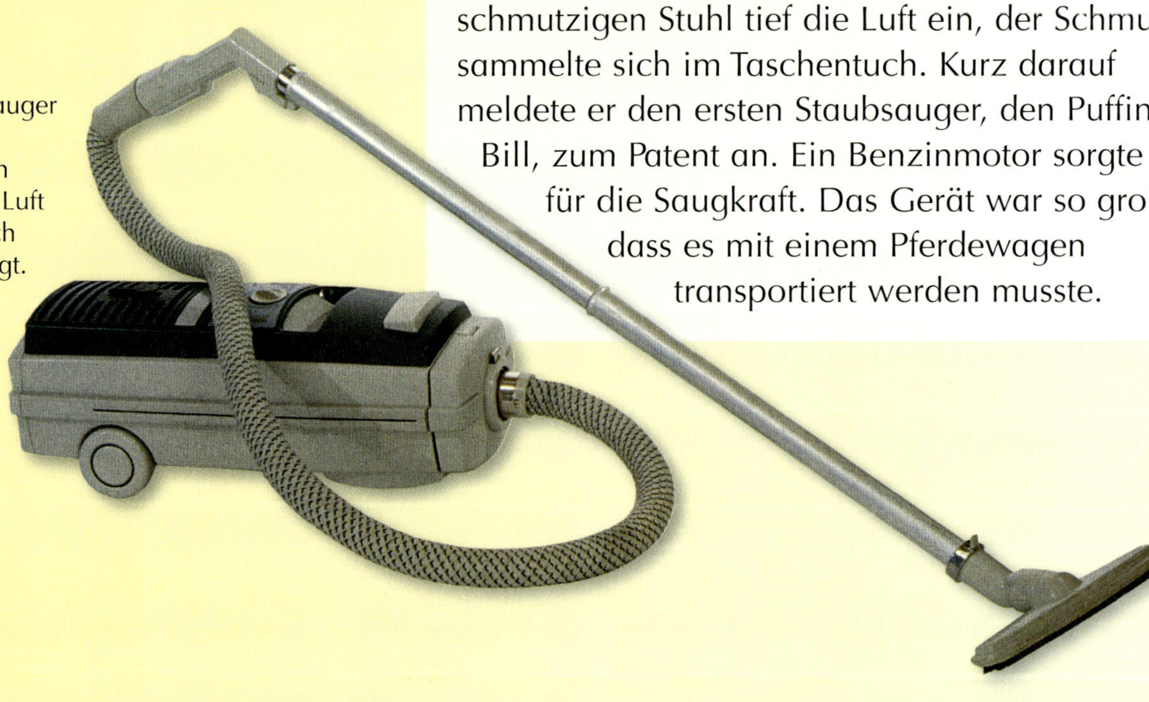

Wie arbeitet ein Fön?

Die ersten, in der Hand zu haltenden Haartrockner kamen in den 1920er-Jahren in den USA auf den Markt. Das Gehäusedesign hat sich verändert, doch der innere Aufbau ist bis heute fast unverändert. Heizdrähte beginnen beim Durchfluss von Strom zu glühen und erwärmen Luft, die von einem Ventilator durch die Düse hinausgeblasen wird. Die warme Luft trocknet das Haar durch Verdampfen der Feuchtigkeit.

Wo wurde die Küchenmaschine erfunden?

Die erste Küchenmaschine für den Hausgebrauch, genannt Magimix, wurde 1971 in Frankreich erfunden. Diese Geräte erleichtern die Küchenarbeit, denn sie können in Rührschüsseln Teig mischen und in Aufsatzbechern schnitzeln, hacken und sogar pürieren. Für den nötigen Antrieb sorgen starke Elektromotoren, deren Drehbewegung auf Messer und andere Geräteeinsätze übertragen werden.

OBEN Innerer Aufbau eines Handmixers

GELD

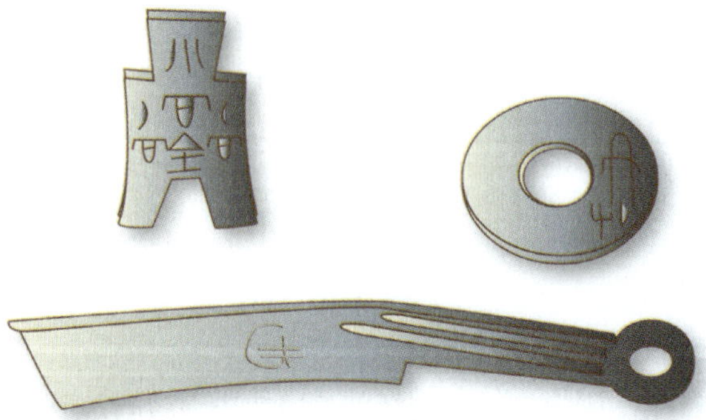

OBEN Frühe chinesische Münzen hatten ganz unterschiedliche Formen.

Wann wurden Münzen erfunden?

Die ersten Münzen aus einer Gold-Silber-Legierung prägte man 650 v. Chr. in Lydien in der heutigen Türkei. Auf einer Seite zeigten diese Münzen den unterschiedlichen Wert. Anderswo in der Welt bestanden die ersten Zahlungsmittel aus Silberstücken. Vor der Erfindung von Münzen tauschten die Menschen Güter oder benutzten Dinge wie Haifischzähne, Muscheln, Federn, Salz bzw. Felle als Zahlungsmittel.

Wie werden heute Münzen hergestellt?

Heute produzieren Maschinen Münzen aus Metalllegierungen. Aus großen Metallblechrollen werden kleine, blanke Metallscheiben ausgestanzt. In anderen Maschinen wird auf beiden Seiten der Wert der Münze eingeprägt. Hinzu kommen Inschriften und Bilder, die auf das Ursprungsland der Münzen verweisen.

UNTEN Das Gewicht frisch geprägter Münzen wird mit elektronischen Waagen genau geprüft.

UNTEN Münzen werden in einer Münzstätte geprägt.

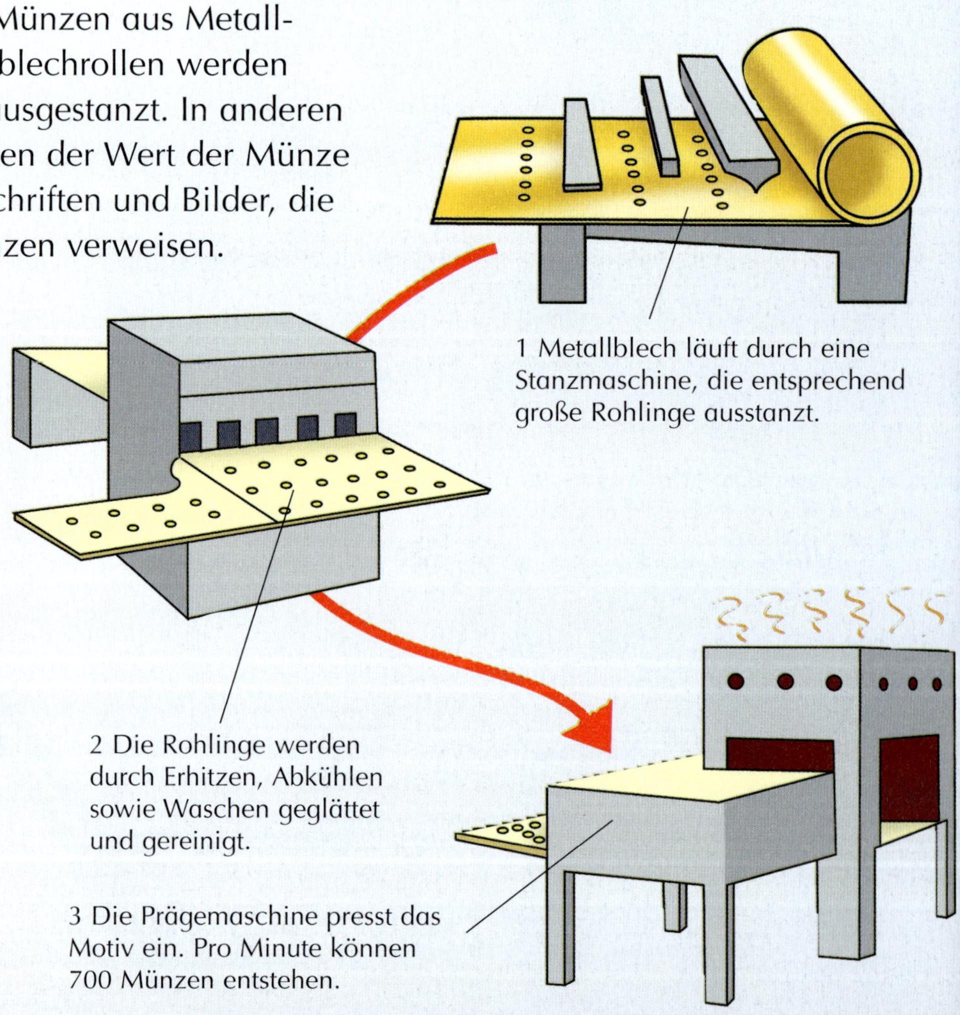

1 Metallblech läuft durch eine Stanzmaschine, die entsprechend große Rohlinge ausstanzt.

2 Die Rohlinge werden durch Erhitzen, Abkühlen sowie Waschen geglättet und gereinigt.

3 Die Prägemaschine presst das Motiv ein. Pro Minute können 700 Münzen entstehen.

1901
Erfindung des motorbetriebenen Staubsaugers

1945
Mikrowellenherd kommt in den Handel

1970
Barcode auf Kaugummipackung getestet

1982
Erfindung der Chipkarte für öffentliche Telefonzellen

OBEN US-Dollarscheine werden oft als Greenbacks bezeichnet.

Wo wurde das Papiergeld erfunden?

Gold- oder Silbermünzen waren schwer und so erfanden um 800 die Chinesen eine leichtere Form des Geldes, das Papiergeld. Im 15. Jahrhundert kam es in Teilen Indiens und Japans in Gebrauch. In Europa setzte es sich erst im 18. Jahrhundert richtig durch, als staatliche Notenbanken offizielle Banknoten herausgaben.

Was sind Chipkarten?

Heute ist die Zahlung mit einer Kredit- oder Chipkarte weit verbreitet. Chipkarten gibt es noch nicht so lange, es sind „intelligente" Kreditkarten mit einem integrierten Computerchip. Dieser Chip speichert Informationen, wie die Höhe des Guthabens. Die 1982 für die Benutzung in Telefonzellen entwickelten Chipkarten werden heute als Zahlungsmittel eingesetzt. Beim Bezahlen reduziert sich einfach der im Chip gespeicherte Restbetrag.

SCHON GEWUSST?
Der Amerikaner Frank McNamara erfand 1949 die Kreditkarte, nachdem er einmal seine Geldbörse vergessen hatte. Die Karte machte es möglich, essen zu gehen und erst später zu zahlen.

UNTEN Kreditkarten enthalten verschlüsselte Informationen, die direkt mit dem Konto abgeglichen werden.

EINKAUFEN

UNTEN Das bekannte Londoner Kaufhaus Harrods in strahlender Weihnachtsbeleuchtung

Wann wurden Geschäfte erfunden?

Die ersten Geschäfte entstanden um 650 v. Chr. in der Türkei zu der Zeit, als die ersten Silbermünzen in Gebrauch kamen. Hier wurden Waren in festen Räumlichkeiten ge- und verkauft, zuvor hatte man lediglich an Marktständen Handel betrieben. Im 19. Jahrhundert entstanden die ersten Kaufhäuser mit verschiedenen Abteilungen und breitem Warenangebot.

SCHON GEWUSST?

Die ersten Supermärkte mit Selbstbedienung sowie Parkplätzen entstanden in den 1930er-Jahren in den USA.

RECHTS Die erste Registrierkasse von James Ritty

Wer erfand die Registrierkasse?

Die erste mechanische Registrierkasse mit Klingelton erfand der Amerikaner James Ritty, um sein Personal am Diebstahl des Wechselgelds zu hindern. Die über Tasten eingegebenen Beträge wurden addiert und als Summe auf einer Skala angezeigt. Heute scannen die meisten Registrierkassen Barcodes ein, Zahlen müssen nicht mehr eingetippt werden.

Wie funktioniert ein Barcode?

Als Bar- oder Strichcode bezeichnet man mit Strichen markierte Etiketten, die den Kassiervorgang beschleunigen. Ein Lesegerät scannt mit Laserlicht den Barcode, die Registrierkasse erkennt automatisch den Artikel und setzt dessen Preis auf die Rechnung. Die erste Barcode-Markierung war in den 1970er-Jahren auf einer Packung Kaugummi angebracht.

OBEN Das Lesegerät erkennt das individuelle Streifenmuster jedes einzelnen Artikels.

UNTEN Online-Shopping ist einfach und schnell.

Was ist Internet-Shopping?

Einkaufen im Internet funktioniert ähnlich wie Bestellen per Telefon, allerdings mit einem Computer. Die Ware wird gewöhnlich mit einer Kreditkarte bezahlt und dann ins Haus geliefert. Das erste Geschäft dieser Art war das Internet-Versandhaus Amazon, das 1995 mit dem Verkauf von Büchern begann. Der Gründer Jeff Bezos soll sein Unternehmen in einer Garage gestartet haben.

WICHTIGE DATEN

- **650 v. Chr.** Erste Münzen in der Türkei geprägt
- **400 v. Chr.** Fußbodenheizung der Römer
- **800** Chinesen erfinden das Papiergeld
- **1596** Erfindung der Toilettenspülung
- **1893** Reißverschluss patentiert

KLEIDUNG

Wer erfand den Reißverschluss?

1893 suchte der amerikanische Ingenieur Whitcomb Judson nach einer bequemeren Möglichkeit, seine Schuhe zu schließen. Er erfand den „clasp-locker" mit Haken und Ösen. Der erste moderne Reißverschluss wurde 1913 von dem Schweden Gideon Sundback entworfen. Ein Reißverschluss hat viele kleine Krampen aus Metall oder Kunststoff, deren hakenförmige Enden beim Ziehen am Schieber ineinandergreifen. Zieht man den Schieber in die andere Richtung, löst sich die Verbindung.

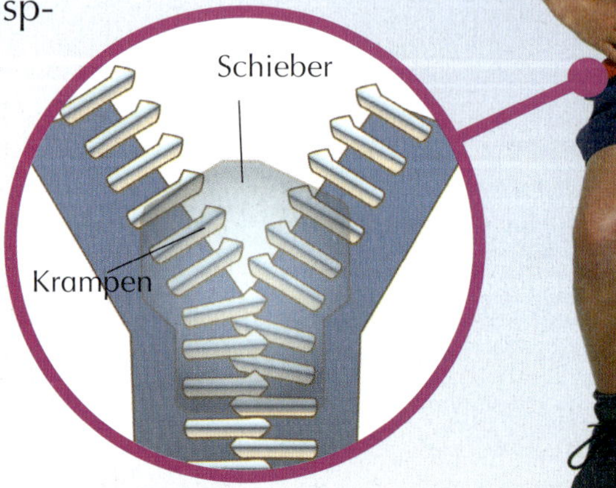

RECHTS Zwei-Wege-Reißverschlüsse wurden erst in den 1960er-Jahren entwickelt.

Wo wurde der wasserdichte Stoff erfunden?

Der wasserdichte Stoff wurde 1823 in der schottischen Stadt Glasgow erfunden. Der Textilfabrikant Charles Macintosh beschichtete Baumwollstoff mit Gummi, um daraus wasserdichte Regenbekleidung herzustellen. Auch heute werden noch Regenmäntel aus Gummi oder Plastik hergestellt, meist sind sie aber aus Kunstfasern gefertigt, die mit Plastik überzogen werden. Manche Stoffe haben eine dauerhaft wasserabweisende Imprägnierung, die das Wasser in Tropfen abperlen und nicht ins Gewebe eindringen lässt.

1901
Erfindung des motorbetriebenen Staubsaugers

1945
Mikrowellenherd kommt in den Handel

1970
Barcode auf Kaugummipackung getestet

1982
Erfindung der Chipkarte für öffentliche Telefonzellen

OBEN Elastan ist leicht, dehnbar und fest.

Wann wurde die Kunstfaser erfunden?

Die erste Kunstfaser wurde 1938 in den USA erfunden. Sie bekam den Namen Nylon, weil Wissenschaftler aus New York und London (NY-Lon) beteiligt waren. 1959 erfand Joseph Shivers in den USA Elastan (Spandex). Viele Chemiefasern wie Nylon, Elastan, Polyester sowie Acryl werden aus Erdöl hergestellt und dann zu verschiedenen Webstoffen verarbeitet.

UNTEN Aus dem recycelten Material von rund 25 großen Plastikflaschen kann man eine Fleece-Jacke herstellen.

Wie werden Fleece-Jacken hergestellt?

Viele Fleece-Jacken sind aus Polyester gemacht, doch Erdöl ist ein begrenzter Rohstoff. Heute verwendet man recycelte Plastikflaschen als Ausgangsmaterial. Die Flaschen werden zerkleinert, gereinigt und eingeschmolzen. Aus der Schmelze zieht man Fäden, die zu Garn gesponnen, dann zu Stoff gewebt werden, aus dem die Fleece-Jacken genäht werden.

SCHON GEWUSST?
1907 brachten Kletten, die nach einem Spaziergang im Fell seines Hundes festsaßen, George De Mestral auf eine Idee. Er erfand den Klettverschluss mit winzigen Widerhaken auf der einen Seite, die sich in kleine Schlaufen auf der anderen festhaken.

KOMMUNIKATION

Die Art und Weise, wie wir untereinander Informationen austauschen, ist ein wichtiger Aspekt unseres Alltags, und viele raffinierte Erfindungen helfen uns bei der Kommunikation. Hier erfährst Du, woraus das erste Papier hergestellt wurde, wie man Federn als Schreibgeräte nutzte und wann die ersten Bücher gedruckt wurden. Du kannst nachlesen, welche Worte beim allerersten Telefongespräch übermittelt wurden und warum Radiowellen Musik um die ganze Welt tragen können. Finde heraus, warum Computer früher einen ganzen Raum ausfüllten und heute die Größe von Laptops haben.

WICHTIGE DATEN

105	500	1450	1490	1844
Erstes Papier in China	Verwendung von Federkiel und Tinte	Erste Druckerpresse	Erster Postdienst eingerichtet	Verwendung elektrischer Telegrafen

PAPIER UND SCHREIBGERÄTE

Wann wurde das Papier erfunden?

Um 3000 v. Chr. erfanden die alten Ägypter den Papyrus, eine Art Papier. Das in Streifen geschnittene Mark der Papyrusstaude wurde zu Blättern gehämmert, die nach dem Trocknen aufgerollt werden konnten. Das Papier, wie wir es kennen, wurde 105 n. Chr. in China erfunden. Man weichte durch Mahlen gewonnene holzige Pflanzenfasern in Wasser ein und erhielt so einen Brei, aus dem durch Pressen und Trocknen Papierblätter hergestellt werden konnten.

OBEN Bis zur Einführung des Papiers verwendete man in Europa Pergament für Schriftstücke und Bücher.

OBEN Es dauerte Tausend Jahre, bis die Erfindung des Papiermachens um 1150 aus China nach Europa kam.

Womit schrieb man früher?

Schreiber im alten Ägypten benutzten um 3000 v. Chr. hohle Schilfstängel und Tinte zum Schreiben auf Papyrus. Um 150 n. Chr. entwickelten chinesische Schreiber die Kunst der Kalligrafie. Mit an Bambusrohrgriffen befestigten Haarquasten schrieben sie kunstvolle Zeichen. Von 500 bis etwa 1830 waren in Europa aus langen Gänsefedern gefertigte Federkiele als Schreibgeräte üblich. Der angespitzte Federkiel wurde in Tinte getaucht. Um 1880 kamen Füllfederhalter in Gebrauch, die Schreibfedern aus Stahl und einen eingebauten Tintentank hatten.

RECHTS Der Federkiel fasste genug Tinte, um einen Satz zu schreiben.

Wer erfand den Kugelschreiber?

1938 konstruierten zwei in Argentinien lebende ungarische Brüder den ersten funktionierenden Kugelschreiber. Der Journalist László Biró und sein Bruder Georg, ein Chemiker, entwickelten einen Stift, der eine Kugel als Schreibspitze hatte und mit schnell trocknender Tinte schrieb. Der einfach zu handhabende Kugelschreiber verbreitete sich ab den 1940er-Jahren über die ganze Welt.

LINKS Beim Schreiben dreht sich die Metallkugel in ihrer Verankerung und trägt dabei Tinte aus der Mine auf das Papier auf.

SCHON GEWUSST?
2005 entwickelten Forscher wasserfest beschichtetes Papier, das mit Kuli oder Tinte beschrieben werden kann und auch im nassen Zustand nicht reißt.

UNTEN Mit einem Spezialstift kann man direkt auf den druckempfindlichen Bildschirm schreiben. Die notierten Informationen werden im Speicher des PDA abgelegt.

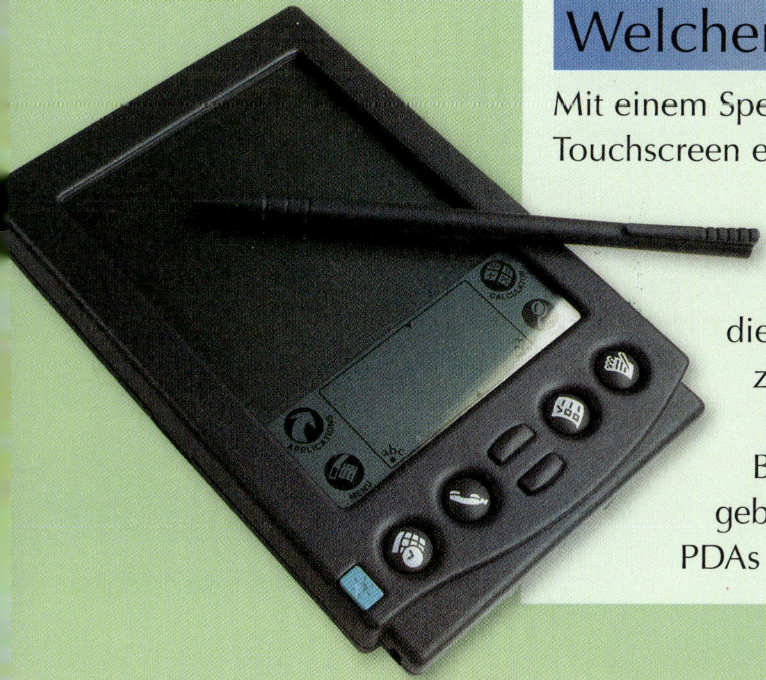

Welcher Stift schreibt auf einem Bildschirm?

Mit einem Spezialstift kann man direkt auf dem Touchscreen eines „elektronischen Notizbuchs" schreiben. Diese Personal Digital Assistants, kurz PDA, sind bequem in der Hand zu haltende Minicomputer, die man als Adressbuch, für Notizen und zur Datenerfassung benutzt. Mit dem Stift werden auf dem Touchscreen angezeigte Buchstaben angetippt, und der eingegebene Text wird abgespeichert. Die ersten PDAs wurden 1996 in den USA gebaut.

WICHTIGE DATEN

105 Erstes Papier in China	**500** Verwendung von Federkiel und Tinte	**1450** Erste Druckerpresse	**1490** Erster Postdienst eingerichtet	**1844** Verwendung elektrischer Telegrafen

DRUCKEN

OBEN Zur Bedienung der Gutenberg´schen Druckerpresse waren zwei bis drei Mann notwendig.

Wofür wurde die Druckerpresse erfunden?

Die ersten Bücher waren kostbare Raritäten, denn sie wurden von Hand geschrieben. Durch die Erfindung der Druckerpresse konnten mehr Menschen Bücher lesen, die nun in großer Stückzahl gedruckt wurden. Der deutsche Goldschmied Johannes Gutenberg entwickelte 1450 die Druckerpresse weiter und benutzte erhabene Metalllettern zum Drucken. Die Worte wurden aus einzelnen Lettern zusammengestellt und in dem Druckstock zu einer Seite angeordnet. Dann rollte man schwarze Farbe über die Lettern und presste einen Bogen Papier darauf.

SCHON GEWUSST?

Die ersten Bücher wurden in China gedruckt. Worte und Bilder schnitzte man in Holzplatten, die dann mit Druckfarbe bestrichen und auf Papier gepresst wurden.

UNTEN Eine frühe Schreibmaschine

Farbband

Die von Sholes entworfene QWERTYUIOP-Anordnung ist auch heute noch auf amerikanischen Computertastaturen zu finden.

Wer erfand die Schreibmaschine?

Der Amerikaner Christopher Sholes erfand die erste erfolgreiche Schreibmaschine, die 1874 auf den Markt kam. Mit seiner Maschine konnte ein schneller Schreiber saubere Textseiten produzieren, ohne dass sich die Typenhebel verklemmten. Die Buchstaben waren nach ihrer Häufigkeit in der Sprache angeordnet.

Wie druckt man heute?

Heute verwendet man gewöhnlich Offset-Druckmaschinen, um farbige Bücher oder Zeitschriften zu drucken. Mit Computerprogrammen werden die gestalteten Seiten auf flache Druckplatten aus Metall übertragen. Für jede Grundfarbe (Rot, Gelb, Blau und Schwarz) wird eine eigene Druckplatte erstellt und auf einen Zylinder aufgezogen. Der Druckzylinder wird zunächst mit Wasser benetzt, das die nicht druckenden Bereiche vor einem Farbauftrag schützt, dann wird eine Druckfarbe aufgerollt. Die Platte überträgt die eingefärbte Seite auf eine Gummiwalze, die Worte und Bilder auf eine Papierrolle druckt. Dieser Vorgang wiederholt sich mit den drei restlichen Farben.

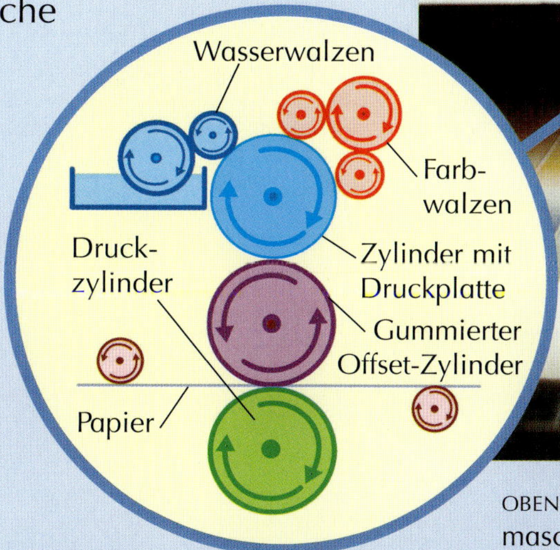

OBEN Automatische Offset-Druckmaschinen arbeiten sehr schnell und präzise.

OBEN Laserdrucker werden häufig für private Ausdrucke am PC benutzt.

Was ist Desktop-Publishing?

Desktop-Publishing (DTP) wurde 1985 möglich, als Layoutprogramme für Computer auf den Markt kamen. Nun konnte man Dokumente gestalten und preiswert mit einem Computerdrucker ausdrucken. Die DTP-Software macht es jedem möglich, Seiten mit unterschiedlichen Schriftarten sowie -größen zusammenzustellen und mit Bildern oder Grafiken zu versehen. An einem entsprechenden Drucker können die Computerdaten schnell in beliebiger Stückzahl ausgedruckt werden, sogar in Farbe.

WICHTIGE DATEN

105	500	1450	1490	1844
Erstes Papier in China	Verwendung von Federkiel und Tinte	Erste Druckerpresse	Erster Postdienst eingerichtet	Verwendung elektrischer Telegrafen

TELEFONE

Was ist ein elektrischer Telegraf?

1844 wurde in den USA erstmals ein elektrischer Telegraf zur Übermittlung einer Botschaft eingesetzt. Dieses Kommunikationssystem übermittelte die Buchstaben in einem aus Punkten und Strichen bestehenden Code. Die Nachricht im „Morsealphabet“ wurde über ein Kabel von einer Telegrafenstation zur anderen übertragen, indem ein Taster den Strom ein- und ausschaltete. Ein Empfänger am anderen Ende zeichnete die Signale als Punkte und Striche auf. Dann wurde der Code in Worte zurückübersetzt.

SCHON GEWUSST?

Mit Bildtelefonen kam man seinen Gesprächspartner auch sehen. Eine kleine Videokamera nimmt das Gesicht des Anrufers auf und sendet das Bild über die Telefonleitung an den Monitor des Gesprächspartners.

RECHTS Eine Morsetaste wurde zum Versenden von telegrafischen Nachrichten benutzt.

UNTEN Die ersten Telefone hatten weder Wählscheiben noch Tasten. Alle Gespräche wurden von einer Vermittlungsstelle verbunden.

Wer erfand das Telefon?

Der schottische Erfinder Alexander Bell übertrug als Erster die menschliche Stimme über eine elektrische Leitung. Bell suchte eigentlich nach einer Möglichkeit, mehrere telegrafische Nachrichten gleichzeitig über eine Leitung zu verschicken. Als er sich bei einem Unfall im Labor Säure auf die Kleider schüttete und um Hilfe rief, hörte sein Assistent aus dem von ihnen entwickelten Gerät folgende Worte: „Mr. Watson! Kommen Sie, ich brauche Sie!“ Diese Entdeckung führte 1876 zur Erfindung des Telefons.

Wie funktionieren moderne Telefone?

Beim Eintippen einer Telefonnummer sendet das Telefon eine Serie von elektrischen Impulsen über das Telefonnetz an eine Vermittlungsstelle, wo große Computer den Anruf zur gewünschten Nummer weiterleiten. Sekunden später klingelt der angewählte Apparat. Auch die Stimme des Anrufers wird in elektrische Signale umgewandelt, die über Kupferkabel oder als Lichtimpulse durch dünne Glasfaserkabel übermittelt werden. Internationale Telefonate laufen über Fernmeldesatelliten, die die Signale als Funkwellen übertragen.

UNTEN Ein Telefonnetz

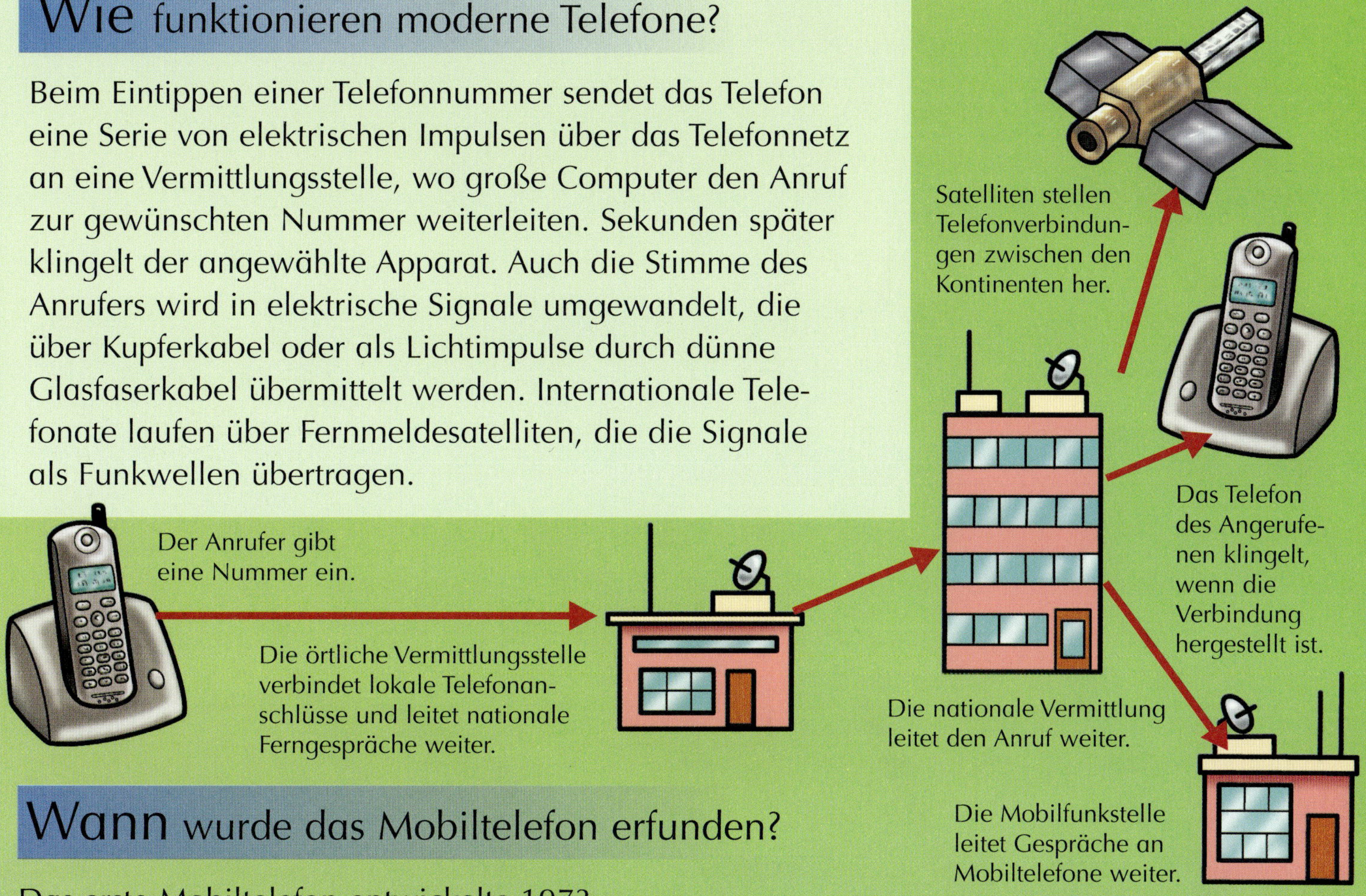

Wann wurde das Mobiltelefon erfunden?

Das erste Mobiltelefon entwickelte 1973 der Amerikaner Martin Cooper. Die frühen Mobiltelefone bezeichnete man als Autotelefone, denn sie waren relativ groß und für den Einsatz im Auto bestimmt. Mit modernen Handys kann man fast überall telefonieren. Sie senden und empfangen unsichtbare Funkwellen, die von der nächsten Vermittlungsstelle an die entsprechende Telefonnummer weitergeleitet werden und eine Gesprächsverbindung aufbauen.

RECHTS Die Daten eines Handys sind auf einer SIM-Karte (Subscriber Identity Module) gespeichert.

WICHTIGE DATEN

105	500	1450	1490	1844
Erstes Papier in China	Verwendung von Federkiel und Tinte	Erste Druckerpresse	Erster Postdienst eingerichtet	Verwendung elektrischer Telegrafen

RADIO

Wer erfand das Radio?

Der italienische Ingenieur Guglielmo Marconi verwertete die Ideen anderer Erfinder und baute 1896 den ersten Funksender. Er benutzte elektrische Funken zur Erzeugung von Radiowellen, die an einen sechs Kilometer entfernten Empfänger übermittelt wurden. Rundfunksender verwandeln Töne in elektrische Signale, die wiederum in elektromagnetische Wellen umgewandelt werden. Die Radiowellen breiten sich mit Lichtgeschwindigkeit über große Entfernungen aus.

UNTEN
Marconis Funksender

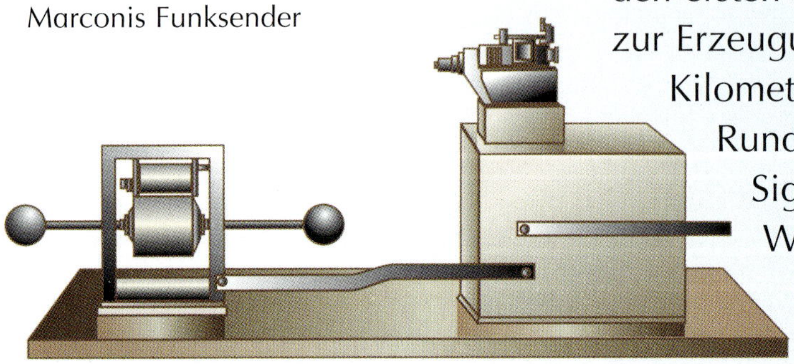

Was war der erste Rundfunksender?

Die ersten Radioübertragungen waren Nachrichten des Militärs im Morsecode. 1906 richtete der kanadische Erfinder Reginald Fessenden in den USA den ersten Rundfunksender ein. Das für die Öffentlichkeit bestimmte Programm bestand aus Musik und Bibellesungen. Allerdings war der Zuhörerkreis eng begrenzt, da es erst in den 1920er-Jahren Radioempfänger für Privathaushalte zu kaufen gab.

UNTEN Die ersten Rundfunkempfänger hatten nur einige wenige Knöpfe, dafür waren sie sehr dekorativ gestaltet.

SCHON GEWUSST?
Der britische Erfinder Trevor Baylis baute 1991 das erste Radio zum Aufziehen. Der Akku des Geräts wird durch Drehen einer Kurbel aufgeladen.

Wann gab es das erste Transistorradio?

Die ersten tragbaren Radios gab es 1954, die Erfindung des Transistors hatte sie möglich gemacht. Winzige Transistoren konnten die Töne verstärken und verdrängten bald die großen Glasröhren früher Radiogeräte. Transistorradios brauchten weniger Strom und funktionierten auch mit Batterien.

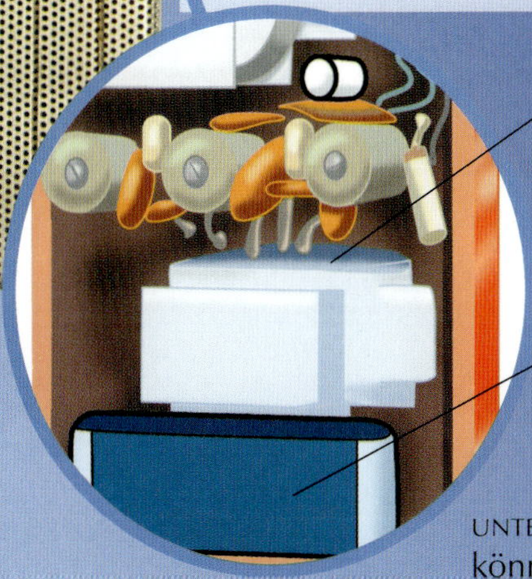

Radiosignale werden durch Transistoren verstärkt.

Batterien als Stromquelle machen Transistorgeräte leicht und mobil.

OBEN An der Skala des Transistorradios wählt man den Sender. Jede Station sendet ihr Programm auf einer anderen Radiofrequenz.

UNTEN Digitalradios können zusätzliche Informationen anzeigen.

Wozu wurde das Digitalradio entwickelt?

Seit 1995 bieten digitale Radiosendungen ein breiteres Programmangebot, bessere Tonqualität und zusätzliche Informationen. Die neuesten Digitalradios erlauben es, das Programm zu unterbrechen, „zurückzuspulen" und Liveübertragungen aufzuzeichnen. Ton- und Wortdaten werden dabei in digitale Signale verwandelt, die als Radiowellen ausgestrahlt und von den Digitalradios empfangen werden. Eine Software im Empfänger decodiert die Signale und wandelt sie wieder in Text und Musik um.

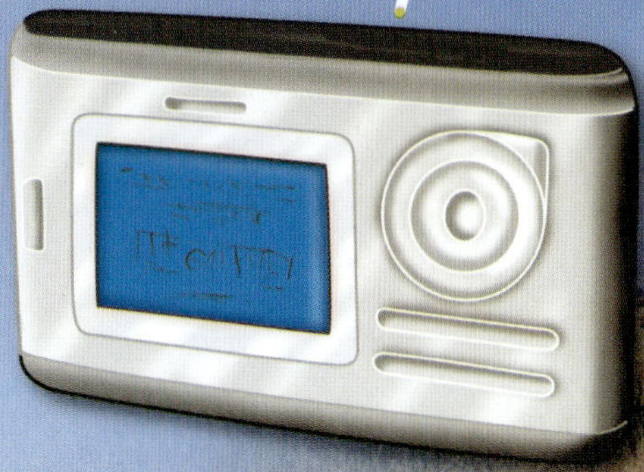

Eine Antenne strahlt die vom Sender kommenden Daten als Radiowellen ab.

105	500	1450	1490	1844
Erstes Papier in China	Verwendung von Federkiel und Tinte	Erste Druckerpresse	Erster Postdienst eingerichtet	Verwendung elektrischer Telegrafen

COMPUTER

OBEN Der erste elektronische Computer in den USA mit der Bezeichnung ENIAC wurde von der US-Armee eingesetzt.

Wer erfand den Computer?

Der englische Mathematiker Charles Babbage entwickelte 1822 eine programmgesteuerte Rechenmaschine. 1941 konstruierte der deutsche Erfinder Konrad Zuse den ersten programmgesteuerten Computer. Den ersten elektronischen programmierbaren Computer (ENIAC) in den USA bauten John Eckert und John Mauchly. Er füllte einen ganzen Raum an der University of Pennsylvania aus.

SCHON GEWUSST?
Die schnellsten und leistungsfähigsten Computer werden Supercomputer genannt. In einer Sekunde machen sie Berechnungen, für die ein Mensch zehn Jahre bräuchte.

Wann wurde der PC eingeführt?

Die ersten Personal Computer, kurz PC, wurden in den 1970er-Jahren entwickelt. Die Amerikaner Steve Jobs und Steve Wozniak erfanden 1977 den ersten PC für den Einsatz zu Hause. Ihr Apple II hatte im Gehäuse Farbmonitor und Tastatur gleich integriert. Moderne PCs können die unterschiedlichsten Aufgaben erledigen, angefangen bei Textverarbeitung und Tabellenkalkulationen bis hin zu Computerspielen.

UNTEN DER Apple-II-PC

1876
Erfindung des Telefons

1896
Erster Rundfunksender

1938
Entwicklung des Kugelschreibers

1977
Erster Computer für den Hausgebrauch

1981
Öffnung des Internets für die Allgemeinheit

UNTEN Im Gehäuse sitzen die wichtigen elektronischen Bauteile des PCs, wie Festplatte, CPU und RAM.

Wie funktionieren Computer?

Elektronische Computer verarbeiten mit hoher Geschwindigkeit Daten in Form von Text, Zahlen, Bildern oder Tönen. Sie folgen dabei den Anweisungen, die ein geladenes Softwareprogramm vorgibt. Die wichtigen Komponenten sitzen in einem Gehäuse. Dort kontrolliert die Zentraleinheit oder CPU alle Operationen des PC. Die CPU ist ein Mikroprozessor, ein kleiner Siliziumchip mit zahlreichen elektronischen Schaltkreisen. Mithilfe von Speicherchips, den RAM, werden die Daten zwischengespeichert und bearbeitet.

Was sind Laptops?

Laptops sind kleine, tragbare Computer. Sie wurden 1982 entwickelt, damit Geschäftsleute ihren Computer auch außerhalb des Büros nutzen können. Laptops haben die gleichen Komponenten und die Leistungsfähigkeit von PCs, sind aber so klein, dass sie in eine Aktentasche passen. Das Gehäuse mit eingebautem Monitor und Tastatur lässt sich zusammenklappen. Ein berührungssensibles Touchpad ersetzt meist eine kabelgebundene Maus.

RECHTS Laptops sind sowohl klein als auch leicht und deshalb gut zu transportieren.

WICHTIGE DATEN

105	500	1450	1490	1844
Erstes Papier in China	Verwendung von Federkiel und Tinte	Erste Druckerpresse	Erster Postdienst eingerichtet	Verwendung elektrischer Telegrafen

POST

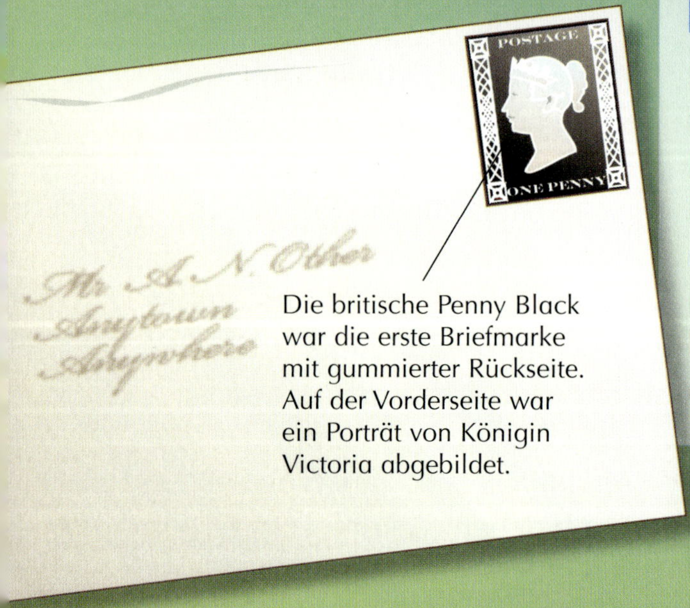

Die britische Penny Black war die erste Briefmarke mit gummierter Rückseite. Auf der Vorderseite war ein Porträt von Königin Victoria abgebildet.

Wo gab es den ersten Postdienst?

Seit 1490 gab es ein von der Familie Taxis organisiertes Postwesen zwischen Innsbruck und den Niederlanden, das zunehmend erweitert wurde. 1660 übernahm die Royal Mail in England die Beförderung meist offizieller Postsachen. Die Gebühr richtete sich nach der Entfernung und wurde vom Empfänger bezahlt. 1840 erfand der Engländer Rowland Hill die im Voraus bezahlte Briefmarke.

SCHON GEWUSST?
Fax und E-Mail sind so viel schneller in der Übermittlung, dass man den althergebrachten Postdienst oft als „Schneckenpost“ bezeichnet.

Wann wurden Postkarten erfunden?

Um 1861 erfand John Charlton in den USA die Postkarte, der Schreibwarenhändler Hyman Lipman ließ sie dann drucken. Es waren Blankokarten mit einem einfachen, gemusterten Rand. 1873 gab es Postkarten mit Wertstempel überall in Europa und den USA. In den 1890er-Jahren kamen Bildpostkarten auf, die gern zum Versenden von Nachrichten benutzt wurden.

OBEN 1902 führte Großbritannien als erstes Land Postkarten mit einer kompletten Bildvorderseite ein. Auf der Rückseite war Platz für Text und die Adresse.

RECHTS Dokumente können mit einem Faxgerät empfangen und verschickt werden.

Das Dokument wird zum Scannen in das Gerät eingelegt.

Das Fax wird über die Telefonleitung verschickt.

Was ist ein Faxgerät?

Faxgeräte kamen Ende der 1980er-Jahre in Gebrauch, um Briefe, Dokumente und Bilder auf elektronischem Weg zu verschicken. Das Faxgerät scannt ein Dokument als Bild und setzt es in Zehntausende von hellen und dunklen Bildpunkten um. Diese Information wird in akustische Signale umgewandelt, die über eine Telefonleitung an den Empfänger übertragen werden. Dort gibt das Faxgerät das Originaldokument in Form eines, aus zahllosen schwarzen Pünktchen zusammengesetzten Bildes wieder.

Wer erfand die E-Mail?

1971 erfand der amerikanische Programmierer Ray Tomlinson die elektronische Post, die E-Mail. Tomlinson arbeitete an einem Programm, das es mehreren an einem Computer arbeitenden Teamkollegen ermöglichte, sich gegenseitig Textnachrichten zu hinterlegen. Er erkannte, dass damit auch die Kommunikation zwischen verschiedenen Computern möglich war. E-Mails können schnell und billig zwischen Computer verschickt werden, die ans Internet, ein weltweites Netzwerk, angeschlossen sind. Heute kann man E-Mails an jeden versenden, der eine E-Mail-Adresse hat.

UNTEN Via Internet kann dieselbe E-Mail-Nachricht an mehrere Empfänger verschickt werden. Es ist möglich, an eine Textbotschaft Fotos, Musikstücke, Dokumente und Videofilme anzuhängen.

WICHTIGE DATEN

105	500	1450	1490	1844
Erstes Papier in China	Verwendung von Federkiel und Tinte	Erste Druckerpresse	Erster Postdienst eingerichtet	Verwendung elektrischer Telegrafen

INTERNET

LINKS In Internetcafés hat man innerhalb weniger Sekunden Zugang zu Informationen aus aller Welt.

LINKS Textbotschaften, Musikstücke und sogar Videofilme können via Internet an eine E-Mail-Adresse verschickt werden.

Wann entstand das Internet?

Das Computernetzwerk Internet wurde 1981 für die öffentliche Nutzung durch Hochschulen freigegeben. Es war in den 1960er-Jahren vom US-Verteidigungsministerium als Kommunikationsmöglichkeit zwischen Großcomputern eingerichtet worden. Heute verbindet das Internet Millionen von Computern. Es ermöglicht den Menschen überall, miteinander zu kommunizieren und Informationen auszutauschen.

Wie funktioniert das Internet?

PCs werden mit dem Internet über ein Modem verbunden, das Texte, Bilder, Musik- und Videodaten in elektrische Signale verwandelt. Diese Signale schickt man über eine Telefon- oder eine Spezialleitung an den leitungsstarken Computer eines Internet-Service-Providers. Von hier wird das Signal an andere vernetzte Computer weitergeleitet, bis es an der gewünschten Adresse ankommt. Das Modem des empfangenden Computers wandelt das Signal in die Originaldaten um, die dann auf dem Monitor angezeigt werden.

Wer erfand das World Wide Web?

Der britische Informatiker Timothy Berners-Lee erfand 1989 das World Wide Web (WWW). Das WWW ist eine Sammlung von Milliarden von Datensätzen oder Seiten, die auf Computern von Hochschulen, Museen, Regierungsbehörden, Unternehmen und Privatpersonen rund um die Welt lagern. Berners-Lee entwickelte eine Software, die all diese Informationen im Internet verknüpfte. Mit einer Browsersoftware ist es möglich, das World Wide Web zu durchsuchen und interessante Seiten nach Eingabe der Web-Adresse einzusehen.

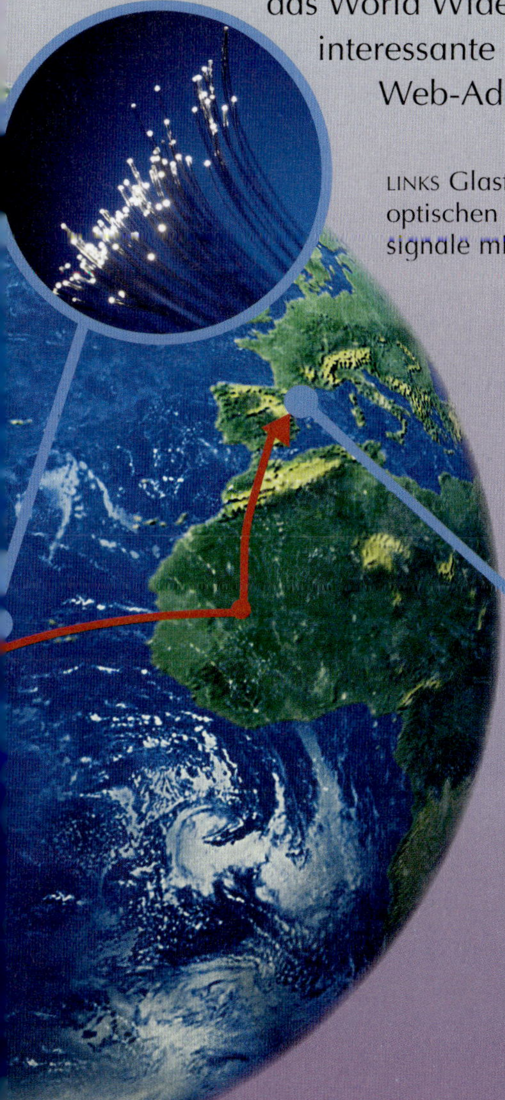

LINKS Glasfaserkabel aus flexiblen optischen Leitern übermitteln Lichtsignale mit hoher Geschwindigkeit.

SCHON GEWUSST?
Die Daten, die von Computern und anderen Kommunikationsgeräten verschickt werden, reisen mit Lichtgeschwindigkeit durch Glasfiberkabel, die so dünn sind wie ein menschliches Haar.

Was ist ein Breitbandinternetanschluss?

Computer, die über einen Breitbandanschluss mit dem Internet verbunden sind, haben einen besonders schnellen Zugang zum WWW. Diese Technik nutzt Hochgeschwindigkeitsmodems und ein Glasfasernetz, womit Daten wie E-Mails oder Webseiten viel schneller heruntergeladen werden können als mit einem analogen Modem über eine herkömmliche Telefonleitung. Die Breitbandleitung transportiert viel mehr Daten in der gleichen Zeit.

RECHTS Große Datenmengen werden über Breitbandanschlüsse empfangen.

UNTERHALTUNG

Spiele und Spielsachen wurden zu unserer Unterhaltung erfunden. Hier erfährst Du, wie eine Gitarre Musik erzeugt, wie eine CD funktioniert und wer den MP3-Player erfand. Du liest über ein Foto, das acht Stunden belichtet wurde, und über das 3-D-Kino, in dem man verblüffend plastische Bilder sehen kann. Es wird erzählt, wie sich das Fernsehen von der Schwarz-Weiß-Ära bis zu modernen Rekordern mit Festplattenspeichern weiterentwickelt hat.

WICHTIGE DATEN

4000 v. Chr. Brettspiel Senet erfunden	**1000 v. Chr.** Jo-Jo in Griechenland populär	**1710** Bau des ersten Pianos	**1827** Erste Fotoaufnahme	**1878** Tonaufnahmen mit Edisons Phonograph

MUSIKINSTRUMENTE

Wie funktioniert ein Klavier?

Ein Klavier ist ein Tasteninstrument mit einer Reihe weißer und schwarzer Tasten. Wird eine Taste gedrückt, schlägt ein mit Filz bezogener Hammer eine oder mehrere Saiten an, die durch ihre Schwingungen einen Ton erzeugen. Nimmt man den Finger von der Taste, stoppt der sogenannte Dämpfer sofort die Schwingungen der Saiten.

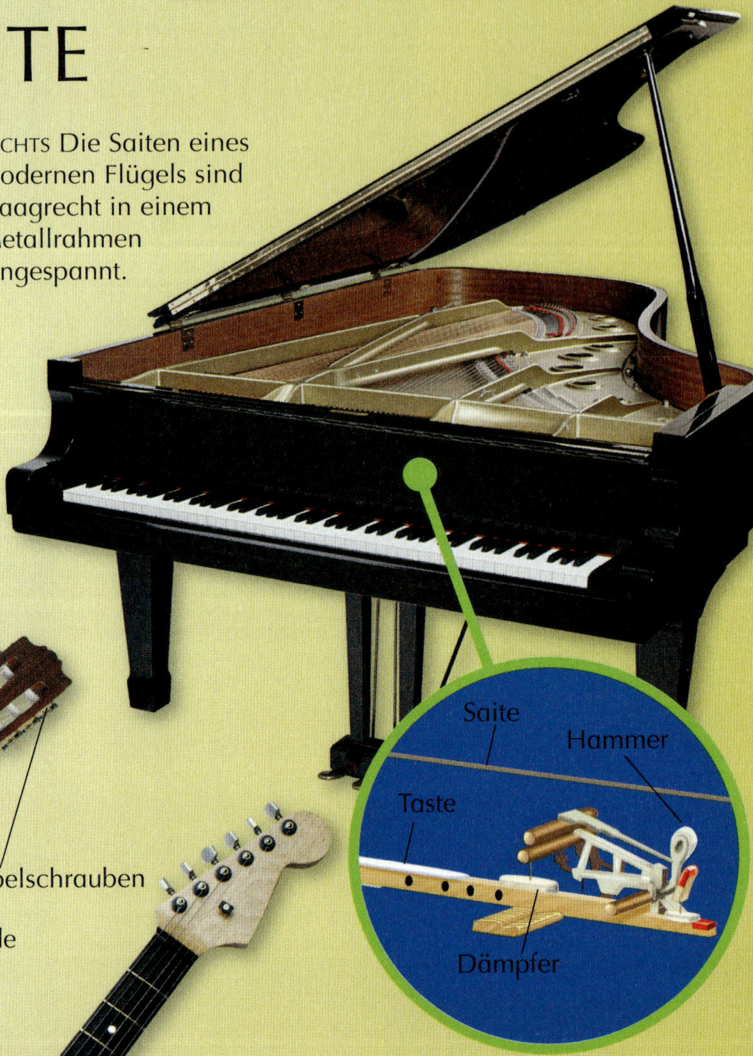

RECHTS Die Saiten eines modernen Flügels sind waagrecht in einem Metallrahmen eingespannt.

LINKS Eine Elektrogitarre hat keinen hohlen Klangboden, sondern einen magnetischen Tonabnehmer, der die Schwingungen der Saiten in elektrische Signale umsetzt, die dann im Verstärker zu Tönen umgewandelt werden.

Wann wurde die Gitarre erfunden?

Saiteninstrumente mit Resonanzkörpern gibt es seit etwa 5000 Jahren. Die moderne Gitarre entstand in der ersten Hälfte des 19. Jahrhunderts. Ende der 1830er-Jahre veränderte der spanische Gitarrenbauer Antonio de Torres die Form des Klangbodens und die Größe des Resonanzkörpers.

SCHON GEWUSST?
Das Didgeridoo, ein Blasinstrument der australischen Aborigines, kann bis zu zwei Meter lang sein.

Was ist ein Blasinstrument?

Ein Blasinstrument besteht aus einer Röhre mit einem Mundstück oder Blatt. Beim Hineinblasen vibriert die Luft in der Röhre und erzeugt dabei einen Ton. Die Höhe des Tons wird durch die Länge der Röhre bestimmt und kann durch Öffnen und Schließen von Löchern verändert werden. Blasinstrumente werden aus Holz, Messing oder auch Kunststoff hergestellt.

OBEN Die Panflöte besteht aus unterschiedlich langen Bambus- oder Schilfröhren, die beim Anblasen jeweils einen anderen Ton ergeben.

RECHTS Eine Oboe hat ein doppeltes Rohrblatt und Löcher, die teils mit den Fingern, teils mit Klappen abgedeckt werden.

UNTEN Bei einer Posaune wird die Tonhöhe durch Hin-und-Herschieben des Zugbogens verändert.

Wer erfand den Synthesizer?

Der Kanadier Hugh Le Caine baute 1945 den ersten erfolgreichen Musiksynthesizer. Ein Synthesizer ist ein elektronisches Musikinstrument, das den Klang anderer Musikinstrumente nachahmen und auch rein elektronische Klänge produzieren kann. Gewöhnlich hat ein Synthesizer eine Tastatur und verschiedenste Regler, um den Klang sowie die Lautstärke zu verändern oder Echo und andere Soundeffekte einzuschalten.

LINKS Keyboards produzieren vielerlei Klänge und Soundeffekte.

WICHTIGE DATEN

4000 v. Chr.	1000 v. Chr.	1710	1827	1878
Brettspiel Senet erfunden	Jo-Jo in Griechenland populär	Bau des ersten Pianos	Erste Fotoaufnahme	Tonaufnahmen mit Edisons Phonograph

TONTRÄGER

Wer erfand den Plattenspieler?

Der Amerikaner Thomas Edison baute 1878 den Phonographen, einen Vorläufer des Plattenspielers. Edison gelang es als Erstem, Töne aufzunehmen und wieder abzuspielen. Zur Aufzeichnung der Töne übertrug er deren Schwingungen auf eine Nadel, die entsprechende Linien in einen mit Stanniol überzogenen Zylinder gravierte. Beim erneuten Drehen der Walze wurden die Klänge wiedergegeben.

LINKS Edisons Phonograph war sofort ein Erfolg, allerdings nutzten sich die Stanniolwalzen sehr schnell ab.

Wann wurde die Schallplatte erfunden?

1888 erfand der Deutsch-Amerikaner Emil Berliner das Grammofon, mit dem auf einer flachen Scheibe Musik aufgezeichnet und wiedergegeben werden konnte. Durch Betätigung einer Kurbel spielte man die Aufzeichnungen ab, die allerdings nur zwei Minuten lang waren. 1948 kam die Langspielplatte oder LP für längere Musikstücke heraus.

UNTEN Die Musik ist auf einer Vinyl-Schallplatte in eine Rille gepresst, die von außen nach innen verläuft.

RECHTS Singles enthalten pro Seite nur ein einziges, kurzes Musikstück.

OBEN Eine Nadel wird in Schwingungen versetzt, die über einen Verstärker an den Lautsprecher weitergeleitet werden.

SCHON GEWUSST?
Der 1979 in den Handel gekommene Sony Walkman war das erste Kassettenabspielgerät, das man überall mitnehmen konnte.

Wie funktioniert ein CD-Player?

Anders als Schallplatten speichern CDs kein kontinuierliches Signal, sondern digitale Informationen in Form von winzigen Vertiefungen (Pits) in einer Oberfläche (Land). Wenn ein Laserstrahl die CD abtastet, liest er den Wechsel von Pit zu Land bzw. von Land zu Pit als „Eins" aus, Passagen ohne Wechsel als „Null". Die Abfolge wird im CD-Player verarbeitet und wieder in Musik umgewandelt.

UNTEN Auf einer CD sind die Toninformationen von innen nach außen als Vertiefungen in einer Kunststoffscheibe gespeichert.

LINKS Der erste CD-Player wurde 1982 entwickelt.

Was ist ein MP3-Player?

Ein MP3-Player ist ein kleines Musikabspielgerät, das Musik als digitale Daten auf Speicherchips oder Festplatten abspeichert. Die Daten werden komprimiert, damit sie weniger Speicherplatz beanspruchen, und man kann auf einem Player viele Stunden Musik speichern. Die Musikstücke lädt man von CDs oder dem Internet auf den Computer und überträgt sie dann auf den MP3-Player. Auf einem kleinen Display kann man die gewünschten Musiktitel auswählen, die der MP3-Player dann über Kopfhörer abspielt. Der deutsche Forscher Karlheinz Brandenburg erfand 1987 das MP3-Format.

UNTEN Ein MP3-Player kann in verschiedenen digitalen Formaten gespeicherte Musik abspielen.

WICHTIGE DATEN

4000 v. Chr.	1000 v. Chr.	1710	1827	1878
Brettspiel Senet erfunden	Jo-Jo in Griechenland populär	Bau des ersten Pianos	Erste Fotoaufnahme	Tonaufnahmen mit Edisons Phonograph

KAMERAS

OBEN Eine Plattenkamera

Wer nahm das erste Foto auf?

Der Franzose Joseph Niépce nahm 1827 das erste Foto auf, indem er eine mit lichtempfindlichem Asphalt beschichtete Platte in einer kleinen Camera obscura befestigte. Nach acht Stunden zeichnete sich auf der Platte der Blick aus seinem Zimmer ab. Niépce und andere Fotopioniere entwickelten dann für kürzere Belichtungszeiten wesentlich lichtempfindlichere Fotoplatten.

SCHON GEWUSST?

Die im 16. Jahrhundert in Italien erfundene Camera obscura war ein dunkler Raum mit einer kleinen Öffnung, durch die ein Bild auf die Wand geworfen wurde.

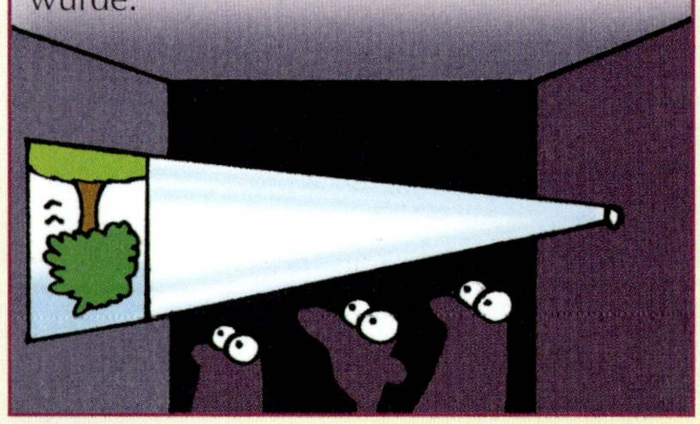

Wann wurde der Rollfilm erfunden?

1888 baute der Amerikaner George Eastman eine Kamera für Fotoaufnahmen auf Rollfilm. Mit dem Rollfilm konnte man mehrere Aufnahmen machen, ohne jedes Mal eine neue Platte einlegen zu müssen. 1900 verkaufte die Firma Eastman Kodak für nur einen Dollar die Brownie-Kamera, eine sehr populäre kleine Box-Kamera.

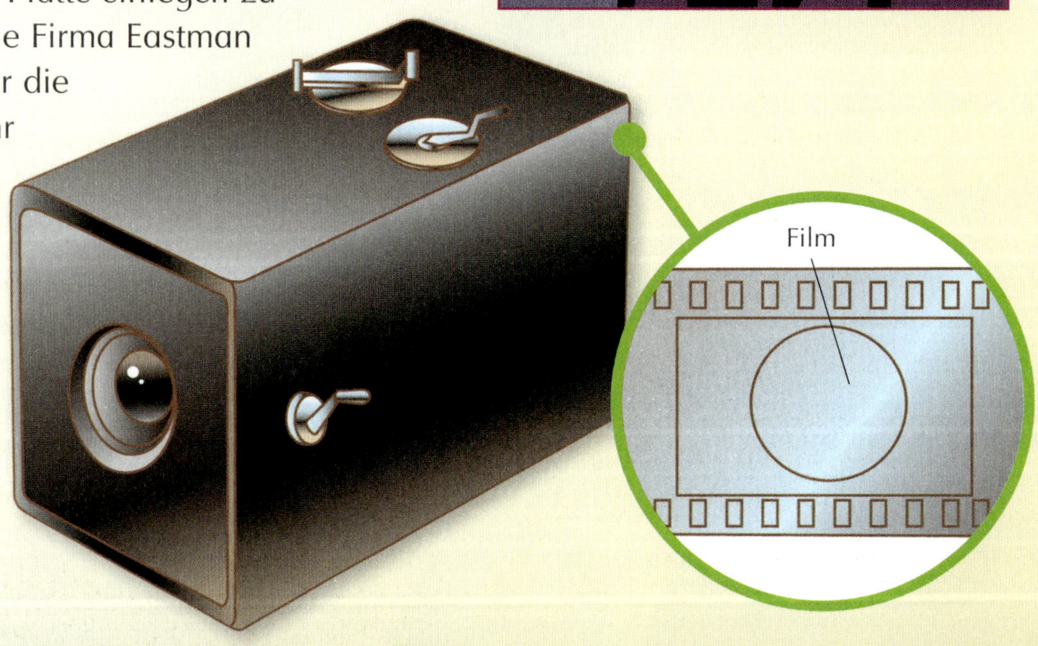

RECHTS Kodaks Motto lautete: „Sie drücken den Auslöser, wir machen den Rest."

Was ist eine Spiegelreflexkamera?

Die 1936 erstmals in Dresden produzierte Kleinbild-Spiegelreflexkamera zeigt dem Fotografen im Sucher exakt das Bild, das die Kamera aufnimmt. Bei anderen Kameras weicht das Sucherbild immer etwas von dem aufgenommenen Bild ab. Beim Auslösen klappt der Spiegel der Kamera nach oben, das Licht wird nicht mehr in den Sucher umgelenkt, sondern fällt auf den Film.

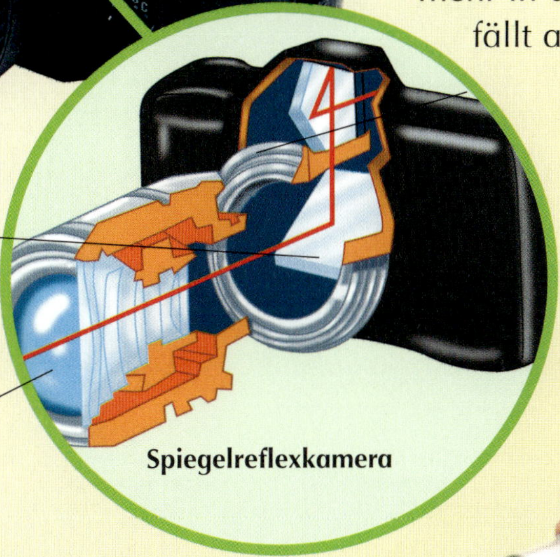

Spiegelreflexkamera

UNTEN Ein CMOS-Sensor ist ein Mikrochip, der in einer Digitalkamera Licht in elektrische Signale umwandelt.

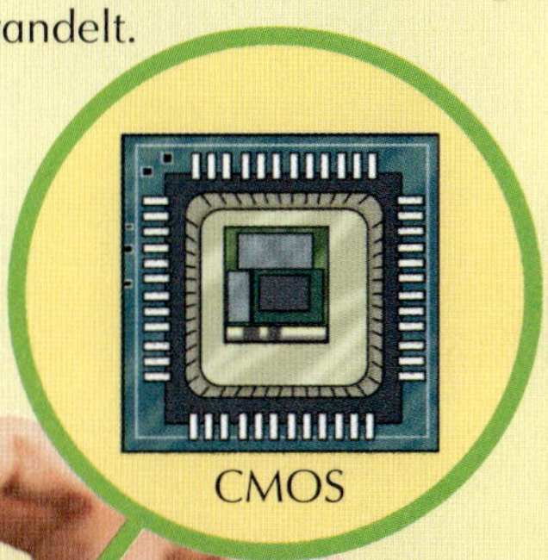

Wie funktioniert eine Digitalkamera?

Die 1988 erfundene Digitalkamera hat anstelle des Films einen lichtempfindlichen Sensor. Dieser Sensor ist in winzige Pixel aufgeteilt, die die verschiedenen Farben des Lichts messen und die Daten an einen Prozessor übertragen. Die digitalisierten Bildinformationen werden in einem in der Kamera integrierten Speicher oder auf auswechselbaren Speicherkarten abgelegt.

WICHTIGE DATEN

4000 v. Chr.	1000 v. Chr.	1710	1827	1878
Brettspiel Senet erfunden	Jo-Jo in Griechenland populär	Bau des ersten Pianos	Erste Fotoaufnahme	Tonaufnahmen mit Edisons Phonograph

KINO

Wer erfand das Kino?

Auguste und Louis Lumière aus Frankreich gelten als Erfinder des Kinos. 1895 führten sie vor Publikum einen Film vor, der Arbeiter beim Verlassen einer Fabrik zeigte. Die Gebrüder Lumière erfanden den Kinematografen, der hintereinander eine Bildserie auf Zelluloidfilmrollen aufzeichnete. Der Film wurde beim Abspulen vor einer Lichtquelle auf eine Wand projiziert.

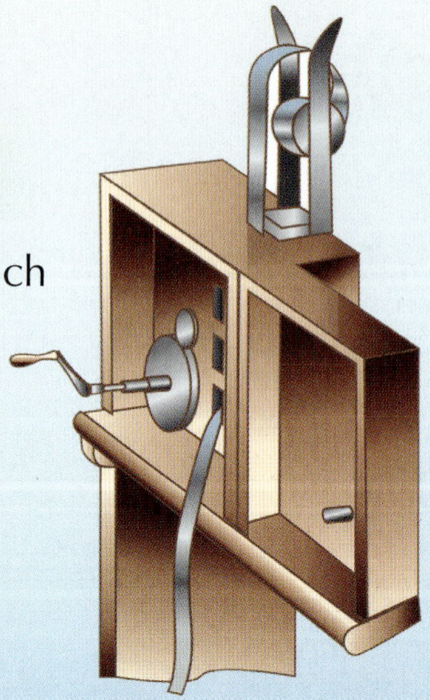

OBEN Licht fiel durch den an Linsen vorbeilaufenden Film.

SCHON GEWUSST?

Toy Story war der erste komplett computeranimierte Film. Spezielle Grafikprogramme lieferten die Bilder der Spielzeugfiguren Cowboy Woody und Spaceman Buzz Lightyear.

Wann wurde der erste Tonfilm gedreht?

Phonofilm produzierte 1923 erste Kurzfilme mit Ton. Ein neues Verfahren konnte den Ton auf einer speziellen Spur parallel zu den Filmbildern auf der Filmrolle aufnehmen, sodass Ton und Bild immer synchron waren. Bis dahin hatten Musiker, meist Klavierspieler, die Filmvorführungen im Kino musikalisch untermalt. Der erste erfolgreiche Tonfilm mit sprechenden Schauspielern war *Der Jazz-Sänger* von 1927.

LINKS Kamera und Mikrofon nehmen Bild und Ton gleichzeitig auf.

Wie funktionieren Filmaufnahmen?

Film arbeitet mit einer Täuschung des Auges. Jedes Bild einer Filmsequenz zeigt dasselbe Objekt in einer leicht veränderten Position. Wird die Filmsequenz schnell genug abgespielt, scheint sich das Objekt flüssig zu bewegen. Der Film wird in einem Projektor an einer Lichtquelle vorbeigeführt, und die Filmbilder werden durch ein Objektiv vergrößert auf eine Leinwand geworfen.

LINKS Der Film läuft durch den Projektor, wo Licht durch eine Linse scheint.

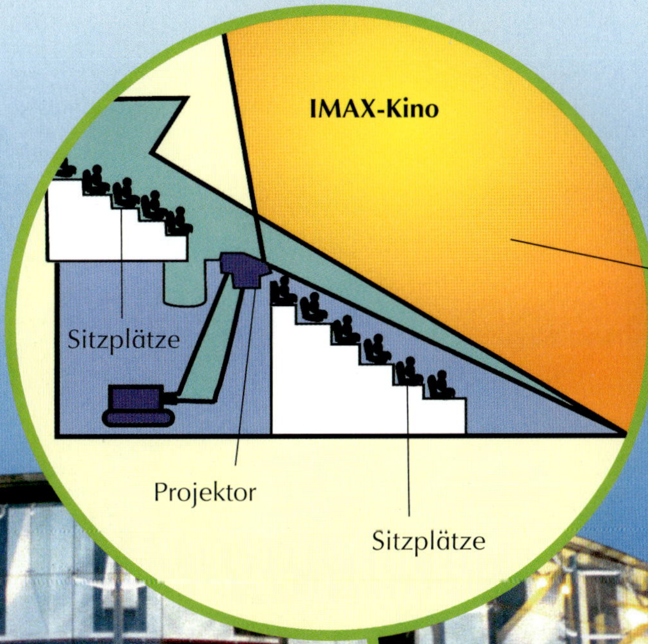

Was ist ein IMAX-3-D-Kino?

In IMAX-Kinos werden auf gewölbten Leinwänden dreidimensionale Filme gezeigt. IMAX-Kameras nehmen eine Szene auf zwei Filmrollen mit zwei Objektiven im durchschnittlichen Augenabstand des Menschen auf. Die beiden Rollen werden gleichzeitig projiziert, dabei tragen die Zuschauer Brillen, damit das rechte und das linke Auge nur das jeweilige Bild sehen.

LINKS Das IMAX-Kino in London hat eine Kinoleinwand, die so hoch ist wie fünf Doppeldeckerbusse.

FERNSEHEN

Wer erfand das Fernsehen?

1924 gelang es dem schottischen Erfinder John Logie Baird, erstmals ein Fernsehbild zu übertragen. Allerdings löste das starke Flimmern bei den Zuschauern Kopfschmerzen aus. 1927 gelang dem amerikanischen Erfinder Philo Farnsworth die erste elektronische Übertragung von Bildern mittels Kathodenstrahlröhre.

LINKS John Logie Bairds erstes Fernsehsystem

Wo gab es die ersten regulären Fernsehausstrahlungen?

1928 gab es in Deutschland die ersten regelmäßigen Probesendungen, ab 1934 wurden auch Sendungen mit Ton ausgestrahlt. Die BBC in London startete 1936 Fernsehsendungen. Kameras verwandelten Bilder und Töne in elektrische Signale, die als Radiowellen gesendet werden konnten. Antennen empfingen die Signale, und eine Kathodenstrahlröhre machte die Bilder sichtbar.

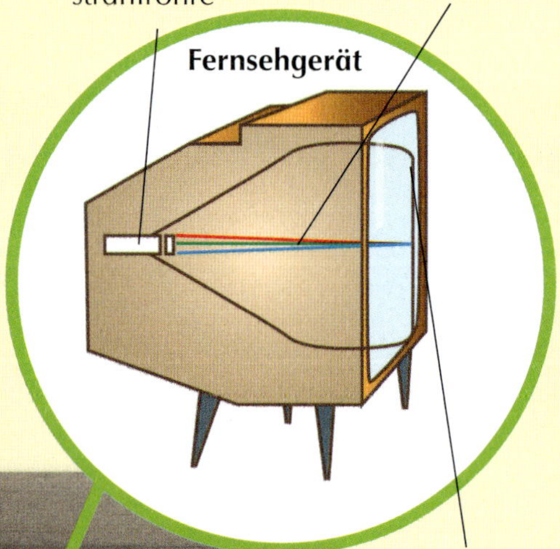

OBEN In einer Kathodenstrahlröhre treffen Elektronen auf den mit Phosphor beschichteten Schirm. Die entsprechenden Bereiche leuchten auf und ein Bild entsteht.

OBEN Aufnahmen in einem Fernsehstudio der 1960er-Jahre.

OBEN Bis in die 1960er-Jahre gab es nur schwarz-weiße Fernsehbilder.

Satellit

Das Programm wird vom Studio zum Satelliten geschickt.

Satelliten-schüsseln empfangen die abgestrahlten Bilder.

Wann begann die Satellitenübertragung?

Im Juli 1962 übertrug der Kommunikationssatellit *Telstar 1* erstmals ein Fernsehprogramm von den USA nach Europa. Beim Satellitenfernsehen sendet eine Bodenstation die Signale ins All. Von dort verteilt sie der Satellit auf verschiedene Regionen der Erde, wo sie mit Satelliten-schüsseln empfangen und an die Fernsehgeräte weitergeleitet werden.

Ein Dekoder verwandelt die über Kabel oder Satellit ankommen-den Signale in Fernsehbilder.

Die Fern-bedienung nutzt Infrarot-strahlen zum Umschalten des TV-Geräts.

Was ist digitales Fernsehen?

Digitales Fernsehen arbeitet mit digitalen Signalen, die meist schärfere Bilder und einen klareren Ton als die analogen Signale liefern. Außerdem können so mehr Kanäle untergebracht und zusätzliche Programminformationen übertragen werden. Interaktive Programme sind möglich, man kann an Quizsendungen teilnehmen oder Bezahlprogramme abonnieren.

SCHON GEWUSST?

Die großen Flach-bildschirme sind wesentlich leichter als Röhrengeräte und so dünn, dass man sie wie ein Bild an die Wand hängen kann.

WICHTIGE DATEN

4000 v. Chr.	1000 v. Chr.	1710	1827	1878
Brettspiel Senet erfunden	Jo-Jo in Griechenland populär	Bau des ersten Pianos	Erste Fotoaufnahme	Tonaufnahmen mit Edisons Phonograph

VIDEO UND DVD

Wer erfand den Videorekorder?

Der 1956 von der Firma Ampex entwickelte Videorekorder ermöglichte es Fernsehsendern, Programme aufzuzeichnen, um sie später oder mehrmals ausstrahlen zu können. Die Ampex-Maschinen nahmen die TV-Signale auf großen Spulen mit 5 cm breiten Magnetbändern auf. Der Preis einer Bandspule entsprach einem heutigen Gegenwert von 1300 Euro, für die Allgemeinheit war das zu teuer.

OBEN Der VTR-Rekorder von Ampex wurde am 14. April 1956 in Chicago vorgestellt.

RECHTS Videokassetten sind wesentlich größer als CDs oder DVDs, denn die Informationen werden auf einem langen Magnetband gespeichert.

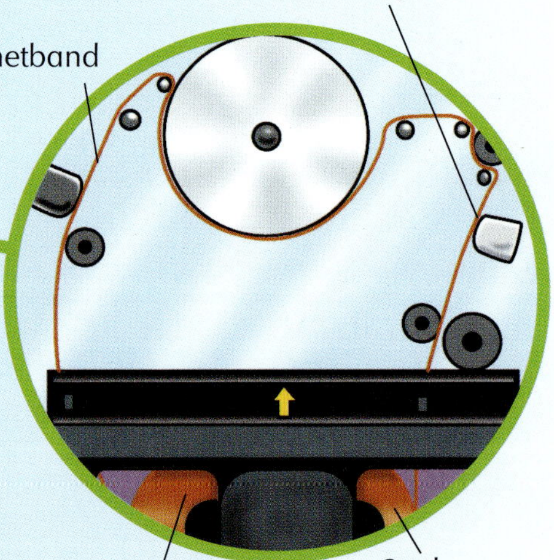

OBEN Das Band wird vorbei an Video- und Audioköpfen transportiert.

SCHON GEWUSST?
Ein digitaler Videorekorder speichert Sendungen direkt auf einer Computerfestplatte. Man kann damit Liveprogramme unterbrechen und interessante Szenen direkt wiederholen.

Wann gab es die ersten Heimvideorekorder?

Sony baute 1964 den ersten Videorekorder für Privatanwender. Allerdings war der Bandwechsel kompliziert und die Aufnahmekapazität begrenzt. 1971 stellte Philips dann den Videokassettenrekorder vor, der mit einfach zu wechselnden Bandkassetten arbeitete. Es gab zunächst verschiedene Systeme, bis sich 1978 das von JVC entwickelte VHS-System als weltweiter Standard durchsetzte.

Wer erfand den ersten Camcorder?

Den ersten tragbaren Camcorder, eine Kombination aus Videokamera und Rekorder, für den privaten Einsatz brachte Sony 1983 heraus. Das Betamovie-Gerät war so groß und schwer, dass es auf der Schulter abgestützt werden musste. Im folgenden Jahrzehnt wurden Camcorder und Kassetten immer kleiner, die Objektive und Digitalsensoren immer besser.

Das Bild ist beim Filmen sichtbar und kann gleich danach abgespielt werden.

OBEN Moderne Camcorder sind klein und leicht.

LINKS In die verschiedenen Lagen einer DVD werden mikroskopisch kleine Vertiefungen (Pits) eingebrannt oder gepresst.

UNTEN Die ersten DVDs kamen 1996 in Japan in den Handel.

LINKS DVDs können zwischen 4,7 und 17 GB an Daten speichern.

Was ist eine DVD?

Eine DVD ist eine digitale Videodisk, die Ende der 1990er-Jahre entwickelt wurde. Die DVD hat die VHS-Kassette als Filmspeicher abgelöst und findet auch im Computerbereich Anwendung. Diese DVDs haben eine Menüstruktur, damit man gezielt Szenen, Zusatzinformationen oder Sprachversionen auswählen kann.

WICHTIGE DATEN

4000 v. Chr. Brettspiel Senet erfunden	**1000 v. Chr.** Jo-Jo in Griechenland populär	**1710** Bau des ersten Pianos	**1827** Erste Fotoaufnahme	**1878** Tonaufnahmen mit Edisons Phonograph

SPIELE UND SPIELZEUGE

OBEN Das Spiel mit Stock und Reifen war im 19. Jahrhundert beliebt.

Wo gab es die ersten Spielzeuge?

Vermutlich waren um 3000 v. Chr. im alten Ägypten angefertigte Steinmurmeln die ersten Spielzeuge. Um 1000 v. Chr. spielte man in Griechenland mit steinernen Jo-Jos. Aus Stein, Holz, Elfenbein und Leder stellte man einfache Puppen, Spiele und andere Spielzeuge her. Im 19. Jahrhundert waren aufziehbare Spielzeuge und Spieldosen aus Blech beliebt. Im 20. Jahrhundert wurde Plastik zu einem wichtigen Material für Spielwaren.

OBEN Affe mit Federaufzug

LINKS Mit Murmeln wird heute noch gespielt.

RECHTS Ein Brummkreisel

Wer erfand den Teddybären?

Der Teddybär wurde 1902 von Richard Steiff in Deutschland erfunden. Benannt wurde er nach dem US-Präsidenten Theodore „Teddy“ Roosevelt. Auf einem Jagdausflug weigerte sich Roosevelt, einen in die Enge getriebenen Bären zu erschießen. Ein Zeitungsbericht darüber war mit dem gezeichneten Bild eines niedlichen Bärenjungen illustriert, das bald als „Teddys Bär“ bekannt wurde. Kurz danach wurde diese Bezeichnung für die Bärenpuppen übernommen und schnell berühmt.

Wann erfand man die ersten Brettspiele?

Bereits um 4000 v. Chr. kannte man in frühen Kulturen, etwa in Babylonien, Spiele, die mit unserem heutigen Schach, Mühle oder Backgammon vergleichbar waren. Die alten Ägypter spielten leidenschaftlich gern das Brettspiel Senet. Scrabble, ein modernes Brettspiel, wurde 1931 erfunden, Monopoly 1933 in den USA. Seit einigen Jahren gibt es auch Brettspiele, die elektronische Knöpfe und Geräuscheffekte verwenden.

OBEN Senet war ein äußerst populäres Spiel im alten Ägypten und wurde sogar in Pharaonengräbern abgebildet.

SCHON GEWUSST?
Der Name LEGO leitet sich von dem dänischen „leg godt" („spiel gut") ab. Der dänische Spielzeugmacher Ole Christiansen erfand 1949 die LEGO-Steine.

Was sind elektronische Spielzeuge?

Elektronische Spielzeuge besitzen einen eingebauten Computerchip, mit dem sie gesteuert werden. Oft können sie verschiedene Tricks ausführen. Es gibt Spielzeugautos mit Fernbedienung und kleine Roboter, die sehen, sprechen und tanzen können. In virtuellen Puppenhäusern führen digitale Figuren ein Eigenleben und spielen sogar miteinander.

LINKS Elektronische Spielzeuge werden über eine Fernbedienung oder Sensoren gesteuert.

GROSSE ERFINDER

Hier werden alle im Buch erwähnten Erfinder noch einmal in einer Kurzbiografie vorgestellt, die etwas über ihr Leben erzählt und wie sie zu ihren Ideen angeregt wurden.

König ALFRED

(849–899, Brite, S. 151)

Alfred der Große, König von England, gründete die englische Marine und erfand 890 eine Kerzenuhr.

ARCHIMEDES

(287–212 v. Chr., Grieche, S. 23)

Archimedes hatte erkannt, dass anhand der Verdrängung das spezifische Gewicht eines Objekts bestimmt werden kann. Um zu prüfen, ob eine Krone aus Gold war, legte er sie in einen Behälter mit Wasser und markierte den Anstieg der Flüssigkeit. Dann gab er einen gleich schweren Goldklumpen ins Wasser, doch der Anstieg war nicht gleich groß. Er schloss daraus, dass das Gold in der Krone mit Blei vermischt war.

Richard ARKWRIGHT

(1732–1792, Brite, S. 63)

Richard Arkwright, ein Perückenmacher, lernte erst als Erwachsener Lesen. Durch die von ihm erfundenen Spinn- und Webmaschinen wurde seine Heimatstadt Lancashire zum Weltzentrum der Baumwollindustrie.

Charles BABBAGE

(1792–1871, Brite, S. 186)

Charles Babbage war ein Mathematiker, der fast sein ganzes Leben der Entwicklung der „analytischen Maschine", einer mechanischen Rechenmaschine, widmete. Leider blieb sein Projekt unvollendet, doch er wurde zum Urvater der modernen Computer, die auf seinen Ideen aufbauten.

Leo BAEKELAND

(1863–1944, Belgier, S. 64)

Leo Baekeland wusste, dass mit einem preiswerten Kunststoff viel Geld zu verdienen war. Jahrelang arbeitete er mit seinem Assistenten an der Entwicklung des Bakelits.

Alexander BAIN

(1811–1877, Brite, S. 153)

Alexander Bain war ein eher schlechter Schüler, doch Uhren und wissenschaftliche Themen faszinierten ihn, und so wurde er ein großer Erfinder von elektrischen Uhren und Telegrafen.

John Logie BAIRD

(1888–1946, Brite, S. 202)

John Logie Baird versuchte sich an mehreren Erfindungen, die meisten waren Fehlschläge, bis er dann das erste Fernsehsystem entwickelte. Sein Prototyp war aus Schrottteilen wie Keksdosen zusammengebaut. Später stellte er als Erster Stereotechnik und Farbfernsehen vor.

Trevor BAYLIS

(1937, Brite, S. 184)

Trevor Baylis entwickelte das Kurbelradio, nachdem er einen TV-Bericht über Menschen in Afrika gesehen hatte, die nicht über Radio vor AIDS gewarnt werden konnten, weil Batterien oder Strom zu teuer für sie waren.

Alexandre-Edmond BECQUEREL

(1820–1891, Franzose, S. 57)

Alexandre-Edmond Becquerel entdeckte die Fotovoltaikzellen zur Nutzung der Sonnenenergie bei seiner Arbeit mit Röntgenstrahlen. Seine wichtigste Entdeckung war aber die Radioaktivität.

Alexander Graham BELL

(1847–1922, Brite, S. 182)

Alexander Graham Bells Interesse an Sprechen und Sprache half ihm, das Telefon zu erfinden. Zunächst versuchte er sich an einem harmonischen Telegrafen, der Nachrichten als Musiknoten übermittelte. Ein Teil der Gewinne aus der Erfindung des Telefons investierte er in eine Schule zur Ausbildung von Taubstummenlehrern.

Karl Friedrich BENZ

(1844–1929, Deutscher, S. 74)

Zunächst interessierte sich die Öffentlichkeit kaum für Benz' Erfindung, ein Automobil mit drei Rädern. Als Benz mit seiner Frau und seinen beiden Söhnen aber in einer Nacht 105 km damit zurücklegten, war man begeistert, und die Autoindustrie entstand. Sein Name lebt im Unternehmen Mercedes-Benz weiter, das bis heute Autos baut.

Emil BERLINER

(1851–1929, Deutsch-Amerikaner, S. 196)

Emil Berliner betrieb eigene Forschungen zur Aufzeichnung von Tönen. Er erfand das Mikrofon, die Schallplatte und das Grammofon.

Timothy BERNERS-LEE

(1955, Brite, S. 191)

Die Eltern von Timothy Berners-Lee waren Mathematiker, die an der Entwicklung eines der ersten Computer mitwirkten. Er selbst erfand das World Wide Web, wodurch das Internet zu einer einfachen, weltweiten Kommunikationsplattform für jedermann wurde.

Jeff BEZOS

(1964, Amerikaner, S. 173)

Als Kind verwandelte Jeff Bezos die Garage in ein Labor für seine Projekte. Später gründete er die Firma Amazon, das erste Internet-Kaufhaus der Welt.

Clarence BIRDSEYE

(1886–1956, Amerikaner, S. 29)

Auf einer Kanadareise 1912 beobachtete Clarence Birdseye, wie Einheimische frischen Fisch in Fässern mit Meerwasser einfroren. Der nach mehreren Monaten aufgetaute Fisch schmeckte noch immer frisch. Er gründete 1922 die Firma Birdseye Seafood und hatte um 1930 bereits 26 verschiedene Tiefkühlprodukte im Angebot.

László BIRÓ

(1900–1985, Ungarn, S. 179)

Der Journalist László Biró kam auf die Idee eines Kugelschreibers, als er die schnell trocknende Druckfarbe bei der Zeitungsherstellung sah. Unterstützt wurde er von seinem Bruder Georg, einem Chemiker.

Cecil BOOTH

(1871–1955, Brite, S. 168)

Cecil Booth erfand 1901 den Staubsauger und durfte ihn 1902 vor der Krönung von König Edward VII. zur Reinigung des Prunkteppichs einsetzen, auf dem der Thron stand.

Karlheinz BRANDENBURG

(1954, Deutscher, S. 197)

Karlheinz Brandenburg studierte Mathematik und Elektrotechnik, bevor er an der Universität zu forschen begann und den MP3-Player erfand.

Wernher von BRAUN

(1912–1977, Deutscher, S. 102)

Die Lektüre von Science-Fiction-Romanen weckte bereits in der Jugend Wernher von Brauns Interesse für Raketen. Im 2. Weltkrieg entwickelte er die V-2, eine große, mit Sprengstoff beladene Rakete. Nach dem Krieg baute er in den USA für die NASA Weltraumraketen.

Marc Isambard BRUNEL

(1806–1859, Brite, S. 66)

Marc Isambard Brunel flüchtete vor der Revolution in Frankreich. Er war ein begabter Ingenieur, der nicht nur die Massenproduktion erfand, sondern auch Sägewerke und Vorrichtungen für den Tunnelbau konstruierte.

Ole CHRISTIANSEN

(1891–1958, Däne, S. 207)

Der Tischler Ole Christiansen stellte zunächst Holzspielzeug her. 1949 erfand er die LEGO-Bausteine. Der Firmenname LEGO war eine Kombination der dänischen Worte „leg godt" – „spiel gut".

Sir Christopher Sydney COCKERELL

(1910–1999, Brite, S. 79)

Bei seinen ersten Versuchen, ein Luftkissenfahrzeug zu entwickeln, stellte Christopher Cockerell eine leere Katzenfutterdose in eine Kaffeebüchse und blies mit einem Staubsauger Luft in den Spalt zwischen beiden Dosen.

L. O. COLVIN

(Daten unbekannt, Amerikaner, S. 20)

Colvins Melkmaschine war ein großer Erfolg, obwohl sie durch das permanente Saugen die Euter der Kühe verletzte.

Martin COOPER

(1928, Amerikaner, S. 183)

Martin Cooper erfand das Mobiltelefon. Bei seinem ersten Anruf wählte er die Nummer eines Forschers, der in einem Konkurrenzunternehmen tätig war, um ihm von seinem Erfolg zu berichten.

Bell CROMPTON

(1845–1939, Brite, S. 163)

Bell Crompton erfand zusammen mit Herbert Dowsing den elektrischen Heizlüfter und entwickelte ein System zur Beleuchtung von Straßen.

Leonardo DA VINCI

(1452–1519, Italiener, S. 11)

Leonarda da Vinci war ein großer Maler, Erfinder und Wissenschaftler. Er erfand Waffen, führte Obduktionen durch, um die Funktion des menschlichen Körpers zu verstehen, baute Kanäle und wies darauf hin, dass die Erde um die Sonne kreist und nicht umgekehrt, wie man damals allgemein glaubte.

Gottleib DAIMLER

(1834–1900, Deutscher, S. 73)

Aufbauend auf der Vorarbeit verschiedener Ingenieure konstruierte Gottlieb Daimler den ersten Benzinverbrennungsmotor. Später baute er das erste benzingetriebene Motorrad.

George DE MESTRAL

(1907–1990, Schweizer, S. 175)

Der Erfinder George de Mestral erfand mit zwölf Jahren ein Spielzeugflugzeug, das er sich patentieren ließ. Später machte ihn die Erfindung des Klettverschlusses zum Multimillionär.

Horace DE SAUSSURE

(1740–1799, Schweizer, S. 56)

Horace de Saussure war ein Bergsteiger, der 15 Mineralien entdeckte, Thermometer und Anemometer verbesserte und später den ersten Solarofen erfand.

Antonio DE TORRES

(1817–1892, Spanier, S. 194)

Antonio de Torres lernte mit 33 Jahren, wie man Gitarren baut. Später entwickelte er die klassische Gitarre in ihrer heutigen Form. Sein ganzes Leben verbrachte er in Armut.

John DEERE

(1804–1886, Amerikaner, S. 17)

Der Schmied John Deere erfand den ersten Stahlpflug, nachdem er erkannt hatte, dass Pflüge aus Gusseisen sich nicht für den harten Präriеboden in seiner Heimat eigneten.

Herbert DOWSING

(Daten unbekannt, Brite, S. 163)

Herbert Dowsing, ein Partner von Bell Crompton, war ein Pionier in den Bereichen Elektrizität, Mechanik und Naturwissenschaften.

Cornelius DREBBEL

(1572–1633, Niederländer, S. 128)

Cornelius Drebbel arbeitete am Hof des englischen Königs James I. als Erfinder. Über seine berühmteste Erfindung, das erste U-Boot der Welt, hinterließ er keinerlei Aufzeichnungen.

John DUNLOP

(1840–1921, Brite, S. 72)

John Dunlop erfand den Luftreifen, als sein kleiner Sohn zum Auskurieren einer Erkältung viel Fahrrad fahren sollte. Dunlop machte das Rad durch Luftreifen bequemer.

Peter DURAND

(um 1810, Brite, S. 29)

1810 bekam Peter Durand ein Patent auf seine Blechbüchse zum Konservieren von Lebensmitteln. Seine Erfindung rettete viele Soldaten und Teilnehmer an Forschungsexpeditionen vor dem Verhungern.

George EASTMAN

(1854–1932, Amerikaner, S. 198)

George Eastman fotografierte bereits als Jugendlicher. Sein Wunsch, das Fotografieren einfacher zu machen, führte zur Erfindung der Kodakkamera.

John ECKERT

(1919–1995, Amerikaner, S. 186)

Der ENIAC-Computer von John Eckert und John Mauchly war tausendmal schneller als andere damalige Rechner. Der für das Militär gebaute Rechner wurde von Wissenschaftlern bei der Entwicklung der Wasserstoffbombe eingesetzt.

Thomas Alva EDISON

(1847–1931, Amerikaner, S. 53, 196)

Schon mit zehn Jahren hatte sich Thomas Edison zu Hause ein Labor eingerichtet. Später gründete er ein Unternehmen und erfand den Phonographen, die Glühbirne und das Mikrofon für Telefone.

Albert EINSTEIN

(1879–1955, Deutscher, S. 11)

Albert Einstein stellte viele neue naturwissenschaftliche Theorien auf, unter anderem über den Zusammenhang von Materie und Energie. Er entwickelte die berühmte Formel zur Gleichheit von Masse und Energie. Dies war ein Schlüssel für andere Forscher zur Nutzung der Atomenergie.

Rune ELMQVIST

(1906–1996, Schwede, S. 142)

Rune Elmqvist studierte Medizin, bevor er Erfinder wurde. Er entwickelte das erste EKG-Gerät und den ersten Herzschrittmacher.

Gabriel FAHRENHEIT
(1686–1736, Deutscher, S. 132)
Gabriel Fahrenheit erfand für sein Quecksilberthermometer eine neue Temperaturskala. Die kälteste damals erreichbare Temperatur legte er mit 0 °F fest, mit 100 °F die Körpertemperatur eines gesunden Menschen.

Michael FARADAY
(1791–1867, Brite, S. 52)
Michael Faraday wusste, dass sich ein an einem Draht hängender Magnet drehte, wenn man ihn in die Nähe einer an eine Batterie angeschlossenen Drahtspule brachte. 1831 probierte er das Gegenteil aus und bewegte einen Magneten durch eine Kupferdrahtspule. Dabei floss Strom – und der elektrische Generator war erfunden.

Reginald FESSENDEN
(1866–1932, Kanadier, S. 184)
Der Ingenieur Reginald Fessenden richtete den ersten Radiosender ein. Sein erstes Programm mit Lesungen und Musik schickte er Heiligabend 1906 in den Äther.

Adolf FICK
(1829–1901, Deutscher, S. 139)
Adolf Fick testete die von ihm erfundenen Kontaktlinsen zunächst an Kaninchen, an sich selbst und später an Freiwilligen.

Alva FISHER
(1862–1947, Amerikaner, S. 164)
Alva Fisher arbeitete zunächst als Ingenieur in Chicago. Dann bekam er ein Patent auf seine Waschmaschine und machte ein Vermögen damit.

Alexander FLEMING
(1881–1955, Brite, S. 137)
Alexander Fleming bemerkte, dass bestimmte Schimmelarten die Bakterien zum Absterben brachten. Er gewann aus Schimmel eine Substanz, das Penicillin, die verschiedene Bakteriensorten abtöten konnte.

Henry FORD
(1863–1947, Amerikaner, S. 66, 74)
Henry Ford baute mit 30 Jahren sein erstes Auto und gründete 1903 die Ford Motor Company. Um seine Autos für jedermann erschwinglich zu machen, wurden sie nur in einer einzigen Farbe auf einem Fließband produziert. Er soll gesagt haben: „Sie können jede Farbe haben, die Sie wollen, solange es Schwarz ist."

Enrico FORLANINI
(1848–1930, Italiener, S. 79)
Erfinder Enrico Forlanini entwarf leidenschaftlich gern neue Fahrzeuge. Er konstruierte verschiedene Hubschrauber und Luftfahrzeuge, Ballons und Tragflügelboote.

Benjamin FRANKLIN
(1706–1790, Amerikaner, S. 139)
Benjamin Franklins Neugier führte zu zahlreichen Erfindungen. Bei seinem bekanntesten und riskantesten Experiment ließ er einen Drachen in eine Gewitterwolke aufsteigen, um zu beweisen, dass Blitze gewaltige elektrische Funken waren. Tatsächlich sprang ein Funke vom Metall zur nassen Drachenschnur über. Später entwickelte Franklin den Blitzableiter, um Gebäude und Schiffe vor Blitzschäden zu schützen.

John FROEHLICH
(1849–1933, Amerikaner, S. 18)
John Froehlich war ein Schmied aus Iowa in den USA. Sein dieselgetriebener Traktor konnte als Erster vorwärts und rückwärts fahren.

Galileo GALILEI
(1564–1642, Italiener, S. 100, 132)
Galileo Galilei erfand in seinem Leben viele Dinge, wie das Pendel zum Regulieren von Uhren, ein frühes Thermometer, eine Wasserpumpe, einen militärischen Kompass für die Artillerie und eine spezielle Waage, die in Luft und Wasser präzise arbeitete. Seine wichtigsten Leistungen waren seine physikalischen Theorien und Erkenntnisse über die Erde sowie das Sonnensystem. Er baute ein Teleskop, um damit die Himmelskörper zu beobachten.

Henri GIFFARD
(1825–1882, Franzose, S. 83)
Der Ingenieur Henri Giffard begann in den 1850ern mit verschiedenen Steuerungsvarianten für Ballons zu experimentieren. 1852 kam sein erstes steuerbares Luftschiff heraus. Mit den Einnahmen aus seiner Erfindung finanzierte er weitere Projekte, wie Luftschiffe mit Dampfantrieb.

Robert GODDARD

(1882–1945, Amerikaner, S. 102)

Robert Goddard war fasziniert von Feuerwerk. Mehr als 20 Jahre experimentierte er mit Raketen, bis er 1926 eine flugfähige Flüssigtreibstoffrakete erfand. Zu seinen Lebzeiten wurde er wegen seiner Vision, dass Raketen zum Mond fliegen konnten, verlacht. Nach seinem Tod nutzte man dann seine Theorien, um die ersten Amerikaner auf den Mond zu befördern.

Thomas GODFREY

(1704–1749, Amerikaner, S. 90)

Thomas Godfrey brachte sich selbst das Lesen bei, um wissenschaftliche Bücher studieren zu können. Er verdiente sein Geld als Glaser und erfand den Oktanten, ein Hilfsmittel zum Navigieren.

George H. R. GOSMAN

(Daten unbekannt, Amerikaner, S. 141)

Captain George Gosman und sein Kollege Lieutenant Albert Rhodes finanzierten 1910 den Bau des ersten Ambulanzflugzeugs in Fort Barrancas, Florida, aus eigener Tasche. Es stürzte beim ersten Testflug ab.

Johann GUTENBERG

(1400–1468, Deutscher, S. 180)

Seine Fähigkeiten bei der Metallbearbeitung halfen Gutenberg bei der Herstellung der Bleilettern für seine Druckerpresse. Sein berühmtestes Buch ist die Gutenbergbibel, von der er 300 Exemplare druckte.

William HADAWAY

(Daten unbekannt, Amerikaner, S. 167)

1896 erhielt William Hadaway das erste US-Patent für einen Elektroherd. Später erfand er den Elektrotoaster.

John HADLEY

(1682-1744, Brite, S. 90)

Der von John Hadley erfundene Sextant ermöglichte es Forschern und Seeleuten, aus dem Stand von Sonne und Sternen ihre Position zu berechnen.

Otto HAHN

(1879–1968, Deutscher, S. 54)

Otto Hahn entdeckte zusammen mit Lise Meitner die Kernspaltung, was schließlich zum Bau der Atombombe führte. Nach dem 2. Weltkrieg wurde Hahn ein entschiedener Gegner von Atomwaffen.

James HARGREAVES

(1720–1778, Brite, S. 62)

Erfinder finden nicht immer Beifall. Aus Angst, Hargreaves neue Spinnmaschine könnte sie ihre Jobs kosten, brachen Textilarbeiter in sein Haus ein und zerstörten seine Maschinen.

Sir John HARINGTON

(1561–1612, Brite, S. 160)

Sir John Harington gehörte zum Hof von Königin Elisabeth I. und war seiner Zeit voraus. Sein Entwurf einer Toilette mit Wasserspülung fand erst 250 Jahre später Resonanz.

John HARRISON

(1693–1796, Brite, S. 152)

Der Zimmermann John Harrison entwickelte seine Ideen in seiner Freizeit, beim Bau und der Reparatur von Uhren. Berühmt wurde er für seine höchst präzisen Marinechronometer.

John HARWOOD

(1893–1965, Brite, S. 155)

Der Uhrmacher John Harwood arbeitete an der Entwicklung einer zuverlässigen Armbanduhr, die einen eingebauten automatischen Aufzugsmechanismus hatte.

Ernst HEINKEL

(1888–1958, Deutscher, S. 86)

Ernst Heinkels Begeisterung für Luftschiffe mündete in die Entwicklung verschiedener Flugzeuge. Er entwarf ein Katapult zum Starten von Postfliegern von Ozeandampfern.

Peter HENLEIN

(1480–1542, Deutscher, S. 154)

Peter Henlein, ein Schlossermeister aus Nürnberg, erfand die erste tragbare Uhr, die wegen ihrer Form als „Nürnberger Ei“ bekannt wurde.

Joseph HENRY

(1797–1878, Amerikaner, S. 182)

Der Forscher und Erfinder Joseph Henry leistete im Bereich von Elektrizität und Magnetismus wichtige Vorarbeiten für die Erfindung des Telegrafen, des Elektromotors und des Telefons.

Rowland HILL

(1795–1879, Brite, S. 188)

Der Mathematiklehrer Rowland Hill kam auf die Idee für die Briefmarke.

John S. HOLLAND

(1841–1914, Ire, S. 128)

John Holland ging mit 32 Jahren in die USA, wo er mit der US-Navy zusammenarbeitete. Er konstruierte das erste U-Boot, das gleichermaßen über und unter Wasser fahren konnte.

Robert HOOKE

(1635–1703, Brite, S. 134)

Robert Hooke verbesserte das zusammengesetzte Mikroskop. Aus Angst, seine Ideen könnten von anderen gestohlen werden, notierte er sie meist in Geheimschrift.

Edgar Purnell HOOLEY

(1860–1942, Brite, S. 38)

Zur Erfindung des Teerbelags durch Edgar Hooley kam es durch ein Missgeschick. Hooley bemerkte ein Straßenstück, das besonders eben und glatt war. Dort war ein Fass mit Teer umgefallen, und man hatte Schotter darübergekippt, um den Schaden zu beheben.

Christiaan HUYGENS

(1629–1695, Niederländer, S. 152, 154)

Christiaan Huygens war bereits in seiner Jugend ein brillanter Mathematiker, aber auch handwerklich geschickt. Er verbesserte das Teleskop, baute eine Pendeluhr und vermutete, dass Licht aus Wellen bestand, was erst 150 Jahre später bewiesen wurde.

Edward JENNER

(1749–1823, Brite, S. 136)

Edward Jenner war Militärarzt, bevor er sich als Landarzt niederließ. Seine Forschungen über Viren führten zur Erfindung von Impfstoffen. Zunächst wurden seine Ideen verlacht, und die Kirche protestierte, weil er Menschen tierische Zellen injizierte.

William le Baron JENNEY

(1832–1907, Amerikaner, S. 36)

William Jenney entwarf im Amerikanischen Bürgerkrieg Festungen und wirkte an der Planung des Schienen- und Straßennetzes von Chicago mit. Später konstruierte er die ersten Wolkenkratzer mit Stahlskelett.

Steve JOBS

(1955, Amerikaner, S. 186)

Steve Jobs war 1976 einer der Gründer der Firma Apple. 1986 gründete er zusammen mit anderen die Pixar Animation Studios.

Frederick JONES

(1893–1961, Amerikaner, S. 71)

Frederick Jones wurde durch seine Kühlsysteme für Züge und Lkws bekannt, daneben meldete er noch über 60 andere Erfindungen zum Patent an.

Whitcomb JUDSON

(1836–1909, Amerikaner, S. 174)

Als Whitcomb Judson seinen „Clasp-Locker" 1893 auf der Weltausstellung präsentierte, wurde seine Erfindung nicht beachtet. Nach seinem Tod wurde die überarbeitete Erfindung als Reißverschluss ein großer Erfolg.

John KAY

(1704–1780, Brite, S. 62)

1753 griffen Textilarbeiter John Kays Haus an, weil sie fürchteten, dessen Webmaschinen würden sie arbeitslos machen. Kay floh nach Frankreich, wo er verarmt starb.

Clarence KEMP

(Daten unbekannt, Amerikaner, S. 57)

Clarence Kemp verkaufte seine ersten Solarwarmwassergeräte an Männer, deren Frauen in der Sommerfrische weilten, um ihnen das Anheizen von Gasboilern zu ersparen. Seine Erfindung wurde schnell populär, und innerhalb von sieben Jahren war ein Drittel der Häuser in Kalifornien damit ausgestattet.

René LAËNNEC

(1781–1826, Franzose, S. 132)

Der Arzt René Laënnec erfand das Stethoskop, um durch Abhören des Brustkorbs Lungenprobleme zu entdecken. Bei der Erforschung von Tuberkulose infizierte er sich selbst und starb mit 45 Jahren.

Paul LANGEVIN

(1872–1946, Franzose, S. 94)

Paul Langevin beschäftigte sich als Wissenschaftler mit Magnetismus. Nach dem Untergang der Titanic erforschte er die Möglichkeit, mit Ultraschall Eisberge zu entdecken. Seine Erkenntnisse dienten im 1. Weltkrieg zur Ortung von U-Booten.

Baron Dominique-Jean LARREY

(1766–1842, Franzose, S. 140)

Napoleon bezeichnete Baron Larrey als „den wertvollsten Menschen, dem ich begegnet bin". Larrey hatte sich im Sanitätsdienst Verdienste erworben und einen von Pferden gezogenen Krankenwagen erfunden.

Hugh LE CAINE

(1914–1977, Kanadier, S. 195)

Hugh Le Caine hatte nach dem Studium der Atomphysik an den ersten Radarsystemen mitgearbeitet. Sein Interesse für elektronische Musik führte zur Erfindung des Synthesizers.

Hans LIPPERSHEY

(1570–1619, Niederländer, S. 100)

Angeblich entdeckten die Kinder des Brillenmachers Hans Lippershey seinen „Guckapparat“ (das Teleskop), als sie mit fehlerhaften Linsen in seiner Werkstatt spielten.

Joseph LISTER

(1827–1912, Brite, S. 146)

Der Chirurg Joseph Lister suchte nach Möglichkeiten, die Hygiene in Krankenhäuser zu verbessern. Er war entsetzt, wie viele Menschen sterben mussten, weil die Operateure ihre Hände nicht richtig desinfizierten.

Auguste und Louis LUMIÈRE

(Auguste: 1862–1954, Louis: 1864–1948, Franzosen, S. 200)

Als ihnen ihr Vater, ein Fotograf, von dem Kinetoskop (einer Trommel zur Erzeugung bewegter Bilder) erzählte, suchten die Brüder nach einer Möglichkeit, bewegte Bilder auf eine Leinwand zu projizieren. Das war die Geburtsstunde des Kinos.

Tsai LUN

(um 50–118, Chinese, S. 178)

Tsai Lun wurde zur Erfindung des Papiers angeregt, als er Wespen beobachtete, die ein dünnwandiges Nest aus zerkautem Holz bauten.

Charles MACINTOSH

(1766–1843, Brite, S. 174)

Eine der ersten Erfindungen von Charles Macintosh war ein Bleichpulver, es folgten viele weitere. Berühmt wurde er durch die Herstellung eines wasserdichten Stoffs, weshalb man in England Regenmäntel auch als „Mackintoshes“ bezeichnet.

Guglielmo MARCONI

(1874–1937, Italiener, S. 184)

Guglielmo Marconi las einen Artikel über die Möglichkeit, mittels Radiowellen drahtlos zu kommunizieren. Er begann zu Hause mit Experimenten, und die britische Marine nutzte als Erste seine Funkgeräte. Für seine Erfindung bekam er den Nobelpreis.

John MAUCHLY

(1907–1980, Amerikaner, S. 186)

Nach der Konstruktion des ersten digitalen Computers in den USA gründeten John Mauchly und sein Partner John Eckert die erste Computerfirma der Welt und entwickelten die ersten Computersprachen.

Hiram MAXIM

(1840–1916, Amerikaner, S. 117)

Zu den zahlreichen Erfindungen von Hiram Maxim gehörten eine sich selbst stellende Mausefalle, rauchloses Schießpulver und eine Wandtafelbeschichtung. Berühmt machte ihn aber sein automatisches Maschinengewehr.

Wilhelm MAYBACH

(1846–1929, Deutscher, S. 73)

Wilhelm Maybach war ein begabter Motorenentwickler und der Assistent von Gottlieb Daimler. Er konstruierte den Verbrennungsmotor für das erste Motorrad.

Frank McNAMARA

(1917–1957, Amerikaner, S. 170)

Frank McNamara glaubte, die von ihm erfundene Kreditkarte sei nur ein vorübergehender Modegag. Er verkaufte die Idee an Diners Club und verdiente kaum etwas dabei.

Gerardus MERCATOR

(1512–1594, Flame, S. 91)

Seine kartografischen Fähigkeiten verhalfen Gerhard Mercator zu bleibendem Ruhm. Als Mercatorprojektion bezeichnet man ein besonders genaues Verfahren, die gekrümmte Erdoberfläche auf einem Blatt Papier darzustellen.

Étienne und Joseph MONTGOLFIER

(Joseph 1740–1810, Etienne 1745–1799, Franzosen, S. 82)

Die Gebrüder Montgolfier führten ihre ersten Experimente zum Ballonflug in ihrem Haus durch. Sie füllten einen Umschlag mit heißer Luft und ließen ihn zur Decke aufsteigen. Ein Jahr später bauten sie einen Heißluftballon, der zwei Menschen in die Höhe trug.

Samuel MORSE

(1791–1872, Amerikaner, S. 182)

Der Maler Samuel Morse erfand das Morsealphabet, nachdem er auf einer Schiffsreise ein Gespräch über elektromagnetische Geräte mitgehört hatte.

Paul MÜLLER
(1899–1965, Schweizer, S. 24)
Der Wissenschaftler Paul Müller forschte über synthetische Farbstoffe, bevor er das DDT erfand. Dieses gefährlich giftige Insektizid spielte eine wichtige Rolle bei der Bekämpfung von Malaria in vielen Regionen der Welt.

William MURDOCH
(1754–1839, Brite, S. 49)
Eines Abends saß William Murdoch am Kamin und gab etwas Kohlestaub in seine Tonpfeife. Als er die Pfeife ins Feuer hielt, bildete sich ein Gas, das hell leuchtend brannte. Murdoch hatte die Gasbeleuchtung entdeckt.

Tsuneya NAKAMURA
(Daten unbekannt, Japaner, S. 155)
Tsuneya Nakamura leitete ein Ingenieurteam, das bei der Firma Seiko zehn Jahre an der Entwicklung der ersten Quarzarmbanduhr arbeitete. Der Verkauf startete im Jahr 1969.

Thomas NEWCOMEN
(1663–1729, Brite, S. 50)
Thomas Newcomens dampfbetriebene Wasserpumpe verletzte ein von Thomas Savery angemeldetes Patent. Er machte ihn deshalb zu seinem Partner. Die Pumpe war ein großer Erfolg, aber Newcomen wurde dabei nicht reich.

Isaac NEWTON
(1642–1727, Brite, S. 100)
Isaac Newton wies nach, dass Materiestücke sich gegenseitig anziehen. Er erklärte Ebbe und Flut, die Bewegungen des Monds um die Erde und die der Planeten um die Sonne. In Anerkennung seiner theoretischen Leistungen wählte man seinen Namen als Einheit für die Kraft. Newton erzielte große Fortschritte bei der Erforschung des Lichts und erfand 1687 ein Spiegelteleskop.

Joseph NIÈPCE
(1765–1833, Franzose, S. 198)
Joseph Nièpce arbeitete zunächst an einer Verbrennungskraftmaschine, bevor er ab 1816 mit Kameras zu experimentieren begann. Schließlich erfand er ein Verfahren, dauerhafte Fotos aufzunehmen.

Ransom E. OLDS
(1864–1950, Amerikaner, S. 66)
Ransom Olds baute 1887 eine Dampfkutsche mit drei Rädern, 1893 dann einen vierrädrigen Dampfwagen. 1896 folgte ein Benzinfahrzeug. 1899 gründete er die Olds Motor Works, die 1901 das erste Oldsmobile-Auto verkauften.

J. Robert OPPENHEIMER
(1904–1967, Amerikaner, S. 121)
Im 2. Weltkrieg leitete Robert Oppenheimer das Projekt der US-Regierung zum Bau der Atombombe. Die erste Bombe wurde im Juli 1945 getestet, drei Wochen später warf man Atombomben über den japanischen Städten Hiroshima und Nagasaki ab.

Elisha Graves OTIS
(1811–1861, Amerikaner, S. 37)
Elisha Otis kam die Idee für eine Sicherheitsbremse für Aufzüge während der Arbeit in einer Fabrik in New York. Seine erste Bremse konstruierte er für einen Lastenaufzug.

Charles PARSONS
(1854–1931, Irisch-Brite, S. 51, 80)
Charles Parsons erfand die Dampfturbine. 1884 gründete er eine Firma, die Dampfschiffe baute.

Louis PASTEUR
(1822–1895, Franzose, S. 21)
Louis Pasteur galt nicht als besonders guter Schüler, doch später war er für seine wissenschaftlichen Experimente berühmt. Er entdeckte, dass Bakterien Krankheiten erregen konnten, und erfand die Pasteurisation, ein Verfahren zur Entkeimung von Milch.

James RITTY
(1837–1918, Amerikaner, S. 172)
Der Barbesitzer James Ritty entwickelte die Registrierkasse, dabei half ihm sein Bruder John, der Mechaniker war.

Wilhelm RÖNTGEN
(1845–1923, Deutscher, S. 144)
Wilhelm Röntgen war sich nicht ganz sicher, was er entdeckt hatte, deshalb nannte er die Strahlen „X-Strahlen". 1901 bekam er den ersten im Bereich Physik verliehenen Nobelpreis.

Ernst RUSKA
(1906–1988, Deutscher, S. 135)
Der Elektroingenieur Ernst Ruska konstruierte die ersten „magnetischen Linsen" zur Bündelung von Elektronenstrahlen. Später erfand er das Elektronenmikroskop. 1986 wurde ihm dafür der Nobelpreis verliehen.

Åke SENNING
(1915–2000, Schwede, S. 142)
Der Arzt und Forscher Åke Senning pflanzte 1958 in einem Universitätskrankenhaus in Schweden erstmals einem Patienten einen Herzschrittmacher ein.

James SHARP
(1790–1870, Brite, S. 167)
James Sharp installierte 1834 den Prototyp eines Gasherds in seinem Haus, 1836 eröffnete er eine Fabrik zur Herstellung von Gasherden.

Percy SHAW
(1890–1976, Brite, S. 39)
Percy Shaw leistete durch die Erfindung des Katzenauges einen wichtigen Beitrag zur Verbesserung der Sicherheit im Straßenverkehr.

Isaac SHOENBERG
(1880–1963, Russe, S. 202)
Isaac Shoenberg überredete seinen Arbeitgeber EMI dazu, ein Forschungsprojekt im Bereich Fernsehen zu finanzieren. 1932 entwickelte sein britisches Team eine bildgebende elektronische Röhre.

Christopher SHOLES
(1819–1890, Amerikaner, S. 180)
Der Zeitungsdrucker Christopher Sholes erfand 1868 eine Schreibmaschine, deren Konstruktion auf einer schon früher von ihm entwickelten Maschine zur Nummerierung von Seiten aufbaute.

Igor SIKORSKY
(1889–1972, Russe, S. 84)
Igor Sikorsky studierte Ingenieurwesen, als er einen Zeitungsbericht über Orville Wright und sein Flugzeug las. Er widmete sich danach der Luftfahrt und konstruierte ab 1939 Hubschrauber.

John SMEATON
(1724–1792, Brite, S. 32)
John Smeaton erfand beim Bau des Eddystone Leuchtturms an der Küste von Süddevon eine verbesserte wasserdichte Betonmischung. Der Leuchtturm stand über 100 Jahre, bevor er abgebaut und bei Plymouth an Land gebracht wurde.

Percy SPENCER
(1894–1970, Amerikaner, S. 166)
Percy Spencer, der Erfinder des Mikrowellenofens, war ein äußerst wissbegieriger und kreativer Mensch, der in seinem Leben über 150 Patente anmeldete.

Elmer SPERRY
(1860–1930, Amerikaner, S. 91)
1880 gründete Elmer Sperry ein Unternehmen zur Produktion elektrischer Dynamos und von Bogenlampen, die er als Jugendlicher erfunden hatte. Er gründete noch weitere Firmen und machte Erfindungen wie den Kreiselkompass.

John STARLEY
(1854–1901, Brite, S. 72)
John Starley war der Neffe von James Starley, dem Konstrukteur eines der ersten Hochräder. Das Grundprinzip von Johns „Sicherheitsfahrrad" hat bis heute Gültigkeit.

Richard STEIFF
(1877–1939, Deutscher, S. 206)
Richard Steiff war Konstrukteur und Erfinder. 1902 gestaltete er die erste Bärenpuppe, aus der später der berühmte Teddybär werden sollte.

George STEPHENSON
(1781–1848, Brite, S. 76)
George Stephenson brachte sich selbst das Lesen bei und arbeitete sich vom Heizer zum Konstrukteur von Dampfmaschinen hoch. Seine *Locomotion* zog den ersten Personenzug der Welt.

Fritz STRASSMANN
(1902–1980, Deutscher, S. 54)
Der Chemiker Fritz Strassmann war an der Entdeckung der Kernspaltung beteiligt, welche die Nutzung der Atomenergie möglich machte.

Gideon SUNDBACK
(1880–1954, Kanadier schwedischer Herkunft, S. 174)
Der von Gideon Sundback erfundene Reißverschluss basierte auf der Vorarbeit anderer Ingenieure. 1917 wurde seine Idee als „teilbarer Verschluss" patentiert.

Ray TOMLINSON
(1941, Amerikaner, S. 189)
Auch Roy Tomlinson erkannte nicht sofort die weitreichende Bedeutung des von ihm erfundenen E-Mail-Systems. Tomlinson führte auch das berühmte @-Symbol ein.

Anton VAN LEEUWENHOEK
(1632–1723, Niederländer, S. 134)
Das Mikroskop wurde als Spielzeug betrachtet, bis es Antoni van Leeuwenhoek zur Begutachtung von Fasern in seinem Stoffgeschäft einsetzte. Er benutzte sein Mikroskop auch zur Untersuchung lebender Materie und sah als erster Mensch das durch Kapillargefäße fließende Blut.

Alfred VAIL
(1807–1859, Amerikaner, S. 182)
Der Erfinder Alfred Vail half Samuel Morse bei der Entwicklung des Telegrafen und des Morsealphabets.

Hermann VON HELMHOLTZ
(1821–1894, Deutscher, S. 138)
Hermann von Helmholtz leistete die Vorarbeit für Erfindungen auf dem Gebiet der Akustik und des Elektromagnetismus. Er erfand das Ophthalmoskop zur Untersuchung des Inneren des menschlichen Auges.

Alessandro VOLTA
(1745–1827, Italiener, S. 52)
Alessandro Volta erfand 1800 die erste elektrische Batterie. 1881 erhielt ihm zu Ehren die elektrische Spannungseinheit die Bezeichnung Volt.

Ezra WARNER
(Daten unbekannt, Amerikaner, S. 29)
Ezra Warners 1858 erfundener Dosenöffner hatte einen spitzen Dorn zum Durchstoßen des Deckels und eine Klinge, um den Deckel abzuschneiden. Weil er zu gefährlich für den häuslichen Gebrauch war, öffneten die Händler die Dosen für die Kunden im Geschäft.

Robert Alexander WATSON-WATT
(1892–1973, Brite, S. 92)
Der Meteorologe Robert Watson-Watt hatte beobachtet, dass Gewitter in einem Radiogerät ein Prasseln verursachten. 1935 erfand er eine Möglichkeit, aus den von einem Objekt, etwa einem Flugzeug, reflektierten Radiowellen dessen Entfernung und Bewegungsrichtung zu ermitteln. Damit hatte er das erste funktionierende Radar erfunden.

James WATT
(1736–1819, Brite, S. 50)
Als James Watt ein Modell von Newcomens Dampfmaschine reparieren sollte, entwickelte er eine verbesserte Version daraus. Seine Dampfmaschinen revolutionierten die Kohle- und Textilindustrie.

Horace WELLS
(1815–1848, Amerikaner, S. 146)
Der Zahnarzt Horace Wells sah bei einem Zirkusbesuch eine Vorführung von Lachgas. Das brachte ihn auf die Idee, das Gas als Betäubungsmittel einzusetzen.

Robert WHITEHEAD
(1823–1905, Brite, S. 129)
Robert Whitehead arbeitete mit seinem Sohn an der Entwicklung neuer Waffen für Kriegsschiffe, als er auf die Idee für ein Torpedo mit eigenem Antrieb kam.

Frank WHITTLE
(1907–1996, Brite, S. 86)
Der Pilot Frank Whittle legte mit 21 Jahren einen Entwurf für ein Strahltriebwerk vor. Da das zuständige Ministerium kein Interesse zeigte, konnte er seine Ideen zunächst nicht realisieren. Erst 1941 kam sein Düsentriebwerk in einem Flugzeug zum Einsatz.

Steve WOZNIAK
(1950, Amerikaner, S. 186)
Steve Wozniak bastelte bereits mit elf Jahren einen eigenen Radiosender, als Teenager baute er einen Computer zusammen. Später gründete er mit Steve Jobs die Firma Apple.

Orville und Wilbur WRIGHT
(Orville 1871–1948, Wilbur 1867–1912, Amerikaner, S. 86)
Die Gebrüder Wright brachten sich selbst das Wissen bei, um eine Fahrradwerkstatt zu eröffnen. Nach Versuchen mit Segelflugzeugen waren sie die Ersten, die ein funktionsfähiges Motorflugzeug konstruierten.

Wladimir ZWORYKIN
(1889–1982, Russe, S. 202)
Der Physiker Zworykin entwickelte die Kineskop-Röhre zur Wiedergabe von Bildern in einem Fernsehsystem. Seine Einstellung war aber skeptisch, und er sagte: „Ich würde meine Kinder nie fernsehen lassen."

Konrad ZUSE
(1910–1995, Deutscher, S. 186)
Konrad Zuse war ursprünglich Bauingenieur. 1941 konstruierte er den ersten funktionsfähigen Digitalrechner der Welt, die Z3.

REGISTER

A

Airbus A380 . . . . 86, 87
Aldrin, Edwin 106
Alltag 158–175
Aluminium 65
Ambulanzflieger 141
Antibiotika 137
Apollo 11 106
Aquädukte. 42
Archimedes 23, 208
Archimedische Schraube 23
Arkwright, Richard 63, 208
Armbanduhr 154
Armbrust 115
Armstrong, Neil. 106
Astrolabium. 90
Atlantis 108
Atombombe 121
Atomkraft 54–55
Atom-U-Boote. 55
Atomuhren 157
Aufzüge. 37
Augenchirurgie 139
Auslegerbrücke 41
Autobahn 39
Autobahnkreuz 39
Automatikpistole 117
Automatikuhr 155
Automotoren 74
Autos. 74–75
Autozylinder 74

B

B-52 Stratofortess 124
Babbage, Charles 186, 208
Bäder 160
Backöfen. 167
Baekeland, Leo 64, 208
Bagger 35, 38
Bain, Alexander 153, 208
Baird, John Logie 202, 208
Bakelit. 64
Ballons 82
Barcode. 172
Batterie 52
Baumaschinen 34–35
Baumaterialien 32
Baumwollreinigungsmaschine 62
Bautechnik 30–43
Baylis, Trevor. 184, 208
Becquerel, Alexandre-Edmond 57, 208
Bell, Alexander Graham 182, 208
Benz, Karl 74, 208
Benzin. 74
Berliner, Emil. 196, 209
Berners-Lee, Timothy . . . 191, 209
Beton. 32
Bewässerungsanlagen. 22–23
Bezos, Jeff 173, 209
Bildtelefon. 182
Biomasse. 58
Birdseye, Clarence 29, 209
Biró, Georg 179, 209
Biró, Lászlo. 179
Blasinstrument. 195
Blutdruckmessgerät. 133
Bogen 114, 209
Bogenbrücken. 40
Bomben. 120
Boote. 78
Booth, Cecil 168, 209
Brandenburg, Karlheinz 197, 209
Braun, Wernher von . . . 102, 209
Brennstäbe 55
Brennstoffzellen. 52
Brettspiele 207
Brillen 138
Brücken. 40–41
Brunel, Marc Isambard . . 66, 209
Büchsen 116
Bügeleisen. 168
Bulldozer. 35
Busse. 70–71

C

Camcorder 205
Camera obscura 198
Campbell, John 90
Cassini-Huygens-Sonde. 111
Celluloid 64
Centipede 122
CD-Player 197
Charlton, John. 188
Chemikalien 24
Chinook 85
Chipkarten 171
Chirurgie. 146
Christiansen, Ole 207, 209
CMOS-Sensor 199
Cockerell, Sir Christopher Sydney 79, 209
Columbia 107
Colvin, L. O. 20, 209
Computer 186–187
Computertomograf 144
Concorde 87
Cooper, Martin 183, 209
Crompton, Bell 163, 210

D

Dampfautos 51
Dampfeisenbahn. 76
Dampfkraft 50–51
Dampfturbine 51
Da Vinci, Leonardo. 11, 210
Daimler, Gottlieb 73, 210
De Mestral, George. . . . 175, 210
De Saussure, Horace. . . . 56, 210

De Torres, Antonio 194, 210
Deere, John 17, 210
Der Jazz-Sänger 200
Desinfektionsmittel 146
Desktop-Publishing 181
Dialyse 143
Didgeridoo 195
Diesel 74
Digitalradio 185
Digitalkamera 199
Digitaluhren 156–157
Dosenöffner 29
Dowsing, Herbert 163, 210
Drebbel, Cornelius 128, 210
Drohnen 125
Drucken 180–181
Druckerpresse 180
Druckluftfahrzeuge 75
Dunlop, John 72, 210
Durand, Peter 29, 210
Duschen 161
Düsenflugzeuge 86
DVD 205

E

Eastman, George 198, 210
Eckert, John 186, 210
Edison, Thomas 196, 210
Einkaufen 172
Einschienenbahn 76
Einstein, Albert 11, 210
Eisbarrieren 121
Elektrizität 52–53
Elektroautos 75
Elektrogitarre 194
Elektroheizofen 163
Elektronenmikroskop 135
Elektroschockpistolen 117
Elmqvist, Rune 142, 211
E-Mail 189
Energie 44–59
Energiequellen, natürliche 58
Erdöl 48
Erdwärme 59
Erfindung 10–11

F

F-117 125
F/A-18 Hornet 125
Fabrikation 60–67
Fabriken 63, 66
Fabrikschiffe 28
Fahrenheit, Daniel Gabriel 132, 211
Fahrrad 72–73
Fährschiffe 81
Faraday, Michael 52, 211
Farnsworth, Philo 202
Faxgerät 189
Fellboote 78
Fernsehen 202–203
Fessenden, Reginald . . . 184, 211
Fick, Adolf 139, 211
Filmaufnahmen 201
Fisher, Alva 164, 211
Fleece-Jacken 175
Fleming, Alexander 137, 211
Fliegerbomben 120
Fließband 66
Flugzeuge 86–87
Flugzeugträger 127
Flyer 86
Ford, Henry 66, 74, 211
Forlanini, Enrico 79, 211
Franklin, Benjamin 139, 211
Froehlich, John 18, 21
Fokker D.VII 124
Fokker E1 124
Fossile Brennstoffe 48–49
Fotokameras 198–199

G

Gagarin, Juri 106
Galilei, Galileo . . . 100, 132, 211
Galileo-Navigationssystem . . . 96
Gasbeleuchtung 49
Gasherd 166
Gaskamin 162
Geld 170–171
Generator, elektrischer 52
Genveränderte Lebensmittel 26–27
Geräte, lebensrettende 142
Geschirrspülmaschine 165
Gewehre 116
Gezeitenkraftwerk 59
Giffard, Henry 83, 211
Giroplane No.1 84
Gitarre 194
Glas 33
Global Hawk 125
Glühlampe 53
Goddard, Robert 102, 212
Godfrey, Thomas 90, 212
Gosman, George 141, 212
GPS 96–97
Großsegler 80
Gummireifen 72, 75
Gutenberg, Johann 180, 212

H

Haartrockner 169
Hadaway, William 166, 212
Hadley, John 90, 212
Hahn, Otto 54, 212
Hängebrücke 41
Hargreaves, James 62, 212
Harington, Sir John 160, 212
Harrier 87
Harrison, John 152, 212
Harwood, John 155, 212
Haushaltskleingeräte 168–169
Heinkel, Ernst 86, 212
Heißluftballons 82
Heizkörper 163
Heizung 162–163
Helmholtz, Hermann von 138, 217

Henlein, Peter 154, 212
Henry, Joseph 212
Herde 166
Herzschrittmacher 142
Hill, Rowland 188, 212
Hindenburg 83
Hitzeschutzanzüge 119
HMS Victory 126
Hochhäuser 36–37
Hochrad 72
Holland, John 128, 213
Holzspeere 114
Hooke, Robert 134, 213
Hooley, Edgar Purnell . . . 38, 213
Hovercraft 79
Hubble-Teleskop 101
Hubschrauber 84
Huygens, Christiaan 152, 154, 213

I

IMAX-Kino 201
Impfungen 136
Individuelle Massenfertigung . 67
Industrieprodukte 64–65
Industrieroboter 67
Inkubator 143
Internet 190–191
Internet-Shoppimg 173
Insektizide 24
ISS 109

J

Jagdflugzeuge 125
Jetski 79
Jenner, Edward 136, 213
Jenney, William Le Baron 36, 213
Jobs, Steve 186, 213
Jones, Frederick 71, 213
Judson, Whitcomb 174, 213
Jupiter 110

K

Kanäle 42–43
Kamem, Dean 11
Kampfflugzeuge 124–125
Kanaltunnel 34
Käse 21
Katamaran 78
Katapulte 114
Katzenaugen 39
Kay, John 62, 213
Kemp, Clarence 57, 213
Kernspaltung 54
Keyboard 195
Kino 200–201
Klavier 194
Kleidung 174
Kleinuhren 154–155
Klettverschluss 175
Klosett 160
Kometen 111
Kommunikation 176–191
Kompass 91
Konservendose 29
Kontaktlinsen 139
Körperhygiene 160
Kräne 34
Krankenwagen 140
Kreditkarte 171
Kreuzfahtschiffe 81
Kriegsschiffe 126
Küchenmaschine 169
Kugelschreiber 179
Kühllaster 71
Kühlschränke 167
Kunstfaser 175
Künstliche Niere 143
Kunststoffe 64
Kutschen 70

L

Laënnec, René 132, 213
Landwirtschaft 14–29
Langbogen 114
Langevin, Paul 94, 213
Larrey, Baron Dominique-Jean 140, 213
Lastwagen 70
Lebensmittelkonservierung . . . 28
Le Caine, Hugh 195, 214
Leeuwenhoek, Antoni van 134, 217
Leoni, Sigismund 162
Lippershey, Hans 100, 214
Lister, Joseph 146, 214
Loch Ness 95
Locomotion 76
Lot 34
Luftrettung 141
Luftschiffe 83, 120
Lumière, Auguste 200, 214
Lumière, Louis 200, 214
Lun, Tsai 214
Lunik I 110

M

Macintosh, Charles 174, 214
Magnetbahnen 77
Magnetresonanztomograf . . . 145
Mähdrescher 19
Mammuts 114
Mariner 2 110
Marconi, Guglielmo . . . 184, 214
Massenproduktion 66–67
Maschinengewehr 117
Mauchly, John 186, 214
Mauretania 81
Maxim, Hiram 117, 214
Maybach, Wilhelm 73, 214
McNamara, Frank 171, 214
Medizin 130–147
Medizinische Instrumente . . . 132
Melkmaschinen 20
Mercator, Gerardus 91, 214
Messerschmitt Me 262 125
Mikrochirurgie 135
Mikroskope 134–135
Mikrowellenherd 166

Mil Mi 26 85
Milch. 21
Militärflugzeuge 124
Minenräumboote. 127
Mir 108
Mobiltelefon 183
Montgolfier, Etienne 82, 214
Montgolfier, Joseph 82, 214
Morse, Samuel 182, 214
Motorräder 73
MP3-Player 197
Müller, Paul. 24, 215
Münzen. 170
Murdoch, William. 215
Musikinstrumente 202–203

N

Nakamura, Tsuneya . . . 155, 215
Narkosemittel 146
Navigation 88–97
Neptun 110
Newcomen, Thomas 50, 215
Newton, Isaac. 100, 215
Niepce, Joseph 198, 215

O

Oboe. 195
Ökobauern 25
Ölbohrinsel. 49
Olds, Ransom 66, 215
Omnibus 71
Ophthalmoskop 138
Oppenheimer, Robert . . 121, 215
Otis, Elisha Graves 215
Otoskop 133

P

Panflöte. 195
Panzer. 122
Papier 178
Papiergeld. 171
Parsons, Charles 51, 80, 215
Pasteur, Louis 21, 215
Patent 11
Pendeluhr 152, 153
Penny Black 188
Pfeil. 114
Pflüge 16–17
Pioneer 10. 111
Plattenspieler. 196
Posaune 195
Post 188–189
Postkarten 188
Präzisionsbomben 121

Q

Quarzuhr 155
Queen Mary 2 81

R

Rad 70
Radar 92
Raddampfer 80
Radio 184–185
Radioteleskop 101
Raketen. 102–103
Raumfahrzeuge. 106–107
Raumkapsel 106
Raumstationen 108–109
Raumsonden 110–111
Registrierkasse. 172
Reißverschluss. 174
Rennautos. 75
Rettungsdienste. 84
Rettungsfahrzeuge. 140
Rettungshubschrauber 141
Rhodes, Albert. 141
Ritter 118
Ritty, James 172, 215
Road trains 70
Rollfil 198
Röntgen, Wilhelm 144, 215
Röntgenstrahlen 144
Roosevelt, Theodore 206
Ro-Ro-Fähren 81
Rundfunksender 184
Rüstungen. 118
Ruska, Ernst. 135, 215

S

Salyut 1 108
Sanduhren. 151
SanGalli, Franz 163
Satelliten . . . .
. . . . . . .57, 96–97, 103, 104–105
Satellitennavigation 96
Satellitenübertragung 203
Saturn 110, 111
Saturn V 103
Schaduf. 22
Schallplatte. 196
Schattenstab 150
Schießpulver 116
Schiffe. 80–81
Schildkröte 115
Schlachtschiffe 126
Schleusen 43
Schlüssellochchirurgie. 147
Schreibmaschine. 180
Schusswaffen. 116
Schützenpanzer. 123
Schutzweste 118
Sea Knight. 85
Seekanal 43
Seely, Henry 168
Seife 65, 165
Senkrechtstarter. 87
Senning, Ake. 142, 216
Sextant 90
Sharp, James 166, 216
Shaw, Percy. 39, 216
Shivers, Joseph 175
Shoenberg, Isaac. 216
Sholes, Christopher 180, 216
Sikorsky, Igor. 84, 216
Skylab. 108
Smeaton, John. 32, 216
Solarheizung. 57
Solarofen. 56

Solarzelle 57, 105, 109
Sonar. 94
Sonnenenergie 56
Sonnenuhr. 150
Soyuz XI 108
Spaceshuttle 107
Spencer, Percy 166, 216
Sperry, Elmer 91, 216
Spitfire. 124
Sputnik 1. . . . . 103, 104
Spielzeuge. 206–207
Spiegelreflexkamera 199
Spiegelteleskop 100
Spinnen und Weben 62
Spinnrad 62
Stardust. 111
Starley, John 72, 216
Staubsauger 168
Stealth-Flugzeuge 125
Steiff, Richard 206, 216
Stephenson, George 76, 216
Stethoskop. 132
Stonehenge 150
Strandkatamaran. 78
Straßen 38–39
Straßenwalzen 38
Straßmann, Fritz 54, 216
Streitwagen 70
Sundback, Gideon. 174, 216
Supermarkt 172
Supertanker. 81
Synthesizer 195

T

Taschenuhren 154
Teddybär 206
Telefone 182–183
Telegraf. 182
Teleskope 100–101
TGV 77
Thermometer. 132
Titan 111
Toaster 168
Tomlinson, Ray 189, 216
Tomografie 144
Tonfilm 200
Tonträger. 196–197
Torpedo. 129
Toy Story. 200
Transistorradio 185
Tragflügelboote. 79
Traktoren. 18–19
Transportwesen 68–87
Turbinia. 51
Turbostrahltriebwerk 86

U

Überschallflugzeug. 87
U-Boote. 94, 128–129
Uhren 152–153
Ultraschall 145
Untergrundbahn 77
Unterhaltung. 192–207
Uran 54, 55
Uranus 110

V

V-2-Rakete 102, 120
Vail, Alfred 217
Veloziped 72
Venus 110
Videorekorder 204
Volta, Alessandro 52, 217
VS-300 84

W

Waffen 112–129
Warner, Ezra 29, 217
Warrior 127
Waschmaschinen 164
Wasseruhren 151
Watson-Watt, Robert Alexander 92, 217
Watt, James. 50, 217
Webstuhl. 62
Wells, Horace 146, 217
Weltraum 98–111
Weltraummüll 104
Whitehead, Robert 129, 217
Whitney, Eli. 62
Whittle, Frank 86, 217
Windjammer. 80
Wind- und Wasserkraft 46
Windkraftanlagen 58
Windturbine 58
Wolkenkratzer. 36
World Wide Web 191
Wostok 1 106
Wozniak, Steve 186, 217
Wright, Orville 86, 217
Wright, Wilbur 86, 217

X

X-Strahlen 144

Z

Zahnbürsten 161
Zeit 148–157
Zeitmesser, frühe 150–151
Zentralheizung 162
Zeppeline 83
Ziegel 32
Zikkurat-Tempel 32
Züge 76–77
Zuse, Konrad. 186, 217
Zworykin, Vladimir 217

BILDNACHWEIS

Die Illustrationen wurden gestaltet von Geoff Ball und James Alexander von der SGA Illustration Agency

Bildnachweis:
l = links, m = Mitte, o = oben, r = rechts, u = unten

Titel: o Corbis ul Getty ur Corbis

Hintergrundbild Zeitstrahl Photodisc/Getty Images, 1 Comstock, 2 Stockdisc Photos/Getty Images, 3l Photodisc/Getty Images, 3m Brand X Pictures/Jupiter Images, 3r Photodisc/Getty Images, 7 Bettman/Corbis, 8 Bettman/Corbis, 9l Photodisc/Getty Images, 9m Bettman/Corbis, 10 Comstock/Jupiter Images, 10ul Bettman /Corbis, 11 ol Bettman/Corbis, 11or Bettman/Corbis, 11ur Rick Fredman/Corbis, 12mr Rick Friedman/Corbis, 12ul Digital Art/Corbis, 13o Toshiyuki Aizaw/Reuters/Corbis, 13u Reuter/Corbis, 14/15 David Frazier/Corbis, 16 David Frazier/Corbis, 18 Corbis, 19 David Frazier/Corbis, 20 David Frazier/Corbis, 22 Reed Kaestner/Corbis, 23 David Frazier/Corbis, 24/25 Warren Jacobi/Corbis, 26l Richard Gross/Corbis, 26r David Frazier/Corbis, 27 David Frazier/Corbis, 28 Richard Gross/Corbis, 29 David Frazier/Corbis, 30/31 Image Ideas/Index Stock Imagery, Inc., 32 Mick Roesssler/Corbis, 33o Image Ideas/Index Stock Imagery, Inc., 33u Reed Kaestner/Corbis, 34/35 Brand X Pictures/Jupiter Images, 36/37 Image Ideas/Index Stock Imagery, Inc., 38/39 Digital Vision/Getty Images, 40 Digital Vision/Getty Images, 41 Image Ideas/Index Stock Imagery, Inc., 42o Photodisc/Getty Images, 42m Photodisc/Getty Images, 42u Brand X Pictures/Jupiter Images, 44 Brand X Pictures/Jupiter Images, 45lm Brand X Pictures/Jupiter Images, 45r Digital Vision/Getty Images, 47 Photodisc/Getty Images, 48 Brand X Pictures/Jupiter Images, 49 Photodisc/Getty Images, 50 Brand X Pictures/Jupiter Images, 53 Photodisc/Getty Images, 54 Brand X Pictures/Jupiter Images, 56 Photodisc/Getty Images, 58 Photodisc/Getty Images, 60/61 Brand X Pictures/Jupiter Images, 63l Flat Earth, 63r Brand X Pictures/Jupiter Images, 64 Digital Vision/Getty Images, 65o Brand X Pictures/Jupiter Images, 65u Digital Vision/Getty Images, 67m Photodisc/Getty Images, 67u Banana Stock/Jupiter Images, 68/69 Brand X Pictures/Jupiter Images, 71m Thinkstock/Jupiter Images, 71u Digital Vision/Getty Images, 73 Flat Earth, 74 Brand X Pictures/Jupiter Images, 75t Brand X Pictures/Jupiter Images, 75m Leo Dennis Productions/Brand /Corbis, 76 Digital Vision/Getty Images, 77 Paul Saunders/Corbis, 78 Brand X Pictures/Jupiter Images, 79 Ben Blankenburg/Corbis, 80o Brand X Pictures/Jupiter Images, 80u Larry Mulvehill/Corbis, 82 Brand X Pictures/Jupiter Images, 84/85 Brand X Pictures/Jupiter Images, 86 Brand X Pictures/Jupiter Images, 87 Digital Vision/Getty Images, 88 Photodisc/Getty Images, 89l Photodisc/Getty Images, 89m Brand X Pictures/Jupiter Images, 89r Alan Levenson/Corbis, 91 Digital Vision/Getty Images, 92 Photodisc/Getty Images, 93o Digital Vision/Getty Images, 93u Brand X Pictures/Jupiter Images, 94 Alan Levenson/Corbis, 96/97 J Stephen Hicks/Corbis, 97o Brand X Pictures/Jupiter Images, 98 Photodisc/Getty Images, 99l Photodisc/Getty Images, 99m Photodisc/Getty Images, 99r Photodisc/Getty Images, 101 NASA, 102 NASA, 104 NASA, 105o Photodisc/Getty Images, 106 NASA, 107 Photodisc/Getty Images, 108/109 NASA, 110/111 NASA, 112/113 Brand X Pictures/Jupiter Images, 114 Flat Earth, 115 RubberBall Productions, 116 Thinkstock/Jupiter Images, 117 Brand X Pictures/Jupiter Images, 119 Brand X Pictures/Jupiter Images,, 120/121 Brand X Pictures/Jupiter Images, 122/123 Brand X Pictures/Jupiter Images, 123o Lushpix/Unlisted Images, Inc., 124 Brand X Pictures/Jupiter Images, 125 Superstock, Inc., 126 Brand X Pictures/Jupiter Images, 127 Lushpix/Unlisted Images, Inc., 128/129 Brand X Pictures/Jupiter Images, 130/131 Photodisc/Getty Images, 132o Brand X Pictures/Jupiter Images, 132u Photodisc/Getty Images, 133/134 Photodisc/Getty Images, 135 Brand X Pictures/Jupiter Images, 136 Blend Images, LLC, 137o Photodisc/Getty Images, 137u Brand X Pictures/Jupiter Images, 138 Photodisc/Getty Images, 139 Brand X Pictures/Jupiter Images, 140 lr (Einschub) Photodisc/Getty Images, 140/141 Brand X Pictures/Jupiter Images, 142o Brand X Pictures/Jupiter Images, 142u Photodisc/Getty Images, 143o Brand X Pictures/Jupiter Images, 143u Photodisc/Getty Images, 144 Brand X Pictures/Jupiter Images, 145o Brand X Pictures/Jupiter Images, 145m Allen Bell/Corbis, 145u Photodisc/Getty Images, 146/147 Brand X Pictures/Jupiter Images, 147o Tim O'Hara/Corbis, 148 Photodisc/Getty Images, 149l Photodisc/Getty Images, 149 m Flat Earth, 149r Photodisc/Getty Images, 150 Flat Earth, 151 Ingram Publishing, 152o Tom Grill/Corbis, 152u Superstock Inc., 153/154 Photodisc/Getty Images, 155/156 Photodisc/Getty Images, 157 Banana Stock/Jupiter Images, 158 Digital Vision/Getty Images, 159lm Digital Vision/Getty Images, 159r Photodisc/Getty Images, 160 Comstock/Jupiter Images, 161/162 Digital Vision/Getty Images, 163 Comstock/Jupiter Images, 164 Randy Faris/Corbis, 165l Digital Vision/Getty Images, 165r Image Source, 166 Lawrence Manning/Corbis, 167 Randy Faris/Corbis, 168 Comstock/Jupiter Images, 169o Lawrence Manning/Corbis, 169u Photodisc/Getty Images, 170 StockDisc/ Corbis, 171o Don Hammond/Design Pics/Corbis, 171m (Einschub) Image 100/Corbis, 171u Image 100/Corbis, 172 Jack Hollingsworth/Corbis, 173or Image 100/Corbis, 173ol (Einschub) Photodisc/Getty Images, 173u Simon Marcus/Corbis, 174o StockDisk/Corbis, 174u Comstock Select/Corbis, 175 Mark Karrass/Corbis, 175u Ben Blakenburg/Corbis, 176 Photodisc/Getty Images, 177l Digital Vision/Getty Images, 177mr Photodisc/Getty Images, 178 Comstock/Jupiter Images, 179o Flat Earth, 179b Comstock/Jupiter Images, 180 Comstock/Jupiter Images, 181o Getty Images, 181u StockDisc/Corbis, 182 Comstock/Jupiter Images, 183l (Einschub) StockDisc/Corbis, 183 Banana Stock/Jupiter Images, 184 Comstock/Corbis, 185o Classic PIO, 185r David Frazier/Corbis, 187or Reed Kaestner/Corbis. 187 l (Einschub) Photodisc/Getty Images, 187r (Einschub) StockDisc/Corbis, 187u Comstock/Jupiter Images, 188 Photodisc/Getty Images, 189o Comstock/Corbis, 189u Tom Grill/Corbis, 190om Banana Stock/Jupiter Images, 190/191 Bloomimage/Corbis, 191m (Einschub) Photodisc/Getty Images, 191u Banana Stock/Jupiter Images, 192 Banana Stock/Jupiter Images, 193lm Banana Stock/Jupiter Images, 193r Photodisc/Getty Images, 194/195 Photodisc/Getty Images, 195u Bob Jacobson/Corbis, 196 Comstock/Jupiter Images, 197l Comstock/Jupiter Images, 197r Lushpix/Unlisted Images, Inc., 198 Comstock/Jupiter Images, 199o Comstock/Jupiter Images, 199o Banana Stock/Jupiter Images, 199u Comstock/Jupiter Images, 200/201 ImageState, 201o Comstock/Jupiter Images, 202 Comstock/Jupiter Images, 203o Bloomimage/Corbis, 203u Banana Stock/Jupiter Images, 204 Comstock/Jupiter Images, 205o Banana Stock/Jupiter Images, 205u Comstock/Jupiter Images, 206 Comstock/Jupiter Images, 207 StockDisc/Corbis